W9-BGZ-649

oyota RAV 4. Le 4X4 qui ne fait pas toujours travailler ses 4 roues.

On n'a pas besoin de 4 roues motrices tous les jours. Équipé de la transmission intégrale intelligente, le RAV 4 passe automatiquement de 2 à 4 roues motrices en fonction du terrain et des conditions climatiques. Ainsi vous consommez moins (6,6 L/km en cycle mixte) en gardant 4 roues motrices disponibles à tout moment.

TODAY **TOMORROW** **TOYOTA**
Aujourd'hui, demain

Des astuces pour une cuisine facile et savoureuse !

Chaque semaine,
Grégory Galiffi est entouré de chefs
et de spécialistes des métiers de bouche.

Redécouvrons ensemble nos richesses culinaires
et produits du terroir à travers la préparation
de recettes inédites.

**Objectif : manger mieux,
tout en simplicité et convivialité !**

L'innovation au service de l'environnement.

Que ce soit le développement de pneus à basse résistance au roulement permettant une réduction de la consommation de carburant ou notre engagement en matière de développement durable, le respect de l'environnement est une préoccupation quotidienne que nous prenons en compte dans chacune de nos actions.
Car oeuvrer pour un meilleur environnement, c'est aussi une meilleure façon d'avancer.

www.michelin.com

MICHELIN
Une meilleure façon d'avancer

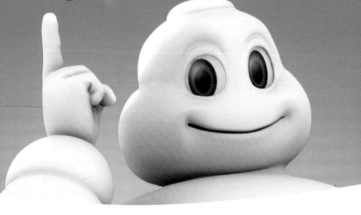

Chambres d'hôtes

Les plus belles adresses
du guide MICHELIN

Nos plus belles chambres d'hôtes

Q ui n'a jamais eu envie de s'évader ailleurs, ne serait-ce que quelques jours ? Un ailleurs pas forcément lointain, mais où tout invite à oublier le quotidien et à goûter paisiblement aux bonnes choses de la vie ? Et pourquoi ne pas basculer, comme par magie, dans l'univers idéal d'un magazine, pour habiter la maison qu'on a toujours imaginée : celle dont on a décoré les murs, meublé chaque pièce, et où il fait bon s'adonner à ce que l'on préfère, en pur hédoniste : sieste, lecture, sport, balades culturelles ou gourmandes. Pour ralentir le rythme, tout simplement, ou pour changer de tempo selon l'humeur du moment. Un ailleurs comme chez soi, en somme…

C'est là, sans doute, le plus grand charme des maisons d'hôtes. Qui plus est quand elles occupent un site peu ordinaire : le donjon d'un château, un mas centenaire au milieu des vignes, un chalet perdu au-dessus des pâturages… À la campagne, à la mer ou à la montagne, les atmosphères sont multiples, les attraits innombrables… et le choix délicat !

Aussi, avons-nous rassemblé ici les plus belles chambres d'hôtes du guide Michelin France : celles pour lesquelles nos inspecteurs ont eu un vrai coup de cœur. 330 adresses triées sur le volet suivant nos critères de rigueur – qualité du confort et chaleur de l'accueil. Le caractère en plus. Car chacune de ces maisons-là reflète la personnalité de ses hôtes… et leur souhait d'en faire un lieu unique.

À ce doux sentiment d'être chez soi, l'accueil fait tout ; l'originalité du décor apportant quant à elle ce précieux petit grain d'ailleurs. Bref, à nulle autre pareille : comme les paysages et les jours, chaque chambre a son charme. À vous de choisir laquelle sera la vôtre, selon vos rêves.

Pour bien choisir…

PRATIQUE

À chaque région touristique, sa carte détaillée ; et à chaque adresse ses informations pratiques, pour préparer facilement votre séjour : coordonnées des propriétaires, langues parlées, tarifs, dates d'ouverture, le tout étayé de photos illustrant l'atmosphère des lieux.

EN PLUS

Chaque maison d'hôtes étant unique, deux autres rubriques vous aideront dans votre choix.
- « *On reviendra pour* » vous révélera pourquoi nous avons tant aimé l'endroit : les petits détails qui en font tout le charme et l'originalité.
- « *S'il fait beau* », « *Pour les curieux* », « *Amoureux des vieilles pierres* », etc. : autant de thématiques, repérées par des symboles, qui vous donneront des idées de balades, de visites, d'activités… ou de farniente.

BON À SAVOIR

Gardez à l'esprit que vous venez passer quelques jours chez des particuliers : ils vous reçoivent dans leur maison. Veillez donc à réserver votre chambre suffisamment à l'avance, et n'hésitez pas à prévenir en cas de retard sur l'heure d'arrivée annoncée. De même pour vérifier si la présence des animaux est acceptée. Idem pour la table d'hôte, s'il y en une : elle vous est proposée le plus souvent sur réservation (sauf indication contraire).

TARIFS

nous vous indiquons une fourchette des prix pratiqués en haute saison, pour une et deux personnes. Vous pouvez cependant vous renseigner auprès des propriétaires sur les suppléments éventuels et vous assurer qu'ils acceptent bien le paiement par carte bancaire.

Sommaire

Aquitaine

« L'air est exquis et on se grise à respirer. Les horizons pyrénéens se sont déblayés de leurs nuages, de leurs moindres vapeurs, et il semble que le vent de sud ait apporté jusqu'ici des limpidités d'Andalousie ou d'Afrique. »

Pierre Loti, *Ramuntcho*

Domaine de Betouzet

SUR LES COTEAUX BOISÉS qui dominent le gave d'Oloron, cette ravissante gentil-hommière du 18ᵉ s. vous ouvre ses portes. Florence Verspieren, décoratrice parisienne, lui a redonné vie en y créant une « maison d'hôtes - maison d'artistes ». De nombreuses œuvres contemporaines sont visibles un peu partout dans la demeure. Associées à du mobilier moderne ou ancien et à des bibelots parfois originaux, elles composent un intérieur de très bon goût. Le salon jaune, avec son piano à queue, est particulièrement séduisant. Même réussite dans les chambres spacieuses et personnalisées : armoires anciennes, ciels de lit, moulures peintes, luminaires tendance, tapis et tissus raffinés… Du charme et de l'élégance dans les moindres détails. Dans le parc aux arbres centenaires, la gloriette tournée vers la piscine d'été cache un espace bien-être des plus appréciables, avec sauna et jacuzzi. Sympathique table d'hôte préparée avec les légumes bio du potager… Un certain art de vivre.

Florence Verspieren
5 chambres : 150-200 €.
Andrein – 64390 Andrein.
Tél. 05 59 38 91 40. www.betouzet.com
Table d'hôte : 24 €, 30 à 45 €. Anglais, espagnol parlés. Ouvert 20 mars-30 novembre.

On reviendra pour

▸ **Les cours de cuisine et de gastronomie régionale** dispensés par Florence Verspieren, « spécial foie gras » en automne, hiver et au début du printemps. **Les expositions d'œuvres de jeunes artistes contemporains.**

Pour les sportifs

▸ Canoë-kayak, rafting, canyoning sur les gaves d'Oloron et de Pau. Pêche à la truite ou au saumon dans les eaux fraîches et vives du gave d'Oloron ou du Saison. Ski nautique sur le plan d'eau d'Orthez.

Les Volets Bleus

On reviendra pour

▶ **La boutique déco de Marie : si les objets de la maison vous ont séduits, vous aurez la possibilité de les acheter sur place. Les dégustations de vin et les cours de cuisine.**

Q UI POURRAIT DIRE que cette maison pétrie de charme ne fut construite que récemment ? Si elle semble tellement authentique, c'est qu'elle a été entièrement bâtie avec des matériaux récupérés sur de vieilles fermes du pays. Il en va de même à l'intérieur : les pavés anciens et les poutres patinées ont l'air d'avoir toujours été là. Dans toutes les pièces, le mobilier chiné par Marie de Lapasse renforce cette impression. On s'y tromperait… Même esprit à l'étage, dans les chambres spacieuses et délicieusement cosy : teintes douces et naturelles, décoration féminine et raffinée, détails soignés, bois de lit ouvragés. On petit-déjeune dans la cuisine rustique ou, dès l'arrivée des beaux jours, sous l'auvent du jardin. En contrebas, la piscine avec ses transats en bois, réserve d'agréables moments de détente. Un ensemble fort chaleureux, tout comme l'accueil de Marie qui aime recevoir les hôtes et les traite en véritables amis.

Marie de Lapasse
5 chambres : 90-154 €.
chemin Etchegaraya – 64200 Arcangues.
Tél. 06 07 69 03 85. www.lesvoletsbleus.fr
CB acceptée. Anglais, espagnol parlés.
Chiens interdits. Fermé janvier et février.

Pour se détendre

▶ **Les golfs d'Arcangues et de Bassussary. Randonnées dans les montagnes. Thalassothérapie à Biarritz.**

Maison Gastelhur

ARCANGUES

On reviendra pour

▸ Le parc, ouvert sur la montagne et sa proximité avec le golf d'Arcangues (il jouxte le parcours).

S'il fait beau

▸ L'église d'Arcangues. Saint-Jean-de-Luz et son port de pêche, les plages de la Côte Atlantique dont Biarritz. Bidart, petit village typiquement basque.

Miguel et Agnès Lagrolet
3 chambres : 110-130 €.
chemin Gastelhur – 64200 Arcangues.
Tél. 05 59 43 01 46. www.gastelhur.com
Chiens interdits. Fermé 16 février -10 mars.

DES TEXTES DE **1401** font déjà référence à la propriété mais il semble que cette demeure date plutôt du 18ᵉ s. Bénéficiant d'une situation privilégiée à seulement 5 minutes du centre de Biarritz, elle profite en plus de la quiétude d'un grand parc arboré. Miguel, architecte d'intérieur, et Agnès Lagrolet, restauratrice de tableaux, ont mis tout leur cœur pour faire revivre leur maison de famille. Résultat : des chambres ravissantes et personnalisées, garnies de beaux meubles anciens (hérités ou chinés), de peintures et de gravures remises à neuf par Agnès. À chacune sa couleur et une vue sur le parc. La «Jaune» possède un petit balcon, la «Bleue» et la «Rouge» ouvrent sur les montagnes au loin. Aux beaux jours, Agnès vous servira le petit-déjeuner sur la terrasse, exposée plein sud. Calme et repos assurés aux amoureux de nature ! Un bon point de départ pour visiter la région.

Maison Maxana

LA BASTIDE-CLAIRENCE

BORDANT LA RUE PRINCIPALE de la Bastide Clairence (charmante bourgade figurant parmi les Plus Beaux Villages de France), cette maison typiquement basque du 17ᵉ s. ne fait pas son âge vu son parfait état. À l'intérieur, une tout autre ambiance vous attend, résolument contemporaine et parfaitement élégante. L'entrée donne le ton : mobilier épuré en bois sombre, murs blancs, tableaux abstraits et sculptures. Même parti pris dans les chambres aux noms évocateurs («Rêveries», «Romances», «Hortensias»), toutes différentes, tantôt cosy, tantôt exotique, mais toujours zen… La qualité des matériaux et le choix harmonieux des couleurs contribuent à leur donner un cachet unique. Petite préférence pour «Voyages» ornée de belles calligraphies réalisées par un artiste chinois ou «Nature» et son balcon privé donnant directement accès à la grande piscine. Table d'hôte sur réservation (service dans une vaisselle réalisée par le potier du village).

Ana Berdoulat
5 chambres : 70-110 €.
rue Notre-Dame – 64240 La Bastide-Clairence.
Tél. 05 59 70 10 10. www.maison-maxana.com
Table d'hôte : 35 €. Chiens interdits.
Ouvert toute l'année.

Pour les amateurs d'art

▶ De nombreux artisans sont installés à la Bastide Clairence : ferronnerie d'art, photographie, tissage, ébénisterie, céramique, parfumerie, etc. Visites d'ateliers libres ou sur rendez-vous.

On reviendra pour

▶ L'exposition d'œuvres contemporaines (sculptures, tableaux…) qui donne à la maison des allures de galerie d'art.

Le Mamelon Vert

On reviendra pour

▶ Le piano et Philippe qui n'attendent que vous, pour une petite improvisation. L'accueil charmant de Jacqueline, l'âme de la maison.

Jacqueline et Philippe Lespagnon
5 chambres : 70-120 €.
1 chemin de Laborde – 64100 Bayonne.
Tél. 05 59 74 59 70. www.mamelonvert.com
Chiens interdits. Fermé 25 décembre-1er janvier.

ONSTRUITE AU BORD d'un chemin tranquille, cette villa régionale surplombe l'Adour et la ville de Bayonne. La végétation semble régner en maître sur les lieux : massifs de fleurs, arbres et arbustes forment un ensemble foisonnant bien entretenu, et particulièrement charmant autour de la piscine. Parmi les chambres, on aura un penchant plus affirmé pour la « Rouge » (boiseries et ambiance bonbonnière) et la « Bleue » (lit à corbeille), décorées et meublées avec davantage de caractère. On peut y voir de nombreux tableaux et bibelots personnels et des gravures anciennes. Un léger bémol cependant – largement compensé par le bon confort général –, les WC communs, situés dans le couloir. Mélomanes et musiciens pourront s'entretenir durant des heures avec Philippe, et, pourquoi pas, se risquer à une petite improvisation : le piano n'attend que ça ! Jacqueline, quant à elle, vous fera partager sa passion pour la cuisine, gastronomique ou exotique selon l'humeur.

S'il fait beau

▶ Bayonne, ses vieux quartiers et ses spécialités culinaires. Pratique des sports en eau-vive et surf tout le long de la côte basque (Biarritz, Bidart, Guéthary, etc.)

Nere-Chocoa

L'IMPÉRATRICE EUGÉNIE et la famille de Lesseps ont séjourné dans cette imposante villa de style «basque espagnol» blottie dans un superbe parc aujourd'hui classé... Une très belle demeure dans un quartier résidentiel dont rien ne saurait troubler la quiétude, pas même l'aéroport ni l'autoroute pourtant situés à quelques centaines de mètres. Maryse et Marc ont eu un véritable coup de cœur pour la bâtisse lorsqu'ils la rachètent en 2001. Après de longs travaux de rénovation et décoration, ils proposent aujourd'hui de belles chambres aux hôtes de passage. Spacieuses, contemporaines et sobres, elles dégagent beaucoup de douceur, d'intimité et de féminité. Agréable salon de musique avec piano à queue. Aux beaux jours, le petit-déjeuner devient un moment privilégié à Nere-Chocoa : attablez-vous sous la véranda ou – encore mieux – sur la terrasse, face aux arbres centenaires... Vous ne le regretterez pas.

S'il fait beau

▸ Faites un tour du côté du joli lac Marion et son parcours de santé.

On reviendra pour

▸ L'accueil incomparable de Maryse et Marc, qui aiment recevoir. Les soirées musicales organisées par Marc, passionné de musique.

Maryse et Marc Cadou
5 chambres : 65-105 €.
28 rue Larreguy – 64200 Biarritz.
Tél. 06 08 33 84 35. www.nerechocoa.com
Anglais, espagnol parlés. Chiens interdits.
Ouvert toute l'année.

Villa Vauréal

LA FAÇADE ASSEZ DISCRÈTE de cette villa du centre-ville dissimule un véritable trésor : un grand jardin clos avec ses arbres majestueux, garantissant aux lieux une parfaite tranquillité. L'intérieur de la maison réserve aussi son lot de jolies surprises. À commencer par les chambres réellement chaleureuses. Elles portent de jolis noms – «Cerise», «Mirabelle», «Framboise», «Pêche» et «Mangue» – évoquant leurs couleurs fruitées et vitaminées. Mobilier ancien ou moderne, tableaux, rideaux rayés, parquet et tapis se marient en parfaite harmonie. Toutes sont en outre très bien équipées : kitchenette, TV par câble, connexion Internet haut débit, bonne literie et salles de bains neuves. Ici, la journée commence avec un délicieux petit-déjeuner (appétissantes pâtisseries et confitures maison), servi sous les platanes quand arrivent les premiers rayons de soleil. Et peut se terminer par une partie de pétanque, à l'ombre du magnolia et des tilleuls centenaires…

Christine Rannou-Ader

5 chambres : 93-176 €.
14 rue Vauréal – 64200 Biarritz.
Tél. 06 10 11 64 21. www.villavaureal.com
CB acceptée. Anglais, espagnol, grec parlés.
Chiens interdits. Fermé 5-31 janvier.

On reviendra pour

▶ **La situation idéale de cette maison (plage des Basques à 150 m et centre commerçant à quelques minutes à pied) et son grand jardin clos, verdoyant et très calme.**

S'il fait beau

▶ **Allez tout simplement admirer les jolies vues depuis les falaises qui surplombent la Côte des Basques.**

Maison Oléa

Le Bugue

ENVIE DE DÉPAYSEMENT au cœur du Périgord Noir ? Alors vous succomberez au charme de cette imposante demeure qui, derrière une architecture héritée des anciennes granges à tabac, cache un séduisant décor d'inspiration mauresque… Inattendu et très réussi ! Partout, une atmosphère chaleureuse (fer forgé, moucharabieh), jusque dans le choix des peintures intérieures : écru, pigments de jaune, couleurs imitant la chaux, etc. Dans les chambres, la beauté des vieilles dalles en pierre rivalise avec celle du mobilier rustique et des étoffes (beaucoup de lin). Boutis et têtes couronnées de diadèmes en voile blanc créent une atmosphère romantique à souhait. Sachez enfin qu'elles possèdent toutes une terrasse et pour peu que vous donniez sur la piscine extérieure à débordement, votre regard se perdra jusqu'au fin fond de la vallée de la Vézère. Petits-déjeuners sous la verrière du jardin d'hiver.

On reviendra pour

▶ Les dîners mettant en valeur la gastronomie locale, servis au coin du feu en hiver, et en été, les grillades au feu de bois près de la piscine. Le studio et les deux gîtes pour les séjours en famille.

Murielle Nardou
5 chambres : 55-75 €.
La Combe de Leygue – 24260 Le Bugue.
Tél. 05 53 08 48 93. www.olea-dordogne.com
Table d'hôte : 30 €. Fermé 21 décembre-4 janvier.

S'il fait beau

▶ Escale gastronomique à Sarlat (vins de Bergerac, foie gras, truffes, noix). Sites préhistoriques longeant la vallée de la Vézère, dont les fameuses grottes de Lascaux.

Le Moulin Rouge

CÉNAC-ET-ST-JULIEN

Rosette et Micha Atlan
4 chambres : 45-65 €.
24250 Cénac-et-St-Julien.
Tél. 05 53 28 23 66. www.lemoulinrouge.org
CB acceptée. Chiens interdits.
Ouvert 1er avril-30 octobre.

On reviendra pour

▶ **Faire trempette dans l'étang entouré d'un petit muret.**

DEPUIS SA CONSTRUCTION EN **1456,** ce moulin à eau mène une existence paisible à deux pas de la bastide de Domme. D'un côté, un parc verdoyant de 2 ha où les vieux arbres forment un «rempart» préservant la quiétude des lieux; de l'autre, un étang poissonneux toujours alimenté par la source qui descend de la colline. Quelques massifs de fleurs pour agrémenter le tout... Voici un cadre buco-

lique à souhait! Dans la jolie maison aux volets rouges, Rosette et Misha ont créé des chambres confortables et coquettes, rehaussées d'une pointe d'originalité. Les murs blancs sont laissés entièrement nus afin de mettre en valeur les touches colorées apportées par les tissus, l'ancien côtoie le contemporain sans façon, et la magie opère tout simplement. Côté étang, «Rosalie» et «Marie» disposent toutes deux d'une petite bibliothèque, et respectivement d'une cheminée et d'un piano. Passage obligé pour commencer la journée de la meilleure des façons : le petit-déjeuner en terrasse, au bord de l'eau...

S'il fait beau

▶ **Empruntez les ruelles de Domme pour atteindre la bastide, perchée sur sa falaise.**

La Guérinière

CÉNAC-ET-ST-JULIEN

Brigitte et Christophe mitonnent une appétissante cuisine du terroir, à partir de produits locaux, le plus souvent issus de l'agriculture biologique. Grand parc arboré de 10 ha avec piscine et court de tennis.

Amoureux des vieilles pierres

▸ **Châteaux, bastides et villes médiévales préservées de Castelnaud, La Roque-Gageac, Beynac et Domme.**

Brigitte et Christophe Demassougne
5 chambres : 54-79 €.
24250 Cénac-et-St-Julien.
Tél. 05 53 29 91 97.
www.la-gueriniere-dordogne.com
Table d'hôte : 23 €. Anglais parlé. Chiens interdits.
Ouvert de Pâques à octobre.

PERCHÉE SUR LES HAUTEURS, face à la bastide de Domme, cette chartreuse du 18ᵉ s. s'inscrit dans la plus pure tradition périgourdine. Ses propriétaires, Brigitte et Christophe Demassougne y ont installé des chambres d'hôtes et deux gîtes indépendants, parfaits pour passer quelques jours en famille. Calme, confort et raffinement caractérisent les lieux et la décoration entièrement conçue par Brigitte. Pierre apparente, frisettes, meubles anciens ou peints, ciels de lit et hommage à la nature : les chambres «Bleuet», «Dahlia», «Hortensia», «Mimosa» et la suite «Coquelicot et Lys» sont aussi fraîches que les fleurs dont elles portent le nom. À l'heure où les appétits s'aiguisent, la table fera le bonheur des gourmets.

On reviendra pour

▸ **La vue exceptionnelle sur la bastide de Domme, surnommée «l'Acropole du Périgord». La piscine et le tennis sur place.**

Irazabala

ESPELETTE

DANS LA PROVINCE DU LABOURD, vallonnée et verdoyante, cette belle maison familiale dégage un charme authentique en dépit de son jeune âge. Construite dans le respect des traditions locales, elle s'attache à perpétuer le caractère des vieilles fermes basques. Le grand hall («ezkarhatza» en basque) et le salon offrent un décor rustique où le bois et la pierre occupent une place de choix. Admirez la cheminée aux motifs sculptés et les sols en terre cuite. Les chambres, coquettes – poutres,

Maryse Toffolo
4 chambres : 54-80 €.
155 Mendiko Bidéa – 64250 Espelette.
Tél. 05 59 93 93 02. www.irazabala.com
Espagnol, anglais parlés. Chiens interdits.
Ouvert toute l'année.

tissus choisis, jolis parquets cirés – portent le nom des montagnes sur lesquelles donnent leurs fenêtres : Ursuia, Baigurra, Artzamendi, Mondarrain. Coup de cœur pour «Artzamendi», de style campagnard et «Baigura», très romantique avec ses tons pastel. La propriétaire, Maryse Toffolo, vous accueille sous le «lorio» (une sorte de porche où s'entrelacent les plantes grimpantes) où l'on petit-déjeune face aux chênes centenaires et aux massifs de fleurs, si le temps le permet.

On reviendra pour

▸ La boutique de la maison proposant des produits régionaux savoureux (fromage de brebis, confiture de cerises noires, piment d'Espelette…).

Pour les amateurs d'art

▸ À Cambo, la Villa Arnaga, ancienne demeure d'Edmond Rostand, abrite une collection originale d'objets et d'œuvres d'art du grand homme. Golf, tennis, piscine, activité équestre, océan et plages à proximité.

Ferme Hégia ✳ ✳ ✳

Véronique et Arnaud Daguin
5 chambres : 415-480 €.
chemin Curutxeta – 64240 Hasparren.
Tél. 05 59 29 67 86. www.hegia.com
CB acceptée. Chiens interdits. Ouvert toute l'année.

ATTENDEZ-VOUS À DE VRAIES BELLES SURPRISES dans cette ferme labourdine, construite en 1746 sur les hauteurs d'Hasparren. La façade, très traditionnelle, ne laisse pas deviner l'intérieur résolument moderne épuré, quasi minimaliste qu'elle abrite. Le bois et la pierre y ont toujours leur place, mais sont intégrés dans des volumes entièrement repensés. Mobilier contemporain, murs immaculés, matériaux bruts et extrême sobriété dans les vastes chambres et leurs très belles salles de bains… Décoiffant et superbe ! En restructurant la maison, Véronique et Arnaud ont également réalisé un rêve : concevoir un lieu qui s'articulerait autour de la cuisine. C'est dans cette pièce ouverte que, sous vos yeux, Arnaud prépare les repas, taquinant le feu dans le four à bois et la cheminée. Attention toutefois à ne pas vous laisser surprendre par les prix, assez élevés. Avis aux amoureux de séjour d'exception.

On reviendra pour

▸ **La rencontre inédite entre une décoration intérieure ultramoderne et le cadre d'une ferme typique de la région. Les repas « spectacle » concoctés avec brio par un cuisinier hors pair.**

Amoureux des vieilles pierres ♜

▸ **L'architecture des vieilles maisons d'Hasparren, ancienne capitale de la tannerie.**

La Ferme Dagué

On reviendra pour

▶ **Le calme et le cachet de cette maison joliment restaurée.**

U NE FERME DU **18ᵉ S.**, bâtie à flanc de colline, typiquement béarnaise avec sa traditionnelle – et superbe – cour fermée surmontée d'une galerie extérieure. Mélina et Jean-Pierre Maumus ont rénové l'ensemble avec goût : partout une décoration sobre et subtile qui met bien en valeur le cachet rustique d'origine. À l'image de la salle des petits-déjeuners, pleine de caractère avec ses poutres apparentes. Les chambres aménagées dans l'ancien grenier, arborent des pans de mur en pierre brute. Les autres (dont une est accessible aux personnes à

mobilité réduite), peintes en blanc, présentent çà et là un motif réalisé au pochoir, une frise ou un tableau. Toutes sont lumineuses, dotées de meubles campagnards en bois et agrémentées d'originales têtes de lit (réalisées avec des portes anciennes ou de vieux éléments de la ferme). Pour la détente, rendez-vous dans la cour carrée ou le parc, tous deux pourvus d'un joli mobilier de jardin.

Mélina et Jean-Pierre Maumus
5 chambres : 42-62 €.
chemin Croix de Dagué – 64290 Lasseube.
Tél. 05 59 04 27 11. www.ferme-dague.com
Anglais, italien parlés. Chiens interdits.
Ouvert 28 avril-30 octobre.

Pour les curieux

▶ **Le Musée Jeanne d'Albert à Orthez (importante collection d'objets retraçant l'histoire du protestantisme de la réforme au 19ᵉ s.), la Cité des Abeilles à Jurançon, le musée du Béret à Nay.**

Les Logis de Lestiac

LESTIAC-SUR-GARONNE

Pour les curieux

▶ Nombreuses visites aux alentours : ruines et fortifications à Rions, Portets ou Loupiac, musées des vins à Cadillac ou Gornac. Randonnées pédestres, équestres, à VTT ou en canoë.

CETTE NOBLE MAISON DE MAÎTRE datant de 1815 se trouve en plein Entre-deux-Mers, au cœur des vignobles les plus réputés du Bordelais. Plus que des chambres, Philippe Dejean vous y proposent de petits appartements – qu'il nomme «logis» – où à chaque saison correspond un type d'habitation. Vous aurez donc le choix entre le «Nid d'été» mansardé, le «Grenier d'automne» aménagé sous les combles, le «Château d'hiver» (60 m²) ou l'«Appartement de printemps»... Dernière possibilité et non des moindres, «La Chambre de Philippe», véritable duplex à la déco insolite. On y trouve de nombreux objets détournés comme un piano en guise de tête de lit, une calèche convertie en bibliothèque ou des tonneaux-lavabos! Le parc réserve lui aussi de belles découvertes : une petite rocaille fin 19ᵉ s., des tilleuls centenaires, bambous, arbres fruitiers et une piscine d'eau salée. Table d'hôte (sur réservation) à base de terroir savamment revisité.

Philippe Dejean
5 chambres : 80-95 €.
71 route de Bordeaux – 33550 Lestiac-sur-Garonne.
Tél. 05 56 72 17 90. www.logisdelestiac.com
Table d'hôte : 25 €, 30 €. Anglais, espagnol parlés.
Chiens interdits. Ouvert toute l'année.

On reviendra pour

▶ Les créations culinaires servies par Philippe à la table d'hôte (gaspacho de betteraves, poulet rôti poires-roquefort, tarte tatin aux navets).

Castel Saint Joseph

MONTAGNE

Patricia de Cathelineau
4 chambres : 110-140 €.
33570 Montagne.
Tél. 05 57 24 71 08. www.de-cathelineau.com
Table d'hôte : 35 €-55 €. CB acceptée.
Ouvert toute l'année.

SITUÉE PRÈS DE L'ÉGLISE de Montagne, à deux pas de Saint-Émilion, mais aussi de Pomerol, Puisseguin ou encore Lussac, cette maison de viticulteur des années 1950 s'entoure des vignobles les plus prestigieux du bordelais. En 2006, Patricia et Claude-Olivier de Cathelineau l'aménagent pour recevoir leurs hôtes dans un cadre agréable et convivial. Meubles de famille et tableaux (paysages et portraits) agrémentent l'ensemble. Les cham-

On reviendra pour

▸ **Les séjours golf, avec cours personnalisés dispensés par un professionnel. Les moments de relaxations dans le spa et les massages « Fleur de Lotus ».**

bres, spacieuses, s'enrichissent parfois de ciel de lit ou de baldaquin et toutes disposent d'une salle de bains bien équipée. Le soir, s'il fait bon, la terrasse pavée et le jardin vous accueillent pour un dîner arrosé de vins de la région. Claude-Olivier, passionné de golf, vous conseillera les meilleurs parcours des environs. Vous pourrez également profiter de massages relaxants et de bons moments de détente dans le spa. Petit-déjeuner servi dans le salon, très cosy.

S'il pleut

▸ **Visitez le monde souterrain qui se cache sous Saint-Émilion : la grotte de l'ermitage du moine Émilion (le plus vieux monument de la ville datant du 8e s.), l'ossuaire, les catacombes et l'église monolithe.**

Le Clos Lascazes

PALEYRAC

salon-salle à manger, pour les petits-déjeuners au coin du feu, terrasse face à la piscine d'eau salée et parc grand ouvert sur la nature.

Christine et Jean-Marc Gouin
5 chambres : 68-105 €.
24480 Paleyrac.
Tél. 05 53 74 33 94. www.clos-lascazes.fr
CB acceptée. Anglais, allemand parlés.
Chiens interdits. Ouvert de mars à mi-novembre.

S'il fait beau

▶ Balade le long de la Vézère et de la Dordogne (le confluent n'est pas loin), la falaise des «7 frères». Visites des grottes : Lascaux, Les Eyzies-de-Tayac, etc.

LES ANNÉES PASSENT mais ne semblent pas avoir de prise sur le Clos Lascazes. Cet ensemble de trois maisons indépendantes (17ᵉ, 19ᵉ et 21ᵉ s.) a retrouvé une seconde jeunesse grâce à Christine et Jean-Marc Gouin, un couple de Parisiens tombé sous le charme de cet environnement enchanteur. Ils ont mis tout leur cœur pour rendre son âme au domaine et cela se voit. Par leurs noms et leurs décors, les chambres rendent hommage à plusieurs sites de la région. «La Roque-Gageac» porte fièrement les couleurs rouge et jaune du village, tandis que «Marqueyssac» évoque le jardin voisin avec ses nombreuses touches de vert. «Campagne» est peut-être la plus romantique avec son ciel de lit et ses nombreux détails raffinés et fleuris. Murs peints à la chaux, meubles en bois patiné, tissus choisis… Toutes sont charmantes! Chaleureux

On reviendra pour

▶ Partager un vrai moment de convivialité avec Christine et Jean-Marc, à l'heure du petit-déjeuner (pâtisseries et confitures maison). Ils se feront un plaisir de vous aider à organiser votre séjour.

Béchanou

PLAZAC

IL FAUT EMPRUNTER les chemins pentus qui grimpent le long de coteaux escarpés pour arriver chez Dominique et Jean-François. Mais la quiétude du site et le panorama sur la vallée et la campagne environnante méritent bien un tel effort ! La maison – un chai reconverti – n'est pas en reste question calme et charme. Les chambres, spacieuses et personnalisées, s'avèrent très confortables : lits « king size »

S'il fait beau

▶ **La vallée de la Vézère, connue pour ses nombreux sites préhistoriques et ses châteaux.**

dotés de grandes couettes douillettes et salles de bains modernes affichant un certain luxe. Teintes naturelles pour « Les Petits Cailloux », vitaminées dans « la Forge », et fraîches dans la suite « La Source ». Cette dernière offre en prime une jolie vue sur la vallée et son ruisseau, le Vimont. « La Belle Étoile » logée dans un ancien séchoir garantit encore plus de tranquillité. Et pour se rafraîchir lorsque le soleil est au zénith, direction la piscine installée sur les hauteurs et surplombant la maison.

Dominique et Jean-François Charlet
5 chambres : 70-80 €.
Béchanou – 24580 Plazac.
Tél. 05 53 50 39 52. www.bechanou.com
Table d'hôte : 25 €. Chiens interdits.
Ouvert toute l'année.

On reviendra pour

▶ **Les petits-déjeuners « sucré-salé » (confitures et gâteaux maison) de Dominique et ses petits plats à base de produits de saison. Les week-ends « découverte du Périgord » et les cours de cuisine.**

Château de Cambes

M. et Mme Dixon
5 chambres : 135-225 €.
47480 Pont-du-Casse.
Tél. 05 53 87 46 37. www.chateaudecambes.com
Table d'hôte : 40 €. CB acceptée.
Anglais, allemand, portugais parlés.
Chiens interdits. Ouvert toute l'année.

On reviendra pour

▸ **Faire de belles flambées dans la cheminée de sa chambre en hiver...**

UN CALME ABSOLU règne sur ce joli coin du Lot-et-Garonne. Au bout du chemin qui serpente à travers le parc, on découvre la façade très blanche de ce château édifié au 14ᵉ s., flanqué de deux tourelles dont une abrite une ravissante chapelle... Divin supplément d'âme ! En restaurant l'ensemble, les propriétaires ont su lui redonner son élégance d'origine. Vous en jugerez par vous-même en découvrant les chambres, immenses et empreintes de l'atmosphère des vieilles demeures : murs en pierre du pays, magnifique parquet, meubles de style, petit salon et cheminée pour la majorité. Les salles de bains restent dans le même esprit : elles répondent aux critères du confort moderne mais se marient bien avec le style d'époque. Ravissant bar-fumoir et belle orangerie, qui fait salle comble à l'occasion de grandes réceptions. À voir dans le parc, un ancien pigeonnier caché parmi les arbres séculaires ; certains ont, paraît-il, plus de 400 ans !

S'il pleut

▸ **Voyage au centre de la terre aux grottes de Fontirou à Castella, où les sculptures naturelles se développent depuis 30 millions d'années. Halte gastronomique au musée du foie gras à Frespech.**

Les Gués Rivières

PUJOLS

UN SÉJOUR AUX GUÉS RIVIÈRES ravira autant les amoureux de belles pierres que les gourmets. Margotte, ex-cuisinière, et Olivier Bernard, ancien sommelier, s'attachent en effet à proposer dans leur élégante demeure girondine (1855) une cuisine du terroir de qualité agrémentée des meilleurs vins de la région… Côté chambres, beaucoup de fraîcheur et de gaieté : bibelots exotiques, meubles de famille et objets chinés s'harmonisent à merveille. Tons orangés et coquette salle de bains d'esprit nautique dans la chaleureuse «Domaine du Pyla», couleurs lie de vin dans la ravissante «Château Margotte», clin d'œil à la Provence dans la «Bastide des Oliviers» et escapade lointaine du côté de la «Tour de Coco»… À l'arrière de la maison, on profitera de la superbe terrasse dominant la vallée de la Dordogne et un véritable océan de vignes : ici l'Entre-deux-Mers, là Saint-Émilion et au loin, les côtes de Castillon.

Pour les curieux

▶ À Pujols, la maison des artistes accueille en résidence des peintres, des sculpteurs, des dessinateurs et des musiciens. L'été, découverte commentée des vignobles et des monuments de Saint-Émilion en petit train.

Margotte et Olivier Bernard
4 chambres : 65-65 €.
5 place du Général de Gaulle – 33350 Pujols.
Tél. 05 57 40 74 73.
http://perso.orange.fr/margotte.olivier
Table d'hôte : 23 €. Anglais, espagnol parlés.
Chiens interdits. Ouvert toute l'année.

On reviendra pour

▶ Les dégustations de vin et la boutique qui propose des spécialités régionales (vins du bordelais, cognac, foies gras, confits de canard, petits pâtés, etc.).

Domaine de Benauge

RENUNG

CETTE ANCIENNE COMMANDERIE FORTI-FIÉE fut construite au 15ᵉ s. pour servir de refuge aux villageois. Elle a vu défiler bon nombre de propriétaires (moines cisterciens, un membre de la famille d'Henri IV…) avant que Steven et Ann Goodyear ne s'y installent, «victimes bienheureuses» d'un coup de cœur pour le site, son histoire et son environnement si tranquille. Quelques – gros – travaux de restauration plus tard, ils aménagent des chambres d'hôte et vous invitent à partager leur passion pour Benauge. Qu'elles donnent sur la cour fleurie ou le jardin (avec, à l'arrière, une vue imprenable sur les champs et la vallée au loin), elles sont toutes conçues dans le même esprit de douceur et de pureté. Murs blanc ou pierres apparentes, dallage antique, mobilier d'une extrême sobriété, un tableau ou un dessin ici ou là. Petit coup de cœur pour la chambre de la tour, ronde et dotée d'un jacuzzi… Aux beaux jours, on apprécie le petit-déjeuner sous la pergola, en compagnie des propriétaires.

On reviendra pour

▶ Plonger dans l'histoire de Benauge (une légende évoque l'existence d'un tunnel souterrain entre Benauge et une ferme voisine). Une promenade à cheval avec Ann, véritablement passionnée.

S'il pleut

▶ À Samadet, le musée de la Faïence et des Arts de la table présente des collections remontant, pour les plus anciennes, au Moyen-Âge.

Steven et Ann Goodyear
5 chambres : 50-95 €.
40270 Renung.
Tél. 05 58 71 77 30. www.benauge.com
Anglais parlé. Ouvert toute l'année.

Domaine du Moulin de Labique

St-Eutrope-de-Born

S UIVEZ LE PETIT RUISSEAU pour rejoindre le Domaine du Moulin de Labique, une belle demeure du 18ᵉ s. bâtie sur une maison forte du 13ᵉ s. dont elle a conservé une salle d'arme voûtée. Tout autour, le parc, arboré et fleuri, et l'étang, cerné d'iris et de peupliers, promettent un séjour au calme et au vert. Aménagées dans l'ex-écurie, la grange et le logis principal, les chambres ont ce petit supplément d'âme qui séduit immédiatement. Leur cachet rétro prononcé y est sûrement pour quelque chose : papiers peints à l'ancienne, meubles patinés, tapis persans, tableaux et gravures, tomettes et poutres pour certaines. La plupart ouvrent sur une terrasse ou un balcon. Pour la vue, vous aurez le choix entre le jardin et sa mare, la piscine privée ou le vieux moulin. Le soir, Hélène prépare de bons petits plats régionaux avec les produits du potager et des fermes alentour. À déguster, selon la saison, devant la cheminée ou sous la tonnelle.

On reviendra pour

▸ Les visites de chais et les dégustations dans les vignobles de la région organisées par Hélène (Bergerac, Cahors, Duras, Buzet).

Hélène Boulet

6 chambres : 75-90 €.
47210 St-Eutrope-de-Born.
Tél. 05 53 01 63 90. www.moulin-de-labique.com
Table d'hôte : 25-31 €. CB acceptée.
Néerlandais, anglais, allemand parlés.
Chiens interdits. Fermé 17-23 novembre.

Amoureux des vieilles pierres

▸ De nombreuses cités, ou bastides médiévales méritent le détour aux alentours du domaine : Monpazier, Villeréal, Monflanquin… À voir également, les châteaux de Biron, Bonagil, Castelnaud ou encore Beynac.

Le Hameau des Coquelicots

St-Léon

PERCHÉ SUR UNE COLLINE surplombant les vallées du Lot-et-Garonne, entre champs de blé et tournesols, ce «hameau» s'apparente à un rêve devenu réalité. Pascale, ingénieure pleine de talent et d'imagination, l'a créé de toutes pièces à partir d'une ancienne ferme. L'idée était de concevoir un lieu de vie et de rencontres, en associant les techniques de construction modernes aux vieux matériaux… Une belle réussite! La piscine écologique – dessinée comme une grande mare – voit son eau purifiée par les petits roseaux qui poussent dans sa partie la moins profonde. Les trois maisons bénéficient d'un système de chauffage par géothermie alliant confort et sauvegarde de

Amoureux des vieilles pierres

▶ **La découverte des ruelles du vieux Nérac, bordées de maisons à colombages, et la visite de la demeure Renaissance de Sully.**

l'environnement. Elles marient le bois et la pierre pour une décoration épurée de très bon goût et chacune possède une cuisine individuelle et un salon-cheminée. Au gré du séjour : cueillette dans le verger ou le potager, flâneries dans le jardin des senteurs et découverte d'œuvres d'artistes locaux exposées dans le séchoir.

On reviendra pour

▶ **Les week-ends à thème : massage shiatsu, équitation ou art floral, et les ateliers de cuisine, de peinture et d'écriture.**

Pascale Baeza
5 chambres : 85-105 €.
47160 St-Léon.
Tél. 05 53 84 06 13.
www.lehameaudescoquelicots.com
Espagnol, anglais parlés. Chiens interdits.
Ouvert toute l'année.

La Bergerie-St-Michel

ST-MICHEL-ESCALUS

Michel Verdoux-Loustau
3 chambres : 85-130 €.
St-Michel – 40550 St-Michel-Escalus.
Tél. 05 58 48 74 04.
Chiens interdits. Ouvert 1er juin-30 septembre.

EN PLEINE FORÊT LANDAISE, face à l'église St-Michel (12e s.), cette ancienne bergerie magnifiquement restaurée vous offre la garantie d'un séjour apaisant. L'accueil que vous réserve Michel donne le ton : souriant et chaleureux, il reçoit les hôtes chez lui, comme des amis, dans sa jolie maison à colombages. La salle à manger présente un mélange réussi de meubles anciens et contemporains. On retrouve cette habile combinaison dans les chambres, installées dans les anciennes écuries : murs lambris-sés, literie haut de gamme et salles de bains design fort bien équipées. Toutes bénéficient d'un accès direct à la belle pelouse. La plus grande, qui abritait autrefois l'atelier de peinture d'un artiste new-yorkais, expose une jolie collection de tableaux colorés et dispose d'une terrasse privative. Mention spéciale pour les petits-déjeuners, particulièrement copieux et savoureux.

S'il fait beau

▶ Pour changer de la mer, vous irez flâner sur les bords de l'étang de Léon.

On reviendra pour

▶ Les petits-déjeuners « royaux », à savourer en plein air aux beaux jours.

La Maison d'Arthezenea

St-Palais

François Barthaburu

4 chambres : 63-73 €. 42 rue du Palais de Justice –
64120 St-Palais. Tél. 05 59 65 85 96.
www.gites64.com/maison-darthezenea
Table d'hôte : 25 €. Anglais, espagnol parlés.
Chiens interdits. Ouvert d'avril à décembre.

On reviendra pour

▷ **La table d'hôte : foies gras, conserves maison
et produits de saison cuisinés à la plancha. En
octobre, découvrez la spécialité de François : la
palombe flambée au capucin dans la cheminée.**

ONSTRUITE SUR LA PARTIE HAUTE de la
plus vieille rue du village, cette belle
maison bourgeoise se fond à merveille
dans un environnement de verdure et de calme.
Quel point de chute plus agréable pour partir à la découverte du Pays basque ? D'autant
que François et Marie-Christine Barthaburu,
amoureux de leur région, mettent à disposition
dans le salon une documentation complète…
Ou comment voyager de Bayonne à Pampelune
tranquillement calé au fond de son fauteuil ! Les
chambres, soigneusement rénovées par les maîtres des lieux, séduisent par leur décor simple et
élégant : murs colorés, meubles anciens, tableaux
et gravures. « Lahiria » sort un peu du lot avec
son cachet aristocratique (cheminée, moulures et
parquet). L'agréable jardin, invite au repos parmi
les nombreux massifs fleuris, et la table d'hôte,
résolument régionale, mérite le détour (service
en terrasse lorsque le temps le permet).

Pour les sportifs

▷ **Randonnées à pied ou en VTT dans les
montagnes. Pour les cavaliers, le Sentier des
Contrebandiers (entre mer et montagne) : chemin
balisé reliant St-Palais à Hendaye.**

La Roche d'Esteil

STE-NATHALÈNE

ENTOURÉE D'UN BEAU TERRAIN BOISÉ, cette ancienne ferme périgourdine du 18e s. vous garantit un séjour au grand calme. Même les quelques biquettes chargées de tondre la pelouse auraient bien du mal à troubler la quiétude de l'endroit… Aménagées dans les anciennes granges, les chambres, toutes indépendantes, ont su conserver leur charme rustique (on a laissé les poutres apparentes et quelques pans de mur à nu pour mettre les vieilles pierres en valeur) tout en offrant un confort contemporain. Laissez-vous séduire par «Le Tilleul», installée dans un ancien four à pain, ou par «Le Chêne», répartie sur deux niveaux et pouvant héberger jusqu'à quatre personnes. La table d'hôte, dédiée aux saveurs du terroir,

est proposée dans une salle à manger joliment décorée. Pour la sieste, des transats vous attendent au bord de la grande piscine, à l'ombre des parasols. Et sur demande, Sandrine vous compose un panier pique-nique pour le déjeuner.

Sandrine et Marc Audouard
5 chambres : 60-98 €.
La Croix d'Esteil – 24200 Ste-Nathalène.
Tél. 05 53 29 14 42. www.larochedesteil.com
Table d'hôte : 24 €. CB acceptée. Anglais parlé.
Chiens interdits. Ouvert 15 mars-15 novembre.

On reviendra pour

▶ La table d'hôte composée avec produits du terroir et vin de Bergerac.

S'il fait beau

▶ On ira se promener dans les jardins du manoir d'Eyrignac, considérés comme les plus beaux du Périgord.

La Gentilhommière

STE-SABINE

ENTRE PÉRIGORD POURPRE et pays des bastides, cette gentilhommière typiquement régionale profite d'un parc abondamment fleuri et arboré. Un beau noyer veille sur le potager et sur la piscine d'été, parfaite pour se rafraîchir après un match sur le court de tennis. À l'intérieur de la maison, le «Lounge» de style colonial donne à vos apéritifs une ambiance exotique, tandis que le salon «Campagne», plus douillet, invite au farniente. À moins que vous ne préfériez dévorer un livre dans la bibliothèque avant de savourer un repas gastronomique concocté par Vincent, selon son humeur et le marché. Les chambres affichent une décoration thématique : «Brigitte» se pare de teintes claires et d'une note romantique, «Bicyclette Bleue» et «Pointe Fine» expriment un caractère plus rustique grâce à leurs parquets et meubles en bois. Enfin la chambre «Hippo Girafon» avec ses couleurs vives et chamarrées, évoque joliment l'Orient.

On reviendra pour

▶ La table gastronomique et les dîners à thème.

Vincent et Anne Lucas
4 chambres : 80-95 €.
24440 Ste-Sabine.
Tél. 05 53 74 08 79. Table d'hôte : 30 €.
Ouvert toute l'année.

S'il pleut

▶ **Vous trouverez refuge dans les grottes de Maxange, célèbres pour leurs concrétions excentriques uniques.**

Domaine de Bellegarde

Merrilyn et Quintin Shaw
5 chambres : 100-270 €.
23 avenue Charles de Gaulle – 40140 Soustons.
Tél. 05 58 41 24 06. www.qsun.co.uk
Table d'hôte : 40-45 €. CB acceptée.
Chiens interdits. Ouvert avril-octobre.

Pour les sportifs

▶ **Le golf à deux pas, les étangs de Soustons et les plages de l'Atlantique pour le surf et les sports nautiques. Randonnées dans les forêts landaises.**

MERRILYN, NÉE EN AUSTRALIE, et Quintin, d'origine britannique, vous invitent à un séjour de charme dans leur belle et grande villa 1900, typiquement régionale et soigneusement restaurée. Dès l'entrée, le hall pourvu de ses gros canapés douillets donne le ton. Un escalier en bois massif conduit aux chambres, spacieuses et décorées avec beaucoup de goût : sols en coco, meubles contemporains, lits à baldaquin et tissus de qualité. Notez que la suite « Soustons », (avec cheminée et jacuzzi privatif) partage une terrasse couverte avec « Hossegor ». Les heureux occupants de « Capbreton » profiteront quant à eux d'un sauna. La salle de billard et le salon télé ont pour leur part un discret air Empire avec leurs nombreuses moulures. Le matin, vous aurez le choix entre un authentique « breakfast » anglais et un traditionnel petit-déjeuner continental. Le soir, table d'hôte soignée privilégiant les produits régionaux. Très beau parc arboré.

On reviendra pour

▶ **Le large éventail de formules proposées par les propriétaires : séjours sportifs ou romantiques.**

La Licorne

VALOJOULX

Claire et Marc Bosse

5 chambres : 58-85 €.
24290 Valojoulx.
Tél. 05 53 50 77 77. www.licorne-lascaux.com
Table d'hôte : 21 €. Ouvert d'avril à octobre.

On reviendra pour

▸ Suivre un stage de découverte sur les bienfaits des plantes médicinales en compagnie de Claire.

S'il pleut

▸ Mettez-vous à l'abri en visitant les grottes de Lascaux, le château de Losse ou le Musée national de la préhistoire aux Eyzies-de-Tayac.

AQUITAINE

37

D ANS UN PETIT VILLAGE du Périgord Noir, cette demeure des 17e et 18e s. respire l'authenticité et la tranquillité. Quelques pas dans le jardin devraient suffire à vous convaincre : un verger en arrière-plan, la nature tout autour et posées au milieu de la verdure, quelques chaises longues invitant au farniente… Un havre de paix doublé d'une adresse de charme avec ses chambres à la fois simples et coquettes. Poutres et pierres apparentes, bois et fer forgé : toutes bénéficient des mêmes attraits mais on optera volontiers pour la plus spacieuse, aménagée dans la «Templerie» du 13e s., juste à côté de la piscine. Étape incontournable également, la table d'hôte. En cordon-bleu enthousiaste, Marc réalise de savoureuses recettes que lui inspirent les légumes de son potager. À déguster, si le temps le permet, en terrasse sous la tonnelle, ou dans la salle à manger, pleine de caractère avec ses murs de pierre, sa vieille charpente et sa cheminée.

Auvergne et Limousin

« Allez voir ce "Royaume du Vert". Vous y trouverez toute chose plus grandiose qu'autre part : le bois plus noir qu'ailleurs [...], l'herbe plus drue et le loup plus affamé. Vous entendrez le vent qui siffle [...] devant l'immense espace qui sent l'horizon bleu, le champignon et la pomme de pin. »

Alexandre Vialatte, *L'Auvergne absolue*

Château de la Vigne

EN 1767, JEAN-JACQUES ROUSSEAU séjourna trois mois dans ce beau château construit entre les 15ᵉ et 18ᵉ s. Pour marcher sur ses pas, les amateurs de littérature réserveront «sa» chambre, la «Louis XV», très élégante avec son lit à baldaquin drapé de soieries. Les passionnés d'histoire, pour leur part, préfèreront sans doute l'incroyable «Troubadour» où vitraux colorés, superbes boiseries, portes sculptées, plafond à caissons et lit à colonnes composent une atmosphère authentiquement médiévale, certes un peu chargée, mais tellement étonnante! Quant aux familles, elles trouveront leur bonheur dans le pavillon indépendant qui peut recevoir un couple et deux enfants. Très beau panorama sur les monts du Cantal depuis la terrasse du château. Juste à côté, un jardin à la française vous invite à arpenter ses allées en songeant à ce que pouvait être la vie d'un seigneur au Moyen Âge. L'endroit est idéal pour un séjour riche en découvertes…

Bruno et Anne du Fayet de la Tour
4 chambres : 110-130 €.
15700 Ally.
Tél. 04 71 69 00 20. www.chateaudelavigne.com
Anglais parlé. Ouvert d'avril à octobre.

On reviendra pour

▸ Passionné d'automobile, Bruno expose sa collection de modèles réduits (plus de 2 500 pièces!) dans un ancien chemin de ronde du château.

S'il fait beau

▸ Baignade et promenades en bateau dans les gorges de la Dordogne. La basilique romane de Mauriac.

Château Constant

Aux portes de Bessines, sur la route de St-Jacques, un petit chemin bifurque et mène à cette demeure du 19ᵉ s. Son architecture asymétrique peu banale a tout de suite séduit Ana Marie et Gerard Van Hooft qui, en 2005 et après de gros travaux, y ont ouvert de belles chambres d'hôtes. «Or» et «Aubergine» plaisent par leur sobriété contemporaine et reposante, tandis que la «Bleue» rallie les amateurs de romantisme et de charme familial à la française. «La Chambre du Papillon» est ravissante avec ses meubles chinés et sa salle de bains à l'ancienne (parviendrez-vous à percer le secret de son nom?). Le reste de la maison réserve d'autres belles surprises : la salle « Constant » exprime toute l'élégance classique d'un salon de réception cossu, et la salle « Maya », décorée d'objets provenant du Nord du Honduras, traduit le goût des Van Hooft pour les voyages. En arrivant, levez les yeux vers la cheminée : une gravure originale représentant Shakespeare vous accueille.

On reviendra pour

▶ Se perdre dans le grand parc aux nombreux arbres centenaires.

Gé et Anne-Marie Van Hooft
5 chambres : 69-79 €.
avenue 11 novembre-1918 –
87250 Bessines-sur-Gartempe.
Tél. 05 55 76 78 42. www.chateau-constant.com
Table d'hôte : 22 €. Anglais, néerlandais, espagnol, allemand parlés. Ouvert toute l'année.

S'il fait beau

▶ En faisant un tour dans le village, vous remarquerez sûrement l'église St-Léger, le pont des Bonshommes ou les ruines du château des Monismes, datant tous du 13ᵉ s.

La Lauzeraie

LA BOURBOULE

On reviendra pour

▶ Les multiples espaces de détente : piscine, fitness, hammam et fauteuil massant («jet form»). Une balade dans le parc aux essences variées, au moment de la floraison.

S'il fait beau

▶ La Bourboule et le Mont-Dore, stations thermales et touristiques. Les grottes de Cornadore (pétrification, baignoires romaines, stalagmites, stalactites…). Randonnées pédestres dans le massif du Sancy.

Jean-Claude et Martine Goigoux

4 chambres : 75-125 €.
577 chemin de la Suchère – 63150 La Bourboule.
Tél. 04 73 81 15 70. www.lalauzeraie.net
Chiens interdits. Fermé 15 octobre-1ᵉʳ décembre.

CETTE MAISON AUVERGNATE qui tire son nom de son toit de lauzes, se trouve à moins de 500 mètres du centre de La Bourboule. Et pourtant les bruits de la ville n'atteignent pas ce havre de paix ceint d'un agréable jardin clos (beau bassin avec poissons rouges et carpes). La bâtisse dégage beaucoup de charme malgré son jeune âge – sans doute parce qu'on a utilisé des matériaux anciens lors de sa construction. Les chambres, soignées et bien équipées (coffre-fort, sèche-cheveux, peignoir et chaussons éponge à disposition), mélangent mobilier de style et décoration actuelle. «Charlannes» dispose d'un balcon privé et d'une baignoire «balnéo», tandis que la suite «Banne d'Ordanche» se pare d'un mobilier aux lignes médiévales. Le soir, Martine et Jean-Claude servent l'apéritif dans le salon-bar, près de la piscine «exotique» : on se laisse volontiers prendre au trompe-l'œil représentant une plage martiniquaise! Billard et coin bibliothèque.

Château de la Grèze

BRIVEZAC

ON A DU MAL À CROIRE que cet élégant château du 18ᵉ s. tombait en ruine il y a encore quelques années ! Une restauration longue et méticuleuse lui a rendu ses lettres de noblesse, et le résultat impressionne par sa qualité. L'intérieur allie charme classique et technologie moderne. Les chambres, dont les noms évoquent les plus beaux villages de Dordogne, bénéficient d'un excellent confort : parquets en bois de châtaigner, literie neuve et de grande dimension, insonorisation irréprochable. Décorées avec beaucoup de goût et d'élégance, elles offrent en plus une vue imprenable sur la vallée ou sur le parc aux arbres centenaires. Titulaire d'un diplôme d'accompagnateur de tourisme équestre, Anne vous emmènera en promenade, avec ses chevaux américains. Aménagé dans une dépendance, le gîte tout équipé peut accueillir huit personnes dans un paisible cadre campagnard. Belle piscine et table d'hôte digne d'un cordon bleu.

Jean-Philippe et Anne France
5 chambres : 50-106 €.
19120 Brivezac.
Tél. 05 55 91 08 68. www.chateaudelagreze.com
Table d'hôte : 25 €. Anglais parlé. Chiens interdits.
Fermé 20-27 décembre.

AUVERGNE - LIMOUSIN

On reviendra pour

▶ Les cours de cuisine (Anne vous révèlera, entre autres, les secrets de fabrication de sa spécialité : le foie gras). Les stages de dessin et pastel proposés sur place ou directement dans l'atelier de l'artiste.

S'il fait beau

▶ La découverte de la vallée de la Dordogne et Beaulieu, la « Riviera limousine ». Et pour une visite de la région vue du ciel, rien de tel qu'un vol en Montgolfière au départ du domaine.

La Villa des Cagnes

CET ANCIEN RELAIS DE CHASSE ET DE PÊCHE, perché sur un rocher, a vraiment fière allure avec ses briques roses, ses fenêtres en arcade et sa belle véranda ! Datant de la fin du 19ᵉ s., il se dresse dans un parc planté d'arbres centenaires, au cœur du pays des Trois Lacs. Corinne, la maîtresse de maison, vous recevra dans la véranda qui fait office de salon et de salle des petits-déjeuners. Elle vous remettra ensuite la clé de votre chambre. «Mimosa», «Tilleul», «Lavande» et «Fleurs de Printemps» portent bien leur nom, puisque chacune décline une gamme de couleurs pastel assorties. Cheminée décorative en marbre, joli parquet ciré, meubles campagnards, anciens ou de style y composent un décor, à la fois simple et chaleureux. Toutes ménagent une jolie vue sur le parc et la campagne environnante. Vous apercevrez sans doute le jardin en espalier et la piscine chauffée à l'originale forme hexagonale.

Corinne Leroy
4 chambres : 85-90 €.
à 600 m, le Villard Ouest – 23220 Champsanglard.
Tél. 05 55 51 98 95.
http://lavilladescagnes.com/index.html
Anglais parlé. Ouvert toute l'année.

On reviendra pour

▸ Le jardin fleuri, en espalier, largement ouvert sur la campagne limousine.

Pour les amateurs d'art

▸ À Guéret, le Musée d'art et d'archéologie de la Sénatorerie expose une collection d'émaux champlevés ou peints.

Jeanne

JEANNE MAISON D'HÔTES occupe une vénérable demeure en grès rouge, caractéristique de Collonges, adorable bourgade figurant parmi les Plus Beaux Villages de France. Une tour datant du 15ᵉ s. abrite un escalier qui mène aux chambres, personnalisées et d'excellent confort. La «Cheminée» séduit par son cachet rustique, son cantou («coin du feu» en occitan) et sa terrasse privée. Les amoureux apprécieront sûrement l'atmosphère douillette de la «Bonbonnière», propice aux séjours romantiques. «La Chambre des Mamans» plaira par ses meubles chinés et son ambiance de maison familiale à l'ancienne... Elles possèdent toutes une salle de bains à la fois moderne et fonctionnelle. Brigitte et Pascal proposent petits-déjeuners et dîners (table d'hôte sur réservation) dans la salle à manger ou, si le temps le permet, sur la terrasse donnant sur le ravissant jardin de curé. Une adresse pleine de charme, au cœur du village.

Pascal et Brigitte Monteil
5 chambres : 90 €.
au bourg – 19500 Collonges-la-Rouge.
Tél. 05 55 25 42 31. www.jeannemaisondhotes.com
Table d'hôte : 32 €. CB acceptée. Anglais, suédois parlés. Chiens interdits. Ouvert toute l'année.

On reviendra pour
▸ La chambre «Cheminée» et son cantou.
Le copieux petit-déjeuner avec cakes et confitures maison.

Amoureux des vieilles pierres
▸ À Collonges, la chapelle des Pénitents et la maison de la Sirène. Les habitants organisent de nombreuses animations spectacles visant à mettre en valeur le patrimoine architectural du village.

Le Parc des 4 Saisons

PETER ET ANNICK, les propriétaires de ce beau manoir situé au cœur du village de Corrèze ont voulu en faire une maison « écolo ». Dans le parc – réellement magnifique –, la piscine alimentée en eau de source est ainsi chauffée à l'énergie solaire. L'aménagement intérieur révèle également leur désir de respecter l'environnement au plus près : poutres, parquets et meubles en bois se marient parfaitement aux pierres et autres matériaux naturels. Vous serez reçu au choix dans des chambres, une suite et même un loft, offrant espace, confort et décor personnalisé (une jolie gamme de couleurs habille l'ensemble). Mention spéciale pour les petits-déjeuners, aussi gourmands que copieux : pain cuit sur place, céréales, fromages et jambon de pays, œufs mollets, cakes et confitures maison, etc. Cuisine internationale pour le dîner, à déguster dans le parc durant l'été. Et si le luxe était synonyme de calme, repos et nature ?

On reviendra pour

▶ **Les équipements de relaxation : sauna, bain chaud de conception scandinave et local dédié aux massages. Les nombreux week-ends proposés par Peter : sportif, bien-être ou randonnée…**

Peter Govaerts et Annick Peeters
5 chambres : 53-85 €.
avenue de la Gare – 19800 Corrèze.
Tél. 05 55 21 44 59. www.leparc.info
Table d'hôte : 25 €. Flamand, anglais,
allemand parlés. Chiens interdits.
Ouvert 16 mars-30 novembre.

S'il fait beau

▶ **Le canton de Corrèze, la cité médiévale.**

La Grande Poterie

COULANDON

Jean-Claude Pompon
4 chambres : 55-66 €.
9 rue de la Grande-Poterie – 03000 Coulandon.
Tél. 04 70 44 30 39.
http://www.lagrandepoterie.com
Table d'hôte : 25 €. Chiens interdits.
Ouvert 1er février-31 octobre.

L A GRANDE POTERIE, posée au milieu d'un parc magnifiquement entretenu, était à l'origine une grange. Habilement réhabilitée, elle entame aujourd'hui une nouvelle vie. Une fois la porte franchie, vous apprécierez la douce quiétude des lieux. L'intérieur, mélange subtil d'ancien et de moderne, séduit par son accueillante simplicité. Vieilles tomettes, poutres et parquets, mobilier de style, campagnard ou fer forgé s'associent en toute harmonie. Dans les chambres, peu de meubles (pour une sobriété reposante), des couleurs fraîches et féminines (jaune-orangé ou rose et lilas) et des détails raffinés pour la touche cosy. Si vous voulez vous restaurer sur place, le maître des lieux vous propose une bonne cuisine traditionnelle ou ses petits plats fétiches. Pour vous détendre, empruntez les VTT mis gracieusement à votre disposition, à moins que vous ne préfériez vous prélasser au bord de la piscine, parmi les fleurs et les arbustes…

S'il fait beau

▶ **La cité médiévale de Moulins et le bocage bourbonnais.**

On reviendra pour

▶ **Le calme absolu, idéal pour se ressourcer. La piscine et les VTT pour se remettre en forme.**

Prieuré du Puy Marot

Gérard Chastagner
3 chambres : 58-68 €.
allée du Puy-Marot – 87220 Feytiat.
Tél. 05 55 48 33 97. Table d'hôte : 28 €.
Chiens interdits. Ouvert toute l'année.

C ET ANCIEN PRIEURÉ DU 16ᵉ S. qui surplombe la vallée de la Valoine respire le calme et la sérénité. Restauré après la Révolution, il ouvre sur un charmant jardin clos, verdoyant et arboré. Les propriétaires, porcelainiers de père en fils, ont installé leurs ateliers dans les dépendances et vous invitent à les visiter, explications à l'appui. Gérard raconte volontiers la passion qu'il voue à son métier, surtout autour de la table d'hôte, le soir, lorsque Mady apporte un de ses fameux petits plats… Après le repas, place à toute la douceur d'une veillée au coin du feu, puis à une bonne nuit de sommeil. Un bel escalier en bois conduit aux chambres qui sont à l'image de la maison : coquettes et délicieusement reposantes. Mobilier chiné, tons clairs, tapis, tableaux composent un cadre séduisant où l'on se sent tout de suite chez soi. Deux d'entre elles, très spacieuses, conviennent particulièrement aux familles.

On reviendra pour

▶ Les visites de l'atelier de porcelaine, aménagé dans les dépendances, et, pourquoi pas, mettre la main à la pâte, si le cœur vous en dit !

S'il pleut

▶ Et comme vous sortez d'un établissement lié à la porcelaine, venez changer d'air dans l'aquarium du Limousin, à Limoges, rassemblant 300 espèces de poissons.

La Maison Verte

JOUILLAT

Pour les amateurs d'art

▶ Le château de Boussac (12ᵉ et 13ᵉ s.) a hébergé George Sand. On peut y voir des tapisseries, des boiseries et des meubles anciens. Le village de Fresselines qui inspira, entre autres, Claude Monet.

S I VOUS ÉPROUVEZ des difficultés à trouver cette ferme isolée en pleine campagne, persévérez car le jeu en vaut vraiment la chandelle. Derrière ces murs en pierres du 19ᵉ s. se cache en effet une maison douillette, rénovée avec soin. Les propriétaires ont su y apporter un confort très actuel, tout en respectant le cadre d'origine : mobilier et objets contemporains se marient en toute harmonie avec les éléments rustiques (murs bruts et boiseries anciennes). Le salon et la salle à manger en sont de parfaits exemples. Dans les chambres, même association « ancien-moderne » pour la décoration (armoires encastrées, vieilles pierres et éléments design), confort et espace, notamment dans la suite pourvue d'un agréable salon et dans la « familiale » avec mezzanine. Au 1ᵉʳ étage, on bénéficie en plus d'une vue superbe sur la vallée. À la belle saison, profitez du jardin, de son petit potager et de la jolie piscine entourée d'une plage pavée.

Jason et Sharon Green
4 chambres : 50-70 €.
2 Lombarteix – 23220 Jouillat.
Tél. 05 55 51 93 34. www.lamaisonvertecreuse.com
Table d'hôte : 20 €. Anglais parlé. Chiens interdits.
Ouvert toute l'année.

On reviendra pour

▶ Le jardin avec son potager et la jolie piscine d'été entourée d'une plage pavée.

▶ Le salon avec son coin lecture, ses jeux de société et ses livres.

Château de Lissac

Lissac-sur-Couze

AUVERGNE - LIMOUSIN

EN VENANT À LISSAC, attendez-vous à un voyage à travers les siècles… des plus étonnants! Au-dessus du lac du Causse, perché sur une colline, ce magnifique château des 13ᵉ, 15ᵉ et 18ᵉ s. cache un intérieur mi-contemporain, mi-médiéval, vraiment réussi. Ou comment mettre en valeur le cachet d'un bâtiment historique grâce à des touches de modernité. Les chambres vous surprendront. Beaucoup de clarté et une superbe salle de bain en ardoise de Corrèze pour «Jacinthe». Un passage secret pour rejoindre la ravissante «Tulipe». Vue imprenable sur le plan d'eau pour «Arum». Ambiance design tout en noir et blanc pour «Orchidée» et cheminée monumentale dans «La Suite Rose». On avoue un faible pour la splendide «Pivoine» qui revisite le style gothique sous une voûte et des boiseries d'époque (détail amusant : son bureau caché dans la tourelle en échauguette)… Petit-déjeuner au coin du feu, dans la cuisine ultra moderne ou à l'ombre d'un ginkgo centenaire. Divin!

Catherine Meyjonnade
6 chambres : 110-150 €.
au bourg – 19600 Lissac-sur-Couze.
Tél. 05 55 85 14 19. www.chateaudelissac.com
Anglais, espagnol parlés. Chiens interdits.
Ouvert toute l'année.

On reviendra pour

▸ **Les paniers pique-nique (sur réservation)** pour profiter pleinement de sa journée.

▸ **Le parc tout simplement sublime,** à découvrir absolument.

Pour les sportifs

▸ **Ski nautique et aviron sur le lac du Causse,** randonnée à pied ou à vélo aux alentours. **Tennis et golf.**

Château de Sédaiges

MARMANHAC

Patrice et Bab de Varax
5 chambres : 110-120 €.
15250 Marmanhac.
Tél. 04 71 47 30 01. www.chateausedaiges.com
CB acceptée. Chiens interdits.
Ouvert 1er mai-30 septembre.

Pour les curieux

▶ Le château de Pesteils, à Polminhac, renferme des fresques du 15e s. ainsi que des peintures et des tapisseries riches en enseignements sur l'histoire locale.

On reviendra pour

▶ Les salons et les tapisseries classées, les collections de jouets anciens. Le circuit pédagogique sur le thème des arbres, aménagé dans le parc.

CE CHÂTEAU EN RETRAIT DU VILLAGE a connu une histoire très riche : repaire militaire lors de sa création au 12e s., converti en forteresse au 15e s. avant d'acquérir son apparence actuelle au 19e s. Sa cour intérieure se transforme en grand hall, bel exemple de l'architecture Troubadour. On peut y admirer de superbes tapisseries classées aux Monuments historiques et une magnifique charpente ouvragée. Côté hébergement, on avoue une préférence pour les chambres «du Midi» et «Perse», modulables en suites grâce aux tours éponymes. Toutes proposent une décoration respectueuse du grand âge de ces murs : tissus colorés ou fleuris, parquets d'époque et meubles familiaux anciens (rappelons que la demeure appartient à la même famille depuis sa construction). Au cours de votre séjour, faites un tour dans les salons pour découvrir les multiples collections réunies par la maîtresse des lieux dont une sur le thème des « Malheurs de Sophie ».

Le Chastel Montaigu

Montaigut-le-Blanc

AUVERGNE - LIMOUSIN

ERCHÉ SUR UN PITON ROCHEUX dominant Montaigut, cet imposant château fut édifié par les Templiers à la fin du 11e s., puis remanié au 15e s. Un adorable jardin fleuri et un escalier en pierre mènent à l'intérieur. Anita et Michel Sauvadet ont pris soin de conserver l'âme de ces murs, à l'image du hall d'allure médiévale et meublé dans le style Louis XIII. Les chambres, logées dans le donjon crénelé, allient équipements modernes et décoration d'époque : dalles antiques, boiseries, tapisseries, lits à baldaquin... Et pour parfaire le tableau, elles offrent une vue panoramique sur les toits du village, les monts Dore et du Forez. Deux d'entre elles bénéficient d'une terrasse privative fort agréable. Le bâtiment abrite aussi l'atelier de Virginie Sauvadet, sœur de Michel et créatrice de robes de mariée. Après les premiers essayages, les futurs époux restent parfois quelques temps ici, pendant que la couturière finalise la toilette du grand jour. Peut-on rêver séjour plus romantique ?

Michel et Anita Sauvadet
4 chambres : 120-133 €.
au château – 63320 Montaigut-le-Blanc.
Tél. 04 73 96 28 49. www.le-chastel-montaigu.com
Chiens interdits. Ouvert 1er mai-30 septembre.

On reviendra pour

▶ Visiter un véritable château médiéval hors du temps et peut-être en profiter pour commander une robe de mariée à Virginie Sauvadet.

S'il fait beau

▶ Un détour par le village médiéval de Montaigut s'impose. Les curieux pousseront jusqu'aux villages ruraux de Reignat, Gourdon, Chazous (fontaines, lavoirs, croix, métiers à ferrer, abreuvoirs, fours, etc.)

La Maison Bleue

MONTIGNAT

BLEUE, COMME UNE INVITATION à la détente… Cette ferme typiquement creusoise ne délaisse pas pour autant les autres couleurs, bien au contraire! C'est une «maison d'artiste», perdue au bout d'un hameau, qui affiche une décoration bigarrée, un mélange de styles peut-être un peu déroutant, mais très réussi. Des meubles, des objets chinés à droite à gauche et une belle collection de peintures habillent le salon-bibliothèque et les chambres. La «Suite indienne» conviendra parfaitement aux familles avec sa mezzanine, tandis que les «voyageurs immobiles» préféreront sûrement dormir… dans la roulotte! Disposant de tout le confort nécessaire, elle sera le gage d'un séjour inoubliable. Sculpteur de formation, le propriétaire se révèle aussi fin cuisinier et ses petits plats expriment d'intéressants mariages de saveurs. Si le temps le permet, on dresse la table du petit-déjeuner dans le jardin donnant sur le pré où gambadent des chevaux.

Pour les curieux

▸ Le viaduc de Busseau sur Creuse, le château de Villemonteix.

Graziella Pascal
4 chambres : 50-80 €.
23140 Montignat.
Tél. 05 55 81 88 80.
www.la-maison-bleue-en-creuse.com
Table d'hôte : 25 €. Anglais parlé.
Fermé 10-21 mars.

On reviendra pour

▸ Le décor très atypique de cette maison. Le calme de la nature environnante. Les séjours «bien-être» en partenariat avec les Thermes d'Évaux-Les-Bains.

Domaine du Forest

54

AUVERGNE - LIMOUSIN

ON AURAIT PRESQUE du mal à croire que cette propriété ne se trouve qu'à 5 km de Limoges, tellement l'endroit est calme! Une allée cavalière traverse le parc aux essences variées et conduit au manoir du 18ᵉ s. Du hall aux salons, en passant par les chambres, toutes les pièces misent sur une décoration discrètement élégante, sans surcharge : plafonds moulurés, lustres, grands murs nus aux tons pastel et peu de mobilier. Armoires anciennes, lits à baldaquins et fauteuils de style trouvent tout naturellement leur place dans ces espaces épurés. Particulièrement grande, la «Suite Royale» – qui porte bien son nom – peut héberger jusqu'à quatre personnes. Toutes les chambres, même la «Mansardée» bénéficient d'une superbe vue sur la Vallée de la Vienne. Une table de billard français trône près de la cheminée en marbre du salon. En plus de la piscine et du court de tennis, vous aurez accès au sauna, au jacuzzi et à un espace de remise en forme suréquipé.

Jane Brunton
5 chambres : 95-105 €.
87350 Panazol.
Tél. 05 55 31 33 68. www.domainedeforest.com
Anglais parlé. Ouvert toute l'année.

On reviendra pour

▶ Profiter de tous les équipements (sportifs ou de loisir) disponibles sur place : grande piscine d'eau salée, salle de gym, badminton, trampoline, ping-pong, pêche dans le lac (cannes à disposition), etc.

S'il fait beau

▶ Les jardins de l'Évêché, en terrasses au-dessus de la Vienne, offrent une jolie vue sur la cathédrale de Limoges. La Cité des Insectes à Nedde abrite un insectarium, un jardin de papillons et des expositions.

Château de Courbelimagne

Jean-Louis et Joëlle Welsch
5 chambres : 75-105 €.
15800 Raulhac.
Tél. 04 71 49 58 25.
http//:perso. wanadoo. fr/courbelimagne/
Table d'hôte : 27 €. Anglais, allemand parlés.
Ouvert toute l'année.

Pour les sportifs

▸ Randonnée au Plomb du Cantal, le point culminant des massifs du Cantal (altitude : 1 855 m). VTT, moto, quad, ULM, kayak, piscine ou tennis…

On reviendra pour

▸ Les séances d'Hatha-Yoga et les massages relaxants effectués par Joëlle. La cuisine du terroir bio ou végétarienne sur demande, à la table d'hôte.

UN SÉJOUR HORS DU TEMPS vous attend dans ce beau château régional, perché à 700 mètres d'altitude sur le versant sud du Plomb du Cantal. Joëlle et Jean-Louis Welsch, ses propriétaires, ont réussi à préserver l'authenticité de leur demeure : partout des meubles anciens ou de famille, lits à baldaquins, à ciel ou en alcôve. «L'Alsacienne» rend hommage à leur pays d'origine. Le Salon des Armoiries (19e s.) – mobilier Louis XIII d'époque et ravissante cheminée en bois – est superbe et la salle à manger possède également un cachet particulier avec son herbier datant de 1850 (on le dit unique en France). Le soir, on y propose des dîners aux chandelles (produits exclusivement issus de l'agriculture biologique et cuisine végétarienne sur demande). Sauna et salle de massage où vous pourrez goûter, entre autres, aux bienfaits de la réflexologie thaï et des pierres volcaniques chaudes. Gîte dans l'ancienne maison de gardien, coiffée de son colombier d'origine.

Le Moulin de Teiteix

St-Avit-de-Tardes

POUR REJOINDRE CET ANCIEN MOULIN à eau (1856) bordant la Tardes, il vous faudra emprunter une petite route qui chemine entre bois et pâturages, au cœur d'un vallon bucolique… Un cadre enchanteur pour un séjour au grand calme. À l'intérieur de la maison, Yvette et Louis ont misé sur la simplicité et la convivialité, à l'image du salon et de la salle à manger où vieilles pierres et poutres créent une sympathique ambiance champêtre. Si les chambres « Jaune » et « Bleue » s'avèrent fort agréables, on préférera peut-être la suite familiale, vaste et authentique avec ses murs en pierres apparentes. Plus spacieuse encore, la « Petite Maison » aménagée dans l'ancien four à pain offre, quant à elle, une atmosphère douillette à souhait. Cette dernière dispose en outre d'une agréable terrasse surplombant le cours d'eau poissonneux. Autour de la table d'hôte (sur réservation) vous attendent les bons petits plats concoctés par Yvette.

On reviendra pour

▶ **La grande quiétude du site, bercé par le murmure de la Tardes.**

Louis et Yvette Dauphin
5 chambres : 55-75 €.
23200 St-Avit-de-Tardes.
Tél. 05 55 67 34 18.
http://perso.wanadoo.fr/moulin-de-teiteix
Table d'hôte : 22 €. Chiens interdits.
Ouvert toute l'année.

Pour les amateurs d'art

▶ **À Aubusson, le Musée départemental de la Tapisserie rassemble des œuvres remontant jusqu'au 17ᵉ s.**

Le Manoir de la Brunie

Pierre et Jacqueline Appert
3 chambres : 80-100 €.
19500 St-Bazile-de-Meyssac.
Tél. 05 55 84 23 07. www.manoirlabrunie.com
Anglais parlé. Chiens interdits.
Ouvert toute l'année.

AU FIL DES SIÈCLES, cette maison forte du 15ᵉ s. s'est transformée en un élégant manoir. Restauré avec soin et méticuleusement entretenu, il se dresse aujourd'hui dans un joli parc arboré doté d'une petite piscine. Les massifs de fleurs des allées vous escorteront jusqu'à la porte d'entrée – son encadrement travaillé mérite le coup d'œil – où vous attendent vos hôtes pour une visite guidée : passage par le salon douillet (fauteuils club en cuir, meubles anciens, pierre brute et robustes poutres), où l'on allume un bon feu de cheminée quand la température fraîchit. Puis direction les chambres, via un bel escalier en bois. Mobilier de style, murs aux couleurs pastel et sol en terre cuite leur confèrent une atmosphère à la fois raffinée et charmante. « Pampille » est très lumineuse et « Angelots » affiche un air romantique plus prononcé. La suite « Cœur », ravissante avec sa tête de lit sculptée, comprend également un salon privatif et un coin lecture.

On reviendra pour

▸ Le plaisir de flâner dans le jardin agrémenté d'un vieux puits. Le petit-déjeuner composé de fruits, fromages, viennoiseries, gâteaux et confitures maison, etc.

Pour les curieux

▸ Le village de Curemonte a conservé un patrimoine historique conséquent : trois châteaux et autant d'églises, datant, pour les plus anciens, du 11ᵉ s. Les Jardins de l'Imaginaire à Terrasson Lavilledieu.

Le Moulin de Laroche

St-Cernin-de-Larche

Michel Andrieux
6 chambres : 57-75 €.
La Roche Ouest, 1,5 km par D 59 –
19600 St-Cernin-de-Larche.
Tél. 05 55 85 40 92. Table d'hôte : 22 €.
Chiens interdits. Ouvert 15 mars-15 novembre.

POSÉ SUR UNE PAISIBLE COLLINE, le Moulin de Laroche vous accueille au milieu de son parc arboré. L'ancienne grange de 1693 – petit bijou d'architecture locale – expose fièrement ses râteliers et ses poutrelles d'époque. Elle abrite la salle des petits-déjeuners, le restaurant où l'on sert une cuisine régionale sur la grande table de ferme et le salon douillet avec sa cheminée. À l'étage, les chambres personnalisées et confortables arborent un mobilier ancien et de style. Dans le moulin à eau du 15ᵉ s., les propriétaires ont installé une belle salle à manger d'hiver et un jardin sous verrière, à l'endroit même où l'on stockait autrefois les meules de foin. On y trouve également deux chambres spacieuses (dont une suite familiale en duplex), plus contemporaines, mariant tissus de qualité, toile de Jouy et meubles anciens. Et pour le petit plus bucolique, elles ménagent une vue sur le parc et le ruisseau.

On reviendra pour

▸ **Les bons petits plats à base de produits régionaux : foie gras, champignons, fruits et légumes, volailles.**

S'il fait beau

▸ **Brive-la-Gaillarde et le gouffre de la Fage.** Les balades dans la vallée de la Dordogne : terrains de cause arides, forêts denses, campagne vallonnée, cirque du Saillant.

La Vidalle d'Eyglet

St-Front

Vous êtes à **1350 m. d'altitude**, sur le plateau du Mézenc, au milieu des pâturages. Ici, l'air est toujours frais et le panorama, en tous points remarquable. Et l'on se demande bien ce qui pourrait perturber les vaches, ânes et chevaux paissant en toute quiétude… François et Claude-Paule Leloustre aiment la beauté sauvage de ce paysage et vous accueillent dans leur ferme des 16ᵉ et 17ᵉ s. entièrement rénovée. La salle à manger a du caractère avec sa longue table en bois massif, son poêle en fonte et son imposant vaisselier. Les chambres, très soignées et chaleureuses (beau mobilier ancien), sont de véritables refuges douillets lorsque le vent souffle fort l'hiver. Tout comme le salon, réchauffé par des flambées dans la cheminée et doté d'une belle bibliothèque. En saison, le jardin dévoile tout son charme avec ses rosiers anciens et ses plantes d'altitude… Bon à savoir : l'ancienne étable a été aménagée pour les départs de randonnées, et on peut quitter la maison skis aux pieds !

François et Claude-Paule Leloustre
5 chambres : 75-95 €.
La Vidalle – 43550 Saint-Front.
Tél. 04 71 59 55 58. www.vidalle.fr
Table d'hôte : 18-25 €. Anglais, espagnol parlés.
Chiens interdits. Ouvert toute l'année.

On reviendra pour

▸ **Les aménagements pour les skieurs et les randonneurs. L'atelier de peinture aménagé sous la charpente d'origine, en coque de navire inversé.**

Pour les sportifs

▸ **Randonnée au Rocher de l'Aiglet, d'où l'on aperçoit les monts d'Auvergne, du Jura, et le mont Blanc. De nombreux sentiers mènent au Mézenc, au lac de Saint-Front et aux sources de la Loire à Gerbier-de-Jonc.**

Château de la Chassagne

St-Hilaire-le-Château

AUVERGNE - LIMOUSIN

ISOLÉ EN PLEINE NATURE, ce magnifique château des 15e et 17e s. a gardé son charme d'origine, même si les douves et le pont-levis ont désormais disparu. Derrière l'épaisse porte de la tour, un intérieur chaleureux s'offre à vous : beaucoup de boiseries, un escalier à vis en pierre et des chambres raffinées, vastes et confortables. L'une d'elles se niche sous une superbe et haute charpente et toutes donnent sur la campagne creusoise. Côté décoration, les propriétaires ont pris le parti de l'ancien et de la sobriété, respectueux des vieux murs. Dans le parc qui s'étend sur 5 ha, la maison de garde et son appartement peuvent héberger entre deux et quatre personnes. Madame Fanton qui reçoit toujours avec beaucoup de gentillesse et de simplicité, sert les petits-déjeuners à la demande, en chambre, à l'extérieur ou au coin du feu l'hiver, dans une salle à manger très stylée (parquet, boiseries et plafond à la française).

Mme Fanton
4 chambres : 95-120 €.
La Chassagne – 23250 St-Hilaire-le-Château.
Tél. 05 55 64 55 75.
www.chateau-lachassagne.com
Table d'hôte : 30 €. Ouvert toute l'année.

On reviendra pour

▶ Le vaste parc et sa rivière à truites. Depuis les chambres, la vue sur la forêt, l'étang ou les prairies où paissent des chevaux.

S'il fait beau

▶ Les nombreux étangs et ruisseaux pour la pêche, les randonnées à pied et à vélo. Le Musée départemental de la Tapisserie à Aubusson présente son histoire à travers des œuvres remontant jusqu'au Moyen-Âge.

Château de la Vernède

Claude et Laurence Chauve
5 chambres : 68-100 €.
63500 St-Rémy-de-Chargnat.
Tél. 04 73 71 07 03.
www.chateauvernedeauvergne.com
Chiens interdits. Ouvert toute l'année.

On reviendra pour

▶ Marcher sur les pas de la reine Margot.
Flâner dans le parc et, découvrir au détour d'une allée, un vieux pigeonnier, des bassins, une rivière peuplée de truites, et un élevage de chevaux miniatures !

Pour les curieux

▶ La forteresse médiévale de Mauzun. Vulcania (parc d'exploration scientifique et ludique sur les volcans) et l'Usine à Sons, musée interactif de l'histoire de l'enregistrement sonore à Cunlhat.

BIENVENUE EN « TOSCANE D'AUVERGNE » ! Cette région située entre Clermont-Ferrand et Ambert rappelle l'Italie avec ses paysages verdoyants et vallonnés. Elle doit aussi ce surnom à la reine Margot qui, avant d'être emprisonnée à Usson (durant dix-neuf ans), fit du Château de la Vernède son relais de chasse. En témoigne la superbe cheminée à l'effigie de la reine et de son mari, Henri IV, dans le salon. Remaniée en 1850, la demeure prend des allures de « folie néo-gothique » pieusement conservée par Laurence et Claude Chauve, ses propriétaires actuels. À l'intérieur, meubles d'époque et chinés côtoient tableaux anciens et pièces rares (comme ce magnifique billard français datant de 1860). Les chambres se révèlent plutôt romantiques et offrent toutes une vue agréable sur le parc. Petite préférence pour la « Chambre du Catalpa » (beau ciel de lit et atmosphère cosy). La « Suite du Séquoia » dispose d'un coquet salon vert. Près du moulin, un gîte peut recevoir jusqu'à six personnes.

Château de Saint-Saturnin

REMPARTS, TRIPLE ENCEINTE, créneaux et mâchicoulis : ce château fort réunit toutes les caractéristiques de l'architecture militaire du Moyen Âge. Bâti au 13ᵉ s. par la famille de la Tour d'Auvergne, cet édifice, aujourd'hui classé, a aussi appartenu à Catherine de Médicis et Marguerite de Valois. Les salles de réception ont conservé leur majesté et leur cachet historique : belle hauteur sous plafond, cheminée monumentale, superbe bibliothèque, salle à manger-cuisine dotée d'une riche collection de cuivres. Un escalier en pierre distribue les chambres à l'étage. Si la « Louis XIII » (hommage au dernier propriétaire, membre de la famille royale) et la « Cardinal » traduisent un style d'époque, d'autres semblent s'en détacher, témoignant d'influences plus récentes. Ainsi, « Paul et Virginie », en mezzanine, s'autorise un détour vers le 18ᵉ s. intime et romantique. Jolies vues sur la vallée, le village, la cour d'honneur, les terrasses ou le jardin à la française.

Emmanuel et Christine Penicaud

5 chambres : 140-190 €.
63450 St-Saturnin.
Tél. 04 73 39 39 64.
www.chateaudesaintsaturnin.com
Table d'hôte : 28-45 €. CB acceptée. Anglais, portugais parlés. Ouvert 20 mars-3 novembre.

On reviendra pour

▸ La visite guidée du château et la découverte des personnages associés à son histoire.

S'il fait beau

▸ Canoës, dériveurs, catamarans, avirons, planches à voiles et barques de pêche au Centre nautique du lac d'Aydat. L'église Saint-Nectaire constitue un exemple incontournable de l'art Roman auvergnat.

Les Trois Ponts

Gérard et Irène Van Ipenburg
5 chambres : 50-75 €.
23190 St-Silvain-Bellegarde.
Tél. 05 55 67 12 14. www.lestroisponts.nl
Table d'hôte : 25 €. CB acceptée. Anglais, allemand,
néerlandais parlés. Ouvert de mars à novembre.

63

AUVERGNE - LIMOUSIN

S'il fait beau

▸ Promenade le long de la Tardes,
la rivière qui borde le lieu-dit.

On reviendra pour

▸ L'authenticité et la tranquillité préservées.

L E LIEU-DIT DES TROIS PONTS appartient à un couple de Hollandais, victimes bienheureuses d'un véritable coup de foudre pour ce domaine bordant la rivière. En lieu et place de l'ancien moulin, aujourd'hui détruit, vous logerez dans des chambres très confortables, à la décoration un brin provençale. Matériaux naturels, couleurs chaudes et teintes actuelles y créent une atmosphère assez douillette. Détente garantie dans le superbe salon où l'on allume un bon feu de cheminée si la fraîcheur se fait sentir. Pour les repas et petits-déjeuners maison, rendez-vous dans la grange complètement réaménagée (c'est aussi la résidence principale des propriétaires), autour de la grande table d'hôte. L'ambiance y est toujours conviviale et chaleureuse. Enfin, profitez du parc arboré (3 ha d'une nature joliment préservée) pour vous ressourcer. Piscine, terrain de football et boulodrome pour garder la forme.

Domaine de Ternant

AUVERGNE - LIMOUSIN

CE DOMAINE SE TROUVE dans le Parc des Volcans d'Auvergne, à l'entrée de Ternant, un charmant village perché à 900 m d'altitude. On traverse le joli parc clos et arboré de 10 ha (court de tennis, terrasse ombragée) pour rejoindre le cœur de la propriété : une grande demeure familiale datant de 1830. Totalement rénovée, elle a cependant conservé son âme, appréciable notamment dans le salon meublé d'ancien – laissez-vous donc aller à une improvisation sur le beau piano à queue – et dans la salle de billard-bibliothèque. Même esprit dans les chambres, situées à l'étage. Catherine Piollet les a décorées avec goût et personnalité. Opterez-vous pour «Verveine» et son mobilier aux lignes Art déco (beau lavabo d'époque dans la salle de bains) ou pour «Campanule» et «Romance», agrémentées d'une réconfortante cheminée ? «Jonquille» et «Pivoine» peuvent héberger respectivement quatre et trois personnes.

Catherine Piollet

5 chambres : 70-90 €.
63870 Ternant.
Tél. 04 73 62 11 20. http://domaine.ternant.free.fr
Anglais parlé. Chiens interdits.
Ouvert de mi-mars à mi-novembre.

On reviendra pour

▶ Les stages et les rencontres autour du patchwork, organisés par Catherine dont c'est la passion.

Pour les sportifs

▶ Nombreuses randonnées dans la chaîne des Puys ou, plus près, le golf des Volcans !

Maison Grandchamp

CETTE BELLE DEMEURE DE LA FIN DU 17ᵉ s. occupe une place de choix au cœur de Treignac, un joli village médiéval élu parmi les Plus Beaux Villages de France. Passez le porche pour accéder à sa délicieuse petite cour intérieure. Dans la maisons, des portraits de famille habillent les murs du salon et cohabitent parfaitement bien avec les meubles anciens et la cheminée. Si cette dernière contribue à donner une certaine chaleur à la pièce, on lui préfèrera le cantou (espace aménagé dans la pierre au coin du feu) de la cuisine, authentique et convivial. Par leur décoration véritablement soignée, les chambres possèdent un réel cachet, sans faire l'impasse sur le confort moderne. «Joséphine» et «Pompadour» optent respectivement pour les styles Empire et Louis XV, tandis que «Ventadour» rend hommage au poète troubadour du même nom. À l'arrière de la maison, une terrasse donne sur un agréable jardin. Connexion wi-fi.

François et Marielle Teyssier

3 chambres : 65-80 €.
9 place des Pénitents – 19260 Treignac.
Tél. 05 55 98 10 69. Table d'hôte : 20-25 €.
Chiens interdits. Ouvert d'avril à décembre.

On reviendra pour

▸ S'initier à la pêche à la mouche au cours d'un stage proposé par les propriétaires, réellement charmants. Le vrai sens de l'accueil et les copieux petits-déjeuners de Marielle.

S'il fait beau

▸ Il suffit de suivre les ruelles de Treignac pour en découvrir les secrets (maisons anciennes, passages, fontaines, etc.).

Château de l'Ormet

Pierre et Patricia Laederich
4 chambres : 64-83 €.
L'Ormet – 03330 Valignat.
Tél. 04 70 58 57 23. www.chateaudelormet.com
Anglais, allemand parlés.
Ouvert d'avril à mi-novembre.

UNE ALLÉE CAHOTEUSE qui passe à travers champs conduit à ce manoir bourbonnais du 18ᵉ s. Quelques travaux d'aménagements (et de modernisation pour le confort) n'ont pas altéré son allure d'origine, bien au contraire. À l'intérieur, un splendide escalier à vis mène aux chambres, joliment personnalisées. On choisira la « Gothique » pour son style inspiré de la Renaissance, la « Champêtre » pour son ambiance fleurie ou la « Romantique », pleine de charme et donnant sur le parc. Les détails sont particulièrement soignés et certaines housses de couettes cent pour cent maison. Pierre et Patricia vous reçoivent à leur table les vendredis et samedis – sur réservation – et proposent un bel éventail de spécialités régionales (pâté bourbonnais aux pommes de terre, fromages d'Auvergne, vin de St-Pourçain). Le soir, à la tombée de la nuit, ne ratez pas le ballet des trains électriques (Pierre est féru de modélisme ferroviaire) qui circulent dans le jardin… Pour le plaisir de retomber en enfance.

On reviendra pour

▶ La piscine d'eau salée avec vue sur la campagne, entourée de verdure et de « voies ferrées » ! Les petits trains entièrement conçus par Pierre et qui circulent tous les soirs.

Amoureux des vieilles pierres

▶ Veauce, son église romane et son château fort. Le vieux village de Charroux. Le village d'Ebreuil, son pont, son église romane et sa halle.

Château de Lafont

Mme Verdier

4 chambres : 40-110 €.
2 rue de la Côte Rousse – 63260 Vensat.
Tél. 04 73 64 21 24. www.chateaudelafont.com
Table d'hôte : 25 €. CB acceptée. Anglais parlé.
Chiens interdits. Ouvert toute l'année.

On reviendra pour

▶ Le sauna, la piscine chauffée avec abri amovible (ouverte de mai à septembre) et le court de tennis dans le parc. Les charmes de la demeure : superbe escalier à vis, pigeonnier-porche de la ferme.

AUVERGNE - LIMOUSIN

S'il fait beau

▶ Faites le tour des châteaux d'Effiat, de Denone, de La Roche et de Villemont. Pour les sportifs, randonnées, golf, équitation (boxes à disposition au château), pêche dans les gorges de la Sioule, canoë, kayak…

CETTE BELLE DEMEURE DU 15ᵉ S. qui appartient aux Verdier depuis plusieurs générations a vu défiler quelques grandes familles de la région. Désireuse d'entretenir ce patrimoine auvergnat, la propriétaire a décidé d'accueillir en ces murs les visiteurs en quête de calme et de nature. Pour cela, elle a créé d'agréables chambres d'hôtes, claires et spacieuses, où mobilier ancien et décoration actuelle se marient parfaitement (elles sont desservies par un surprenant escalier à vis). Pour un séjour en toute tranquillité, on réservera la «Maison d'Henriette» (gîte pour quatre personnes) entièrement équipée et indépendante. Dans le parc, un ruisseau canalisé serpente parmi les pelouses et alimente une série de petits bassins où il fait bon se rafraîchir. Si vous venez à cheval, boxes et paddocks sont à disposition dans la ferme (admirez au passage son magnifique pigeonnier-porche). Et si vous envisagez d'arriver en hélicoptère, la maîtresse des lieux ne sera même pas étonnée…

Bourgogne et Centre

« De l'autre côté de la rivière les bords étaient formés de collines grises, abruptes, rocheuses ; et sur les plus lointaines on découvrait, parmi les sapins, de petits châteaux romantiques avec une tourelle. »

Alain-Fournier, *Le Grand Meaulnes*

Le Vieux Manoir

CET ÉLÉGANT MANOIR DU 18ᵉ s., blotti au cœur d'Amboise (à quelques minutes du château), semble jouir d'un calme imperturbable. Rien d'étonnant lorsqu'on apprend qu'il s'agissait d'un couvent (1655) avant que Gloria et Bob Belknap, un couple d'Américains, le rachètent et le restaurent de pied en cape. Ils lui ont donné un style bien à eux, mêlant ambiance cosy, cachet rétro, mobilier d'antiquaire, tissus traditionnels et éléments décoratifs réalisés par des artisans de la région, comme les carreaux de la salle de bains de « George Sand ». À vous de choisir entre l'âme campagnarde de « Colette », le décor Empire de « Joséphine » ou la très réussie « Madame de Sévigné » (portail en fer forgé converti en tête de lit, commode devenue lavabo et baignoire cachée derrière des portes-miroir…). Pour un séjour prolongé, préférez les coquettes maisons « de Gardien » ou « de Portail ». Joli jardin romantique, bibliothèque et ravissante serre-véranda pour les petits-déjeuners.

Bob et Gloria Belknap
6 chambres : 125-235 €.
13 rue Rabelais – 37400 Amboise.
Tél. 02 47 30 41 27. www.le-vieux-manoir.com
CB acceptée. Anglais parlé. Chiens interdits.
Ouvert 15 février-15 novembre.

On reviendra pour

▶ Le copieux buffet du matin : fruits de saison, viennoiseries et baguette, confitures et miel du pays. Pour ceux qui souhaitent partir tôt, un sac petit-déjeuner (viennoiseries, fruits et yaourt) est offert.

Pour les curieux

▶ Le Clos-Lucé, dernière demeure de Léonard de Vinci : la salle des maquettes abrite 40 machines reconstituées d'après ses dessins et la chapelle renferme des fresques du 16ᵉ s. réalisées par ses disciples.

Au Charme Rabelaisien

POUSSEZ L'IMPOSANTE PORTE EN BOIS pour découvrir les secrets de cette charmante demeure fin 18ᵉ s., située dans le quartier historique d'Amboise. Les propriétaires attachent un soin tout particulier à l'accueil et au confort de leurs hôtes. Ce qui explique sûrement le fait qu'elle ne compte que très peu de chambres, gage d'intimité et de convivialité. Décorées dans un esprit maison de famille, elles mélangent les styles mais comptent pas mal de meubles d'époque. Elles donnent sur le ravissant jardin clos, mais on préfère « Nature » (joli sol en tomettes) installée dans un pavillon indépendant et directement ouverte sur la piscine. Bon à savoir : la chambre « Cosy » ne peut être louée seule et vient agrandir, au choix, l'une des deux autres. On petit-déjeune dans le jardin d'hiver (plafonds à caissons et boiseries d'origine) ou dehors, si le temps le permet. Pour organiser votre séjour, une documentation complète sur la région est à disposition dans la bibliothèque.

Sylvie Viard
3 chambres : 60-140 €.
25 rue Rabelais – 37400 Amboise.
Tél. 02 47 57 53 84.
www.au-charme-rabelaisien.com
CB acceptée. Anglais parlé. Ouvert toute l'année.

71

BOURGOGNE - CENTRE

On reviendra pour

▸ Le jardin ombragé et fleuri, ses arbres exotiques (palmier, olivier centenaire, bananiers…) et sa piscine à l'abri des regards. L'intimité de cette maison soigneusement préservée.

S'il pleut

▸ Le château du Clos Lucé présente l'univers unique de Léonard de Vinci et expose 40 machines conçues par le maître. L'Aquarium du Val de Loire à Lussault-sur-Loire où vous attendent silures, requins, crocodiles, etc.

Le Puits d'Athie

BOURGOGNE - CENTRE

Bruno Fèvre et Pascale-Marie Siad
4 chambres : 69-160 €.
1 rue de l'Abreuvoir – 89380 Appoigny.
Tél. 03 86 53 10 59. www.appoigny.fr
Table d'hôte : 45 €. Anglais, espagnol, allemand
parlés. Ouvert toute l'année.

CETTE TRÈS BELLE MAISON DE PAYS faisait autrefois partie des dépendances du château de Régennes. Et le puits qui a lui donné son nom trône toujours dans le jardin clos, ombragé et fleuri. L'intérieur se caractérise par un assemblage élégant d'objets contemporains et anciens, et l'on remarque tout de suite la cheminée en faïence du salon. Les chambres, situées à l'étage ou dans une petite annexe, possèdent un charme rare. Elles possèdent de beaux meubles chinés par Bruno et Pascale-Marie lors de voyages lointains et, en guise de décoration, des sculptures réalisées par Bruno, artiste amateur de talent. Fleuron du Puits d'Athie : la suite « Porte de l'Orient » et sa porte vieille de près de 200 ans, ramenée du Rajasthan. Moins démonstrative, « Mykonos », habillée de bleu et de blanc, un peu spartiate mais loin d'être austère. La table d'hôtes prend des accents bourguignons ou méditerranéens, selon l'humeur de Pascale-Marie.

On reviendra pour

▶ Les promenades sur les bords de l'Yonne à 50 m. Les expositions temporaires.

S'il fait beau

▶ Le patrimoine architectural d'Appoigny (l'église Saint-Pierre et Saint-Paul du 13ᵉ s.). La visite des caves bourguignonnes. Les randonnées pédestres ou en VTT, entre l'Yonne et le canal de Bourgogne.

La Terre d'Or

BEAUNE

Jean-Louis et Christine Martin
6 chambres : 110-260 €.
rue Izembart – 21200 Beaune.
Tél. 03 80 25 90 90. www.laterredor.com
CB acceptée. Anglais parlé. Chiens interdits.
Fermé en février.

JEAN-LOUIS ET CHRISTINE ont mis tout leur cœur dans la construction de cette vaste demeure qui domine les toits de Beaune… Et cela se voit ! Le cadre de la maison principale baptisée « Les Tilleuls » est aussi chaleureux dans les pièces à vivre (belle cheminée en pierres de Bourgogne) que dans les cinq chambres, résolument contemporaines. Leurs noms – « Chèvrefeuilles », « Aubépines », etc. – expriment la passion de Christine pour les plantes : on le devine à voir son jardin, qui regorge d'essences odorantes. Dans la suite vigneronne « Les Pins » (idéale pour 2 couples), on profite d'un magnifique salon rustique aux généreux volumes, d'un espace cuisine et d'un adorable jardinet de curé privatif pour se prélasser au soleil. Dernière étape – et non des moindres : la dégustation de bourgognes, dans la grotte naturelle tapie sous la maison. Un grand moment !

On reviendra pour

▸ Les cours de cuisine bourguignonne, l'initiation à la dégustation de vin et les soirées à thèmes. Le jardin cultivé sans aucun traitement chimique.

Pour les curieux

▸ Partez à la découverte des vignobles et des villages du Bourguignon, à pied, à vélo, en avion ou en montgolfière ! À Beaune, ne manquez pas les remparts, l'église Notre-Dame et l'hôtel-dieu.

L'Ermitage

BOURGOGNE - CENTRE

ETTE BELLE MAISON DE MAÎTRE se trouve à seulement cinq minutes du centre historique de Bourges. Retirée dans la campagne berrichonne, elle se blottie au cœur d'un grand parc aux arbres centenaires cachant une ferme encore en activité. Les propriétaires, Géraud et Laurence de la Farge, y pratiquent la polyculture et l'élevage, et produisent un menetou-salon AOC très réputé (le millésime 2006 a reçu une médaille de bronze au concours général agricole de Paris). Vous aurez sûrement la chance d'en déguster quelques verres à l'heure de l'apéritif lors de votre arrivée… Les chambres d'hôtes sont réparties entre la demeure principale et l'ancien moulin. Côté cadre, Laurence a opté pour un style campagnard sobre et chic : tons clairs, bois omniprésent, poutres apparentes, meubles anciens, ciel de lit pour l'une d'entre elles, etc. Restaurées avec soin et joliment personnalisées, elles s'accordent à merveille avec l'ambiance du lieu, tellement chaleureux et confortable.

Gérard et Laurence de la Farge
5 chambres : 48-64 €.
18500 Berry-Bouy.
Tél. 02 48 26 87 46. www.hotes-ermitage.com
Anglais parlé. Chiens interdits.
Fermé de mi-novembre à début janvier.

On reviendra pour

▶ Le gîte permettant de prolonger le séjour dans ce havre de paix berrichon (il peut accueillir jusqu'à neuf personnes).

S'il fait beau

▶ Berry-Bouy et sa chapelle du 15e s. ; Bourges (classée ville d'Art et d'Histoire), sa cathédrale, ses musées et son palais Jacques-Cœur. Les vignobles du Sancerre, de Menetou-Salon et de Quincy-Reuilly.

Le Plessis

BLOIS

Patricia Coffart
5 chambres : 100-130 €.
195 rue Albert-1ᵉʳ – 41000 Blois.
Tél. 02 54 43 80 08. www.leplessisblois.com
Ouvert toute l'année.

RENDEZ-VOUS PRIS dans les faubourgs résidentiels de Blois pour découvrir cette élégante maison de maître du 18ᵉ s., une propriété viticole joliment reconvertie. En poussant la porte, on découvre un intérieur bourgeois de bon ton (mais absolument pas guindé) où plane une atmosphère feutrée des plus agréables. Ici, un adorable salon de lecture, là une salle à manger envahie de beaux objets chinés… On se sent tout de suite à son aise. Même feeling dans les chambres, aménagées dans l'ancien pressoir du domaine. Décorées selon la couleur dont elles portent le nom – « Rouge », « Jaune », « Beige », « Bleue » et « Violette » –, elles sont toutes cosy avec leurs meubles d'antiquaires et regorgent de détails déco charmants. Petits plus pour chacune : une entrée indépendante et la vue paisible sur le parc planté de chênes bicentenaires. Une halte délicieuse, empreinte de sérénité.

On reviendra pour

▸ Les brunchs servis sur les tables de la salle à manger, parées de leur plus belle orfèvrerie et de leurs plus beaux linges de maison.

Amoureux des vieilles pierres

▸ Le château Royal de Blois abrite des trésors architecturaux allant du gothique du 13ᵉ s. jusqu'au classicisme du 17ᵉ s., dont les appartements de François Iᵉʳ, de style Renaissance.

Le Cèdre Bleu

DANS UNE RUE TRANQUILLE proche du centre-ville, cette demeure bourgeoise se cache derrière un joli mur d'enceinte. Construite en 1872 dans le style Napoléon III sous l'impulsion du fondateur du musée de Bourges, elle est l'œuvre d'un architecte d'origine italienne. Quant au superbe cèdre bleu qui lui vaut son nom, il trône dans le ravissant jardin fleuri, aux côtés d'un petit théâtre, bucolique et très original (on peut y petit-déjeuner en été). La propriétaire se fera une joie de vous conter l'histoire de la maison en vous faisant visiter l'intérieur cossu et élégant composé d'une grande pièce à vivre, d'un luxueux salon et d'une bibliothèque. Les chambres adoptent toutes un style différent. On apprécie les beaux meubles anciens de « Lotus », le romantisme de « Rose » ou la suite « Olonne », plutôt actuelle et toute bleue ! Ces deux dernières profitent de loggias, l'une offrant un intéressant coup d'œil sur la cathédrale et l'autre une vue dégagée.

On reviendra pour

▶ Le murmure de la fontaine et les lignes subtiles du petit théâtre, dans le jardin.

Michèle Bonnet
3 chambres : 53-75 €.
14 rue Voltaire – 18000 Bourges.
Tél. 02 48 25 07 37. www.lecedrebleu.fr
Chiens interdits. Ouvert toute l'année.

S'il fait beau

▶ Comme on ne présente plus la cathédrale, vous irez vous promener dans les marais (le « poumon vert » de la ville) qui bordent le quartier, déambuler sur les remparts et dans les rues piétonnes.

Maison Voilà

LA BRANDE

On reviendra pour

▸ Les propriétaires développent les séjours à thème : vous logez sur place tout en profitant des infrastructures pour pratiquer la peinture, la poterie, la méditation… Renseignez-vous.

Pour les curieux

▸ Vous pouvez effectuer un véritable périple sur les traces de George Sand. Commencez par sa maison à Nohant, puis rendez-vous sur les lieux où elle vécut ou qui l'inspirèrent : moulin d'Angibault, château d'Ars…

Martin de Kreek et Ingrid Pluylaar
4 chambres : 40-100 €.
La Brande 36230 Montipouret.
Tél. 02 54 31 17 91. www.maisonvoila.com
Table d'hôte : 25 €. Ouvert toute l'année.

CETTE ANCIENNE FERME DU **19**ᵉ S. isolée en pleine campagne respire le calme et le bien-être. Les propriétaires, un charmant couple de Hollandais, l'ont réhabilitée de fort belle manière. Les chambres occupent une annexe baptisée « la Bergerie » ; lumineuses et cosy, elles adoptent un style plutôt contemporain. Toutes disposent d'un coin salon avec télévision, d'une terrasse (mobilier de jardin et parasol) et d'un accès indépendant. Un bâtiment voisin abrite une salle de jeux avec billard et flipper. Pour faire un peu d'exercice, vous aurez le choix entre le court de tennis, la piscine (chauffée partiellement à l'énergie solaire) ou le jacuzzi. N'hésitez pas à flâner dans le parc, du côté des arbres fruitiers : certains sont tendus de hamacs… Délicieux ! Si vous désirez prendre vos repas sur place, Martin et Ingrid vous reçoivent à leur table. Près de la cheminée en hiver, en terrasse si le temps le permet, mais toujours dans une ambiance familiale et conviviale.

Les Vieux Guays

CERDON

On reviendra pour

▸ S'adonner aux différentes activités (tennis, randonnée, natation… ou sieste en plein air).

BESOIN DE DÉTENTE ET DE CALME ? Direction Les Vieux Guays, un ancien relais de chasse entouré d'un parc de 5 ha. Derrière ses murs couverts de plantes grimpantes, il règne une délicieuse atmosphère familiale. Dans l'ensemble, les jeunes propriétaires, sympathiques et attentionnés, ont joué la carte de l'authenticité. Les chambres offrent une décoration assez simple, joliment campagnarde : poutres apparentes, vieilles dalles au sol, murs clairs habillés çà et là de gravures anciennes, couvre-lits aux motifs fleuris. Même ambiance rustique dans la salle à manger, autour de la grande table d'hôte conviviale (on y sert le petit-déjeuner si le temps ne permet pas de s'attabler en terrasse). Après l'effort (tennis et piscine chauffée), accordez-vous un moment de farniente dans l'une des chaises longues posées sur la pelouse. Pour un séjour plus long, optez pour le gîte aménagé dans une maison indépendante (avec barbecue et salon de jardin).

S'il pleut

▸ Après la visite du musée de la Faïencerie à Gien, vous trouverez bien quelques souvenirs sur place.

Sandrine Martinez
5 chambres : 60-75 €.
route des Hauteraults – 45620 Cerdon.
Tél. 02 38 36 03 76. www.lesvieuxguays.com
Fermé 23 février-7 mars.

Le Clos de l'Argolay

CHAROLLES

Jean-Luc Pertile et Pascal Cottin
3 chambres : 89-99 €.
21 quai de la Poterne – 71120 Charolles.
Tél. 03 85 24 10 23. www.closdelargolay.fr
Chiens interdits. Fermé en janvier et février.

AU HASARD D'UNE PROMENADE dans la Petite Venise du Charolais, vous risquez fort de tomber sous le charme de cette noble demeure du 18ᵉ s. posée au bord de l'Arconce. Ses propriétaires, Jean-Luc et Pascal, l'ont rénovée en prenant bien soin de conserver son cachet d'origine. Et ils ont réussi. Férus de brocantes et de voyages, leurs nombreuses trouvailles se fondent parfaitement bien dans l'ambiance de la maison : boiseries patinées, hauts plafonds, couleurs chaleureuses (vives ou pastel), meubles anciens et modernes… Même la salle à manger et la suite « Chateaubriand », qui osent quelques touches de mauve, ne dérogent pas au bon goût de l'ensemble. Accessible par le délicieux jardin clos (rosiers grimpants), le duplex « Diderot », logé dans une ex-imprimerie, se veut plus contemporain avec ses grands murs nus et sa salle de bains anthracite. À ne pas rater : les savoureux petits-déjeuners composés de confitures et de fromages de chèvre artisanaux.

On reviendra pour

▸ Goûter à un moment de détente lors d'une séance de massage Shiatsu ou de Kansu (pratique d'origine indienne, idéale contre le stress).

Pour les curieux

▸ Partez sur les traces de Charles le Téméraire en visitant la tour qui porte son nom, installée sur les remparts de la ville. Le circuit des églises romanes et le marché aux bestiaux (St-Christophe).

Château de Chassagne-Montrachet

AU MILIEU DES VIGNES de la prestigieuse appellation Chassagne-Montrachet, ce superbe château néoclassique (18ᵉ s.) abrite des caves datant du 11ᵉ s. Michel Picard en a fait le siège de son domaine. Vigneron comme son père, il étend son « empire » depuis 1986 et possède aujourd'hui cent trente-deux hectares de raisin répartis sur cinq propriétés !

Côté hébergement, attendez-vous ici à du luxe très haut de gamme. Les superbes chambres d'hôtes, au design ultra contemporain créé entre autres par le sculpteur bourguignon Jean-Jacques Argueyrolles, rivalisent de caractère et de confort. Rien n'est laissé au hasard et si vous êtes prêt à y mettre le prix, préparez-vous à un séjour d'exception. Michel propose également une « table de dégustation » comprenant le repas et la découverte d'une douzaine de ses grands crus (Aloxe Corton, Hautes côtes de Beaune, Batard-Montrachet, etc.). Un moment extraordinaire dans un environnement magique.

Michel Picard
5 chambres : 250-300 €.
5 rue du Château – 21190 Chassagne-Montrachet.
Tél. 03 80 21 98 57. www.michelpicard.com
CB acceptée. Anglais, espagnol parlés.
Fermé 23 décembre-3 janvier.

On reviendra pour

▶ **Les week-ends œnologie ou gourmet (avec cours de cuisine), et la table d'hôte avec dégustation, au sein du prestigieux domaine de Chassagne-Montrachet.**

Pour les épicuriens

▶ **Vous êtes dans un endroit privilégié pour partir à la découverte des vignobles du Bourguignon : dégustations et visites de caves.**

Le Colombier de Corvol

CORVOL-D'EMBERNARD

BOURGOGNE - CENTRE

JADIS RATTACHÉE À UN CHÂTEAU, cette ferme nivernaise (1812) vit une seconde jeunesse grâce à Robert Collet, ex-journaliste d'origine belge, et sa femme qui se sont installés ici pour donner libre cours à leurs deux passions : la cuisine et l'art. La première s'apprécie à la table d'hôte, autour de savoureuses recettes de saisons, accompagnées de vins du pays. La seconde s'invite partout dans la maison, depuis la galerie de 180 m² aménagée dans les anciennes étables, où exposent des artistes contemporains internationaux (peintures, sculptures, dessins, photos), jusqu'à l'entrée des chambres gardées par des petits animaux sculptés. Un jardinet pousse devant « Le Hérisson » qui jouxte le vieux four à pain (notre coup de cœur). « Le Coq », « Le Sanglier », « Le Faisan » et « Le Chien » charment aussi par leur chaleureuse simplicité. Toutes donnent sur la terrasse en bois exotique surplombant la piscine chauffée. Le lavoir et le colombier bâti en 1748 méritent aussi un petit détour.

Robert Collet

5 chambres : 97-107 €.
58210 Corvol-d'Embernard.
Tél. 03 86 29 79 60. www.lecolombierdecorvol.com
Table d'hôte : 47 €. CB acceptée.
Anglais, néerlandais parlés. Chiens interdits.
Ouvert toute l'année.

On reviendra pour

▶ Découvrir les œuvres d'art exposées un peu partout. Robert vous guidera si vous voulez faire l'acquisition de l'une d'entre elles.

S'il fait beau

▶ On grimpera sur la butte de Montenoison pour profiter du panorama sur les monts du Morvan avec une table d'orientation. Varzy (belles richesses patrimoniales) et Clamecy (cité médiévale) méritent une visite.

Château de Créancey

Bruno et Fiona de Wulf
5 chambres : 145-230 €.
21320 Créancey.
Tél. 03 80 90 57 50. www.creancey.com
CB acceptée. Anglais parlé. Ouvert toute l'année.

On reviendra pour

▸ Si le temps vous force à écourter votre promenade dans le parc, entrez donc vous réchauffer au coin du feu, en compagnie d'un bon livre.

Pour les curieux

▸ Les châteaux de Commarin ou Châteauneuf ; au départ de Pouilly-en-Auxois, découverte de la Bourgogne au fil de l'eau.

CE CHÂTEAU DE **1650** a retrouvé son élégance d'origine après plusieurs années d'une méticuleuse restauration. Et le résultat est superbe. Les pièces, aux dimensions généreuses, ont beaucoup de caractère : boiseries, poutres et cheminées antiques côtoient des meubles actuels, des canapés moelleux et de confortables fauteuils club dans la bibliothèque et le salon, cosy à souhait. Les chambres, vastes et luxueuses, portent le nom des enfants de Fiona et Bruno. Aménagée sous les toits, mais mesurant pas moins de 80 m², on avoue un faible pour « Sophie » avec sa superbe charpente en chêne et ses œils-de-bœuf donnant sur le jardin à la française. Les autres sont également bourrées de charme, comme « Camille » avec son lit entouré d'une boiserie 18e s. Notez que la demeure bénéficie d'équipements modernes bien pratiques, comme un ascenseur et une connexion wi-fi. Un gîte occupe la ravissante petite maison blottie dans le parc, au bord de la rivière.

La Ferme Blanche

CUSSAY

C ETTE ANCIENNE FERMETTE DU 18ᵉ S. bâtie hors du village se trouve au beau milieu de la campagne verdoyante… Garantie d'un séjour au grand calme. Anne-Fabienne Bouvier, la propriétaire, y a aménagé de très belles chambres personnalisées, combinant admirablement élégance et convivialité. Beaux volumes, mobilier et objets chinés avec passion, décoration chic et féminine, lin ou coton brodé, entrée indépendante : partout un cachet indéniable, mais on avoue une préférence pour la suite du « Four à pain » – la plus grande, la plus charmante et la plus romantique. Même raffinement à l'heure du petit-déjeuner (service en porcelaine et argenterie) aussi copieux que gourmand (produits de la ferme). Mention spéciale pour la table d'hôte le soir : Anne-Fabienne réalise une cuisine (légumes bio) très orientée terroir qu'elle n'hésite pas à rajeunir à sa façon : daube chinonaise, quiche à la tourangelle, lasagnes de courgettes au chèvre frais…

Anne-Fabienne Bouvier
3 chambres : 90-120 €.
37240 Cussay.
Tél. 02 47 91 94 43. www.la-ferme-blanche.com
Table d'hôte : 35 €. Anglais, allemand parlés.
Chiens interdits. Fermé 21 décembre-28 février.

Pour les épicuriens

▶ Le marché de Loches où l'on trouve tous les produits du terroir. Les vignobles réputés et leurs caves : Chinon, Vouvray, Bourgueil, Montlouis, etc.

On reviendra pour

▶ Les stages « peinture et patine sur bois ». Les séjours « Romantique », « Gourmand » (atelier du foie gras), « Bien-être », « Décoration » et « Brocante » pour les passionnés de la chine…

Les Chatelains

On reviendra pour

▶ **Les week-ends thématiques autour de la littérature, la sorcellerie ou la dégustation de vin de la région.**

ENTRE SOLOGNE ET SANCERROIS, cette ravissante propriété typiquement berrichonne augure un séjour au grand calme. Daniel et Marylène, épicuriens par nature, vous y reçoivent avec une extrême gentillesse et espèrent bien vous rallier à leurs passions. Les chambres, tournées vers la campagne, se trouvent dans une petite maison indépendante (gage supplémentaire de tranquillité). Partout, des tonalités douces et beaucoup de cachet : beaux meubles d'époque en palissandre et citronnier dans la « 1900 », vrais lits berrichons dans la « Berry », mobilier écossais dans la « Brittany » (superbe lit à baldaquin), enduit ocre rouge pour la « Jouy », fer forgé et couleurs du Sud dans la « Méditerranée ». Juste en face, une ancienne dépendance, tout aussi soignée, abrite le salon : les mélomanes s'accorderont une improvisation au piano, pendant que d'autres bouquineront en attendant de déguster les petits plats préparés par vos hôtes (dîner sur réservation).

Daniel et Marylène Geneviève
5 chambres : 69-105 €.
18380 Ennordres.
Tél. 02 48 58 40 37. www.leschatelains.com
Table d'hôte : 28 €. CB acceptée. Anglais parlé.
Ouvert toute l'année.

Pour les sportifs

▶ **Randonnées à pied, à vélo ou à cheval. Golf et tennis.**

Château de la Ferté Beauharnais

LA FERTÉ-BEAUHARNAIS

Michel Doucet et Daniel Digout

3 chambres : 135-145 €.
172 rue du Prince-Eugène –
41210 La Ferté-Beauharnais. Tél. 02 54 83 72 18.
www.chateaudebeauharnais.com
Ouvert toute l'année.

AU CŒUR D'UN PETIT VILLAGE solognot, ce beau château des 15ᵉ et 18ᵉ s. se dresse dans un parc à l'anglaise de 15 ha. Ancienne propriété de la famille de Beauharnais (dont l'impératrice Joséphine elle-même), il a conservé un héritage conséquent de son riche passé historique. Il suffit de regarder les parquets et les moulures des salons pour s'en faire une idée. En ajoutant quelques touches décoratives actuelles – tissus zèbre et panthère, couleurs vives et mobilier moderne –, Michel et Daniel ont su donner une autre dimension aux lieux, associant le classicisme intrinsèque de la demeure aux tendances contemporaines. À l'étage, les vastes chambres reprennent la même esthétique tout en offrant un confort soigné ; on a opté pour un équipement rétro du meilleur effet dans les salles de bains. Produits d'accueil signés Roger & Gallet, peignoirs moelleux… même les draps et les étoffes respirent la qualité !

On reviendra pour

▸ **Les promenades dans le parc à l'anglaise.**

Pour les curieux

▸ **La visite des châteaux de Blois, Chambord, Cheverny et Beauregard. À Beauval, le Zooparc abrite 4 000 animaux du monde entier, sur 22 hectares.**

Petit Paris

FLAGEY-ECHÉZEAUX

Nathalie Buffey
4 chambres : 85 €.
6 rue du Petit-Paris – 21640 Flagey-Echézeaux.
Tél. 03 80 62 84 09.
www.petitparis.bourgogne.free.fr
Anglais, espagnol parlés. Chiens interdits.
Ouvert toute l'année.

On reviendra pour

▶ **Les stages (pour petits et grands) de dessin, peinture, mosaïque et gravure encadrés par Nathalie, dans son atelier.**

ETTE MAISON DE MAÎTRE DU 17ᵉ S. nichée dans un village viticole est tournée vers un bois bordant la Vouge. Lors d'une promenade dans le parc aux arbres centenaires, vous découvrirez un vieux pigeonnier et un vivier donnant sur la rivière, cachés dans un écrin de verdure. À l'intérieur, on a misé sur la simplicité et la convivialité. Sympathique, la salle des petits-déjeuners avec ses tableaux, son mobilier de jardin rouge et ses antiques moulins à café alignés sur la cheminée. Les chambres, dans les dépendances, s'articulent autour de l'atelier de peinture et de gravure de Nathalie, la propriétaire-artiste. Murs patinés aux tons pastel, jolis parquets, meubles en bois, tapis et tables en mosaïque faites main composent un cadre sobre et apaisant. Notez que si vous avez un coup de cœur pour l'un de ces éléments décoratifs, vous pourrez l'acquérir ! De la documentation sur les vins de Bourgogne attend les amateurs, côté salon.

Pour les épicuriens

▶ **Pourrait-on passer quelques jours du côté de Nuits-Saint-Georges sans faire un tour dans les caves du canton ?**

Le Moulin de Francueil

Jean-Claude Joyez
5 chambres : 102-130 €.
28 rue du Moulin-Neuf – 37150 Francueil.
Tél. 02 47 23 93 44. www.moulinfrancueil.com
Table d'hôte : 25 €. CB acceptée. Anglais parlé.
Chiens interdits. Ouvert toute l'année.

DES COURS D'EAU QUI SERPENTENT à travers le parc, des petits ponts reliant les étendues de verdure agrémentées d'arbres et d'arbustes… Voici un environnement tout à fait bucolique pour ce moulin datant du 19ᵉ s. Il subsiste peu de traces de son activité d'origine et sa façade assez classique a plutôt des allures de petit manoir. Mais qui s'en plaindrait ? À l'intérieur, les propriétaires ont opté pour une décoration raffinée. On apprécie le salon de musique doté d'un piano (à disposition des mélomanes) et la salle à manger en rotonde vitrée offrant une vue charmante sur l'eau. Baldaquin dans la « Royale », toile de Jouy dans « La Valière », mobilier Louis XV pour « Marie-Antoinette », ciel de lit côté « Duc de Choiseul », tons pastel dans la suite « Lully » :

aucune chambre ne ressemble à une autre. La piscine, légèrement isolée dans une partie du parc, posée sur une verte pelouse, réjouira les amateurs de nature et de calme.

S'il pleut

▸ On descendra à 40 m sous terre, dans la cave des Roches, pour visiter la champignonnière et la Ville Souterraine comprenant 1 500 m² de bas-reliefs sculptés dans le tuffeau.

On reviendra pour

▸ Le dîner passion, servi aux chandelles et accompagné de champagne, ou les soirées « Découverte des vins de Touraine ». Les petits-déjeuners avec pâtisseries maison et miel de Touraine.

Château d'Ivoy

Ivoy-le-Pré

On reviendra pour

▶ Le parc (pêche dans l'étang) et randonnées à pied ou en vélo. Les week-ends à thèmes : « bien-être » (massage shiatsu, gymnastique) ou « œnologie ».

POUR CONNAÎTRE L'HISTOIRE de ce majestueux château des 16ᵉ et 17ᵉ s., il suffit d'interroger Jean-Gérard et Marie-France Gouëffon de Vaivre, ses actuels propriétaires. Ils vous conteront avec plaisir que Henri IV y séjourna en 1606 et que les Drummond de Melfort y vécurent jusqu'à la Révolution. D'ailleurs le passage de cette famille a beaucoup influencé l'atmosphère des lieux, à commencer par ce salon écossais paré de tissus rappelant étrangement les fameux tartans. Toutes les pièces ont été rénovées, de la bibliothèque jusqu'au surprenant « débotté-billard », en passant par les salons, avec le souci constant de préserver l'âme de ces murs. Les chambres sont tout simplement superbes et très confortables. Que pensez-vous de la « Lord Drummond » avec son mobilier du 19ᵉ s., ses tissus fleuris, son baldaquin et sa maquilleuse transformée en lavabo à double vasque ? D'autres choisiront la « Kipling » pour son lit victorien et sa décoration sagement coloniale…

Jean-Gérard Gouëffon de Vaivre

5 chambres : 140-195 €.
18380 Ivoy-le-Pré.
Tél. 02 48 58 85 01. www.chateaudivoy.com
CB acceptée. Anglais, allemand, russe parlés.
Chiens interdits. Ouvert toute l'année.

S'il fait beau

▶ Suivez (avec modération, bien entendu) la Route des vins de Sancerre et de Menetou-Salon. Et pourquoi pas d'autres routes : la Route Jacques-Cœur et la Route de la Porcelaine…

Domaine de Montizeau

LAILLY-EN-VAL

RETROUVEZ TOUT LE CARACTÈRE de la campagne solognote dans cet ex-relais de chasse à courre légèrement retiré du village. Les chambres, aménagées dans les écuries et dotées d'une entrée indépendante, ouvrent leurs fenêtres sur le parc clos et arboré. Méticuleuse et attentionnée, Jacqueline a particulièrement soigné leur décoration : matériaux choisis et jolis meubles patinés à l'ancienne apportent fraîcheur et authenticité. « La Meute », avec ses reproductions de chiens, rend hommage au passé de la bâtisse et « Parme » décline les tons pastel dans une ambiance romantique. La « Suite des Anges » invite quant à elle à la rêverie, avec son ciel de lit assorti aux murs et aux plafonds mansardés. Petit bonheur supplémentaire : un plateau d'accueil complet vous attend à votre arrivée. Sur réservation, la maîtresse de maison vous mitonnera l'une de ses recettes qu'elle a empruntées à un jeune chef de la région… À ne pas rater.

On reviendra pour

▶ Le petit-déjeuner confectionné à partir de produits maison : jus de fruits, pain, viennoiseries, pâtisseries, confitures et yaourts.

BOURGOGNE - CENTRE

Jacqueline Abeille
4 chambres : 70 €.
45740 Lailly-en-Val.
Tél. 02 38 45 34 74. www.domaine-montizeau.com
Table d'hôte : 28 €. CB acceptée.
Anglais parlé. Chiens interdits.
Ouvert toute l'année.

S'il fait beau

▶ Les deux visages du château de Meung-sur-Loire : l'austère forteresse des 12e et 13e s., les salons et l'exceptionnelle salle de bains du 18e s. Parcours de golf, randonnées à pied ou à vélo.

Manoir de Clairbois

LARÇAY

Huguette Zeiler
3 chambres : 115-140 €.
2 impasse du Cher – 37270 Larçay.
Tél. 02 47 50 59 75. www.manoirdeclairbois.com
CB acceptée. Ouvert toute l'année.

AVEC SA FAÇADE EN TUFFEAU, ce manoir bâti en 1830 constitue un beau spécimen d'architecture tourangelle. Tout autour, le parc de 8 ha dessiné à l'anglaise et bordé par le Cher, séduira les amoureux de nature : essences multiples, arbres séculaires, allées verdoyantes, petits cours d'eau… Un cadre bucolique à souhait ! L'intérieur, très « maison de notable », possède du cachet avec ses meubles et jolis bibelots d'époque. Atmosphère raffinée dans le salon de détente (agrémenté d'une belle cheminée ancienne) comme dans les chambres et la suite, impeccablement tenues et personnalisées. Décoration plutôt bourgeoise – façon 19e s. – pour « Les Roses », un peu plus champêtre pour « Les Fleurs » (poutres centenaires) et « Les Oiseaux » coiffée d'une originale voûte en berceau. Pour bien commencer la journée, prenez un bon petit-déjeuner dans la salle à manger ou dans le charmant et intime pavillon chinois.

On reviendra pour

▸ **La grande piscine et le parc (promenades au bord du Cher).**

Amoureux des vieilles pierres

▸ **Le Castellum de Larçay, construit à la fin du 3e s. Les incontournables châteaux de la Loire : Amboise, Chenonceaux, Villandry, Loches, etc. Le vieux Tours et la cathédrale.**

Le Vieux Tilleul

MANTHELAN

Laurence Van Havere
4 chambres : 60-85 €.
8 rue Nationale – 37240 Manthelan.
Tél. 02 47 92 24 32. www.le-vieux-tilleul.net
Table d'hôte : 22 €. Anglais, néerlandais parlés.
Chiens interdits. Ouvert toute l'année.

BOURGOGNE - CENTRE

On reviendra pour

▶ Participer aux ateliers de peinture animés par des intervenants extérieurs. On y privilégie la liberté d'expression comme premier outil de création.

S'il fait beau

▶ Et si vous avez déjà visité tous les châteaux de la Loire, partez à l'assaut de la cité médiévale et du donjon de Loches. Et flânez sur les marchés de Loches ou d'Amboise pour découvrir les produits du terroir.

ANCIEN RELAIS DE POSTE, demeure de notable puis hôtel, Le Vieux Tilleul, situé au cœur de Manthelan, coule désormais des jours paisibles dans son rôle de maison d'hôtes. Sa façade typique du Val de Loire annonce l'ambiance de quiétude et la douceur de vivre qui règnent ici. Laurence Van Havere, la propriétaire, a particulièrement soigné la décoration de l'ensemble et a su préserver le caractère des lieux, tout en apportant sa touche personnelle. Meubles d'antiquaires, parquets, sols anciens et couleurs douces cohabitent en parfaite harmonie. Les noms des chambres « Pastel » et « Naturelle » parlent d'eux-mêmes quant à leur style. On avoue un petit coup de cœur pour les deux suites, d'allure bourgeoise et très coquettes avec leurs tapis et leurs meubles cirés. Toutes ouvrent leurs fenêtres sur le charmant parc clos et fleuri. Enfin, sachez que la « Maison d'Amis », maisonnette indépendante, se loue pour une nuit ou en gîte pour plusieurs jours.

La Ferme des Foucault

MARCILLY-EN-VILLETTE

CETTE FERME RESTAURÉE avec goût ne se dévoile pas facilement. Pour y accéder, il faut suivre un chemin à travers la forêt, mais au bout de la clairière, la récompense est là : la superbe façade en briques flammées et colombages, typique de l'architecture solognote, apparaît enfin ! Et tout autour, un parc généreusement fleuri qui invite à la contemplation et à la rêverie. Les heureux propriétaires de ce havre de paix – un couple franco-américain – ont souhaité faire partager leur bonheur de vivre ici au quotidien en y aménageant des chambres d'hôtes. Toutes incroyablement vastes et lumineuses, elles sont personnalisées par des meubles français et importés des États-Unis. Mariage des styles réalisé avec beaucoup de goût et ambiance cosy partout. L'une dispose d'une entrée indépendante et d'une terrasse privée ; les deux autres, mansardées et ornées de briques apparentes, dégagent une atmosphère des plus romantiques. Du charme à revendre.

Rosemary Beau
4 chambres : 70-85 €.
45240 Marcilly-en-Villette.
Tél. 02 38 76 94 41. www.ferme-des-foucault.com
Ouvert toute l'année.

On reviendra pour

▸ Les copieux petits-déjeuners avec confitures maison, muffins anglais, œufs à la coque, yaourt, céréales et fromages. Les boxes à disposition, si vous venez avec vos chevaux.

Pour les sportifs

▸ Cinq terrains de golf et deux centres équestres se trouvent à proximité de la ferme : rencontres sportives pour professionnels et amateurs.

Le Charme Merry

Nicolas et Olivia Peron
4 chambres : 120 €.
30 route de Compostelle – 89660 Merry-sur-Yonne.
Tél. 03 86 81 08 46. www.lecharmemerry.com
Table d'hôte : 35 €. CB acceptée.
Fermé 1er janvier-15 mars.

DANS UN VILLAGE proche du canal du Nivernais et des falaises du Saussois, cette discrète maison de vigneron cache bien son jeu : qui pourrait soupçonner que sa façade traditionnelle du 17e s. dissimule un intérieur très contemporain ? Nicolas et Olivia Peron ont entièrement repensé les lieux version design. Et le résultat est convaincant. Côté salon, boiseries et poutres apparentes côtoient un beau mobilier moderne créant une agréable ambiance zen. Même tendance dans les chambres, très reposantes avec leur déco épurée et leurs grandes fenêtres ouvertes sur la campagne et le jardin. Confort omniprésent (grands lits garnis de couettes douillettes) et salles de bains équipées de baignoires «loft» ou de douches «Aquatronic». Nicolas, photographe, expose ses créations

un peu partout. Table d'hôtes (sur réservation) simple et appétissante. Notez enfin la présence d'une piscine chauffée dans le jardin.

On reviendra pour

▶ La cohabitation harmonieuse des matériaux traditionnels et d'une esthétique design.

Pour les curieux

▶ Les grottes préhistoriques d'Arcy-sur-Cure ou, plus loin, le site gallo-romain d'Escolives. Le musée de la Reproduction du son à Saint-Fargeau. Le musée d'Art naïf à Noyers-sur-Serein.

Le Château du Portail

MONTEAUX

M. Le Carpentier
6 chambres : 150-250 €.
à Besnerie – 41150 Monteaux.
Tél. 02 54 70 22 88. www.chateauduportail.com
CB acceptée. Fermé 15 décembre-15 janvier.

Pour les curieux

▸ À Chaumont-sur-Loire, la visite du Conservatoire International des Parcs et Jardins et du Paysage (CIPJP). Cette institution est dédiée à la recherche et à la création en matière de jardins et de paysage.

On reviendra pour

▸ L'aide précieuse que l'on vous apporte pour organiser vos activités : découverte de la région en hélicoptère ou en ballon, visite des Châteaux de la Loire et des caves à vins.

UNE ESCAPADE DANS LE VIGNOBLE Touraine Mesland vous conduira sûrement à faire étape dans cette maison bourgeoise pleine d'allure. Outre la piscine et le potager, son terrain de 2 ha comprend un parc bien entretenu, tracé dans l'esprit des jardins à la française. Les parties les plus anciennes – une petite tour et les douves en eau – remontent au 14e s., mais la demeure date des 17e et 18e s. Restaurée dans les années 1960, elle accueillit en ses murs des invités de marque comme le prince Rainier et la princesse Grace de Monaco. Vous goûterez avec plaisir au confort feutré du grand salon et de la bibliothèque, optant tout naturellement pour l'élégance d'un mobilier de style. Même esprit dans les chambres qui adoptent cependant une décoration un peu plus personnelle. Avec ses poutres et ses pierres apparentes, celle du rez-de-jardin (logée dans la tour) a un petit air médiéval plaisant. Connexion wi-fi dans toute la maison.

Château de Colliers

MUIDES-SUR-LOIRE

On reviendra pour

▶ Les promenades le long de la Loire qui passe juste en contrebas du château.

C E DOMAINE POSSÈDE un véritable atout qui saute aux yeux lorsque l'on arrive : la Loire coule juste au pied du château (18ᵉ s.), donnant un cachet unique aux lieux. À toute heure de la journée, vous pourrez suivre du regard sa course paisible depuis le balcon, mais il paraît que le charme opère tout spécialement quand le soleil se couche...
Si on l'interroge, Christian ne se fait pas prier pour raconter l'histoire de sa demeure : jadis propriété du chevalier de Bela (acquise pour le plaisir de sa maîtresse), elle fut ensuite vendue au marquis de Vandreuil. Témoins de cette époque, les deux salons rivalisent d'élégance avec leur mobilier ancien et leur décoration raffinée. Si les chambres ne misent pas sur un équipe-ment sanitaire des plus modernes, elles bénéfi-cient néanmoins de la même atmosphère cos-sue. Et quand arrive l'heure du petit-déjeuner, on s'attable parmi les fresques et les peintures aujourd'hui classées de la salle à manger.

Christian et Marie-France de Gélis
5 chambres : 118-169 €.
route de Blois – 41500 Muides-sur-Loire.
Tél. 02 54 87 50 75.
www.chateauxhotels.com/colliers
CB acceptée. Ouvert toute l'année.

Pour les curieux

▶ La Maison de la Magie retrace l'histoire de la prestidigitation moderne à travers la vie de Jean Eugène Robert-Houdin, illusionniste et créateur d'automates né à Blois en 1805 (spectacles et expositions).

Château des Ormeaux

NAZELLES-NÉGRON

BOURGOGNE - CENTRE

On reviendra pour

▶ Dénicher quelques souvenirs (produits du terroir et confitures du château) dans la boutique aménagée dans une pièce troglodytique.

S'il fait beau

▶ Survolez les châteaux de la Loire à bord d'une montgolfière (au départ d'Amboise). Randonnées possibles par des sentiers balisés à pied, VTT ou à cheval. Pour les petits, le parc des Mini-Châteaux à Amboise.

LÉGÈREMENT À L'ÉCART DE NAZELLES, ce château romantique domine la Vallée de la Loire. Le grand parc (25 ha) qui entoure la demeure se partage entre les vignes du domaine et de nombreux arbres centenaires. On y découvre également quelques habitations troglodytiques, taillées à même la roche, et une piscine à débordement orientée plein Sud. L'intérieur de la demeure a conservé un esprit bourgeois, sans chichi, pas trop figé et plutôt chaleureux. À commencer par le salon de détente (piano, cheminée, fauteuils et canapés confortables). Chaque chambre porte le nom d'un compositeur célèbre et dispose d'un lecteur CD vous permettant d'écouter leurs œuvres. « Lully », « Couperin », « Poulenc », « Rameau » ou « Debussy »… À vous de choisir l'univers musical de votre séjour ! Beau mobilier de style, tissus choisis, vieux parquets, élégantes boiseries et tableaux y composent un décor à l'esprit classique. « Vivaldi » et « Albinoni » occupent un charmant petit manoir du 18e s. situé à quelques mètres.

Emmanuel Guenot et Eric Fontbonnat
5 chambres : 110-165 €.
37530 Nazelles-Négron.
Tél. 02 47 23 26 51. www.chateaudesormeaux.fr
CB acceptée. Chiens interdits.
Fermé 15 janvier-15 février.

Domaine de l'Hérissaudière

PERNAY

ÉRIGÉ EN **1640** sur les ruines d'un relais de chasse de Diane de Poitiers, ce manoir a évolué au fil des siècles pour présenter son visage actuel, celui d'une maison de maître. Perdue en pleine campagne tourangelle, elle profite d'un beau parc de 7 ha (on peut y admirer quelques vieux séquoias offrant leur ombrage à des cyclamens sauvages) avec piscine et court de tennis. La demeure, en tuffeau, dispose d'une plaisante terrasse fleurie où l'on sert le petit-déjeuner si le temps le permet. À l'intérieur, atmosphère bourgeoise un peu partout, notamment dans les salons avec moulures et mobilier d'antiquaire. Côté bibliothèque, de profonds canapés vous attendent pour discuter, écouter de la musique ou lire un livre face à la belle cheminée ouvragée. Le soir venu, vous apprécierez sans nul doute le confort et le calme des chambres, ouvertes sur le parc. Toutes portent des noms de vins du cru (« Vouvray », « Bourgueil »...) et sont décorées avec raffinement grâce notamment à de jolis meubles de style.

Claudine Detilleux
5 chambres : 130-160 €.
37230 Pernay.
Tél. 02 47 55 95 28. www.herissaudiere.com
CB acceptée. Anglais parlé. Chiens interdits.
Ouvert toute l'année.

On reviendra pour

▸ Le buffet des petits-déjeuners, proposant des confitures maison en plus d'un vaste choix de produits. Piquer une tête dans la piscine chauffée et profiter des jeux sur place : ping-pong, badminton, pétanque...

S'il fait beau

▸ Vous visiterez le château de Villandry, ses jardins à l'italienne, ses meubles et ses tableaux espagnols. Vous emmènerez vos enfants au poney-club situé à proximité.

La Malouinière

ST-DENIS-SUR-LOIRE

98

BOURGOGNE - CENTRE

Bernard et Édith de Saint-Léger

4 chambres : 80-130 €.
41000 St-Denis-sur-Loire.
Tél. 02 54 74 62 56. www.la-malouiniere.com
Chiens interdits. Ouvert d'avril à octobre.

CETTE DEMEURE QUI SURPLOMBE le fleuve appartenait jadis au peintre Bernard Lorjou. Les propriétaires actuels, Édith et Bernard de Saint Léger, y accueillent depuis 2001 les hôtes de passage. Attentifs et chaleureux, ils cultivent un véritable art de recevoir, très apprécié des habitués… de plus en plus nombreux. C'est un réel plaisir de parcourir les salons couverts de tableaux de Lorjou, Mottet et Loursel (qui n'est autre que la mère d'Édith), de flâner dans le parc arboré lui aussi jalonné d'œuvres d'art, de petit-déjeuner en terrasse ou tout simplement se prélasser au bord de la piscine. Les chambres méticuleusement tenues et personnalisées reprennent les noms de célèbres châteaux voisins : « Chinon », « Cheverny », « Talcy » et « Chaumont ». Sachez enfin qu'une soirée à la Malouinière commence toujours par un apéritif offert par Édith et Bernard qui ne manqueront pas de vous guider dans la découverte de leur région.

On reviendra pour

▸ L'apéritif au Crémant de Loire bio, servi l'été en terrasse, près de la magnifique roseraie.

Amoureux des vieilles pierres

▸ Les incontournables châteaux de la Loire : Chambord, Chenonceau, Amboise… Mais si vous préférez vous dégourdir les jambes : golf, tennis, VTT et randonnée pédestre à proximité.

Clos Saint Laurent

St-Laurent-la-Gâtine

U N SÉJOUR AU CLOS SAINT-LAURENT, ancien corps de ferme du 19e s. est gage d'authenticité. Les propriétaires, Bernadette et Francis James, y sont pour beaucoup… Leur but avoué était de respecter l'habitation traditionnelle tout en y apportant charme et confort moderne. Aujourd'hui, on peut dire qu'ils ont réussi. Derrière la façade en pierres (avec ses rebords de fenêtre en briquettes et ses volets bleu pastel) pieusement préservée, on trouve des chambres et une suite décorées dans un style campagnard chic très séduisant. Partout des meubles chinés, des objets de brocante (peu nombreux mais judicieusement choisis), des poutres peintes et des couleurs neutres pleines de douceur (blanc, écru, mastic). Tout est simple, élégant et harmonieux. Le petit-déjeuner est servi au coin du feu en hiver ou, si le temps le permet, dans l'arrière-cour joliment pavée… Une délicieuse maison où le temps semble s'être arrêté.

BOURGOGNE - CENTRE

Francis et Bernadette James
4 chambres : 65-70 €.
6 rue de l'Église – 28210 St-Laurent-la-Gâtine.
Tél. 02 37 38 24 02.
www.clos-saint-laurent.com
Anglais parlé. Chiens interdits.
Fermé 22 décembre-5 janvier.

On reviendra pour

▸ La charmante atmosphère rurale de l'ancien corps de ferme, et le jardin calme et verdoyant.

Amoureux des vieilles pierres

▸ À Rambouillet, le château, son jardin et ses dépendances : la chaumière aux coquillages, l'ermitage, la laiterie de la Reine.

La Chancelière

ST-SATUR

BOURGOGNE - CENTRE

EN PLEIN VILLAGE, protégée par un haut mur de pierre, cette élégante maison bourgeoise du 18ᵉ s. domine tout le vignoble sancerrois. Si l'intendant de l'abbaye voisine qui y résidait autrefois n'occupait qu'un seul étage sur cinq, elle resplendit aujourd'hui à tous les niveaux. Pour s'imprégner de son ambiance particulière, commencez par une promenade dans le vaste jardin fleurant bon la rose et attardez-vous sur l'agréable terrasse, le temps d'admirer le point de vue sur la campagne environnante. Puis direction la maison pour découvrir les chambres.

Toutes sont perchées sous les toits et accessibles par un ascenseur ou l'escalier à vis qui tourbillonne dans l'ancien pigeonnier. Qu'elles se nomment « Mexico », « Nice », « Saint-Brieuc », « Fontainebleau » ou « Manosque », elles sauront vous séduire par leur côté cosy : le cadre imaginé par Monsieur Audibert est délicieusement chaleureux : poutres apparentes, meubles de famille ou chinés ici et là… De véritables cocons !

On reviendra pour

▶ La galerie d'art dédiée à Bruno Dutertre d'Elmarcq, peintre contemporain, et les bananiers qui poussent dans le jardin !

Nicole et Jacques Audibert-Amagat
5 chambres : 105-130 €.
5 rue Hilaire-Amagat – 18300 St-Satur.
Tél. 02 48 54 01 57. www.la-chanceliere.com
CB acceptée. Chiens interdits. Ouvert toute l'année.

Pour les curieux

▶ La spectaculaire piste du Cyclorail du Sancerrois passe au-dessus de la Loire. La visite du musée de la Poterie à La Borne et du musée de la Faïencerie à Gien.

Villepalay

St-Viâtre

PERDUE AU BEAU MILIEU de la campagne solognote, cette « longère » en briques vous propose un séjour au calme, dans un cadre on ne peut plus bucolique. Le parc arboré et verdoyant borde un étang poissonneux, où une petite barque n'attend plus que vous pour surprendre le mouvement des carpes, silures et autres esturgeons. Lorsque le temps se gâte, trouvez refuge près de la cheminée du salon, où vous pourrez vous initier au snooker sur la belle table de billard. Si la décoration des pièces communes demeure assez simple et légère, on appréciera le soin apporté aux chambres, plutôt cosy et douillettes. Sobriété, teintes douces, détails charmants, mélange de l'ancien et du contemporain : on s'y sent parfaitement bien. L'une d'elles sort même le grand jeu, avec son ciel de lit et ses meubles d'époque… Laissez-vous tenter ! Après une bonne nuit de sommeil, Dany vous préparera un savoureux petit-déjeuner bio avec confitures et gâteaux maison.

On reviendra pour

▶ Les promenades en barque sur l'étang poissonneux du domaine. Les parties de billard dans le grand salon. Les petits-déjeuners bio, avec confitures et gâteaux maison.

Jean-Yves et Dany Navucet
3 chambres : 53-70 €.
41210 St-Viâtre.
Tél. 02 54 88 22 35. www.digikom.fr/villepalay
Chiens interdits. Fermé mars.

Pour les curieux

▶ La découverte de la faune sauvage de Sologne au domaine du Ciran. À Saint-Viâtre, la Maison des étangs présente la faune et la flore des étangs de Sologne et son intérêt économique et gastronomique.

La Tour du Trésorier

TOURNUS

Michel et Lotti Vialle
5 chambres : 120-180 €.
9 place Abbaye – 71700 Tournus.
Tél. 03 85 27 00 47. www.la-tour-vialle.com
CB acceptée. Chiens interdits.
Fermé 4 janvier-8 février.

On reviendra pour

▶ Les dégustations de vins proposées par Michel.
Les séances de relaxation organisées par Lotti,
diplômée du Rosen Institute de Berkeley et du
Esalen Center de Californie.

Pour les curieux

▶ Michel et Lotti sont à votre disposition pour
vous guider dans la visite des environs. L'abbaye
St-Philibert, prestigieux témoin de l'art roman
et le musée Bourguignon à Tournus. Le domaine
viticole de Bourgogne.

AU TERME DE « MAISON D'HÔTES »,
Michel et Lotti Vialle préfèrent celui
de « demeure d'hôte ». Terme qui traduit mieux, selon eux, l'accueil hors du commun qu'ils souhaitent réserver aux visiteurs.
Leur Tour du Trésorier, édifiée entre les 12^e
et 15e s., se trouve dans un site particulièrement remarquable : à quelques pas de l'Abbaye
St-Philibert et du musée Bourguignon, au
cœur d'un des plus beaux quartiers historiques
de Tournus. Éblouissante aussi, la décoration
intérieure. Nos sympathiques « propriétaires-
chineurs » adorent partir à la recherche de
meubles rares dans les brocantes. Des trouvailles toujours de bon goût, et en accord avec
l'atmosphère des lieux. Amusante exception
à découvrir, l'une des chambres arbore une
ambiance Art déco que certains qualifieraient
d'anachronique. Michel partage volontiers
sa grande passion pour le vin en organisant
des dégustations à l'heure de l'apéritif… Une
occasion idéale d'en apprendre davantage sur
les meilleurs crus de Bourgogne.

Château de Marsalin

VERT-EN-DROUAIS

BIENVENUE À MARSALIN, château néoclassique reconstruit en 1850 face à un étang poissonneux. Vestiges de la demeure originelle, les deux tours rondes (15ᵉ s.) qui l'encadrent ont survécu aux guerres de religion et aux incendies de la Révolution. C'est dans ce cadre chargé d'histoire que Armelle-Patricia et Marcel Diard von Nunhold ont aménagé des chambres pour recevoir les hôtes de passage. Tout simplement somptueuses, elles conservent un style d'époque : meubles Louis XV ou Louis XVI, tentures murales, ciels de lit, toile de Jouy, tissus épais et capitons… Même les plus petites, « Pompadour » et « George Sand », bénéficient d'une décoration des plus raffinées. Ambiance châtelaine également au salon, dans la bibliothèque (billard) et la salle à manger rehaussée d'une magnifique fresque romaine. Et pour parfaire ce tableau « grand style », un jardin à la française vient clore la cour d'honneur.

Marcel Diard von Nunhold
5 chambres : 145-260 €.
28500 Vert-en-Drouais.
Tél. 02 37 82 85 06. www.chateau-de-marsalin.com
Table d'hôte : 70 €. CB acceptée. Chiens interdits.
Fermé vacances de février.

Pour les amateurs d'art

▶ À Dreux, la Chapelle Royale abrite les sépultures de la Famille d'Orléans.

On reviendra pour

▶ Les ateliers organisés et encadrés par Armelle-Patricia (titulaire d'un diplôme de gastronomie française) : cours de cuisine et pâtisserie, mais aussi arts de là table et accords « mets et vins ».

Le Petit Manoir des Bruyères

VILLEFARGEAU

BOURGOGNE - CENTRE

Monique et Pierre Joullié
5 chambres : 130-220 €.
Les Bruyères – 89240 Villefargeau.
Tél. 03 86 41 32 82.
www.petit-manoir-bruyeres.com
Table d'hôte : 40 €. CB acceptée. Anglais, italien parlés. Chiens interdits. Ouvert toute l'année.

AVEC SON JOLI PARC VERDOYANT posé à l'orée du bois, ce manoir aux tuiles vernissées constitue un petit havre de paix en terre bourguignonne. Les propriétaires étaient autrefois directeurs de théâtre et cela se voit. À commencer dans les chambres qu'ils ont réellement mises en scènes. La «Suite royale Montespan» (plafond à la française, tissu tendu sur les murs et lit coiffé d'une coupole aux anges peints) comprend un salon de musique du 18ᵉ s. et une salle de bains grand luxe, en marbre blanc de Chypre. «Sévigné» n'est pas en reste avec son étonnante salle de bains chinoise rouge et or. Baldaquin, plafond à caissons et tissus réalisés d'après un carton du 18ᵉ s. font le cachet de «La Vallière»... Ici on soigne le détail jusque sur la table d'hôtes (proposée uniquement sur demande) : vaisselle en fine porcelaine, cristal St-Louis et bouquets de fleurs fraîches. Une richesse décorative omniprésente frisant parfois l'exubérance et le kitsch, mais une vraie personnalité !

On reviendra pour

▶ **Les promenades organisées par Pierre :** cueillette de champignons, muguet et jonquilles en forêt bourguignonne.

Pour les épicuriens

▶ **À Toucy se déroule tous les samedis matin un marché réputé dans toute la région, et même au-delà. On y trouve des produits du terroir de grande qualité.**

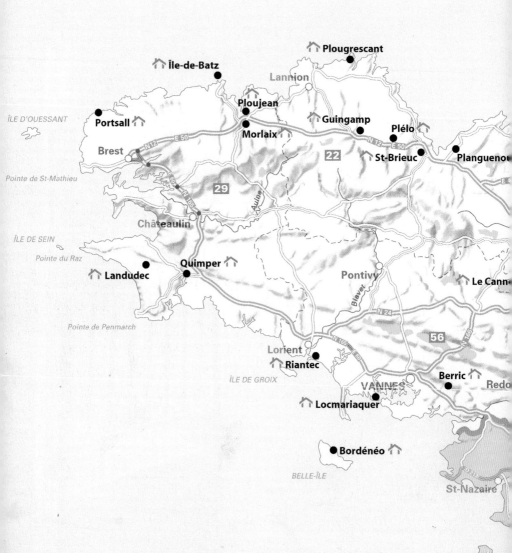

0   35 km

Plougrescant

Île-de-Batz

Lannion

Ploujean

ÎLE D'OUESSANT

Portsall

Guingamp

Morlaix

Plélo

St-Brieuc

Brest

Plangueno

Pointe de St-Mathieu

22

Châteaulin

29

Aulne

ÎLE DE SEIN

Pointe du Raz

Quimper

Pontivy

Le Cann

Landudec

Pointe de Penmarch

Blavet

N 24

56

Lorient

Riantec

ÎLE DE GROIX

VANNES

Berric

Redo

Locmariaquer

Bordénéo

BELLE-ÎLE

St-Nazaire

ÎLE DE
NOIRMOUTIER

Bretagne

« L'ossature vigoureuse de cette côte mangée de grottes apparaît, avec ses grèves mollement tendues de pointe à pointe comme des hamacs, avec les rides blanches, les festons de ses vagues soudain si lentes et comme engluées sur les fonds transparents. »

Julien Gracq, *Un beau ténébreux*

Le Château de la Ballue

Marie-Françoise Mathiot-Mathon
5 chambres : 170-290 €.
35560 Bazouges-la-Pérouse.
Tél. 02 99 97 47 86. www.la-ballue.com
CB acceptée. Ouvert toute l'année.

On reviendra pour

▶ Le superbe parc à la française, labellisé « Jardin remarquable », accueille de nombreuses manifestations : Journées Européennes du Patrimoine, les Musicales de la Ballue, Rendez-vous aux Jardins.

S'il fait beau

▶ Une promenade en carriole autour du Mont-Saint-Michel vous permettra de découvrir – ou de redécouvrir – de façon originale la célèbre ville historique.

C E CHÂTEAU DU **16ᵉ S.** inscrit aux Monuments historiques surplombe un jardin labellisé « remarquable ». Empruntez les allées vallonnées, entre ifs noirs, glycines et troènes, perdez-vous dans ce labyrinthe, laissez-vous surprendre par l'intelligence de ses constructions géométriques et les sculptures contemporaines cachées ici et là. À l'intérieur de la demeure, vous ne serez pas déçus : les salons ressuscitent l'esprit de la Renaissance italienne, tandis que les chambres optent pour un style très 18ᵉ s. Boiseries Louis XV, lits à baldaquin et tapisseries se marient avec bonheur aux admirables meubles anciens (à voir : la salle de bains-gloriette de la chambre « Florence »). Endormez-vous sereinement en pensant aux hôtes prestigieux qui séjournèrent avant vous en ces murs : Victor Hugo, Honoré de Balzac, Alfred de Musset, François-René de Chateaubriand…

Le Moulin du Bois

BERRIC

A U BOUT DU CHEMIN qui traverse la forêt et longe un étang, c'est la nature à l'état pur ! Un bief coule en cascade et continue d'entraîner la grande roue en bois de ce moulin à eau du 17ᵉ s. Poussez la porte de cette bâtisse en granit aux volets bleus et appréciez l'atmosphère des lieux : ici, tout n'est que convivialité et douceur. Salon de lecture, home cinéma, canapés tout confort… Une véritable invitation à la détente ! On retrouve dans les chambres ce climat propice au repos et à la rêverie. Un petit faible pour «Au nom de la rose», si romantique avec son baldaquin improvisé qui descend des poutres. Dans le jardin, toboggans et balançoires font le bonheur des petits tandis que boules et jeu de croquet raviront les plus grands, à moins qu'ils ne préfèrent simplement se prélasser sur une chaise longue, au bord de la grande piscine chauffée. N'oubliez pas, lors de votre séjour, d'aller donner quelques morceaux de pain aux deux ânes qui se promènent en liberté.

Pascale et Thierry Goujon
3 chambres : 84-110 €.
56230 Berric.
Tél. 02 97 67 04 44. www.moulindubois.com
Table d'hôte : 40 €-50 €. CB acceptée. Anglais parlé.
Chiens interdits. Ouvert toute l'année.

109

BRETAGNE

On reviendra pour

▶ **Les promenades en sous-bois ou en bateau sur l'étang, et les parties de pêche dans la rivière (première catégorie, avec permis).**

Pour les curieux

▶ **Découvrez les dinosaures au Parc de la Préhistoire : trente scènes grandeur nature retracent 350 millions d'années de vie sur terre. Parcourez les remparts de Vannes, érigés sur des vestiges gallo-romains.**

Château de Bordénéo

BORDÉNÉO

QUE DE CHARME dans cette gentil-hommière de 1876 et son grand jardin clos planté de palmiers et arbres exotiques! À l'intérieur, selon les fantaisies rénovatrices de Jean-Luc Duplessy, le contemporain et l'ancien se côtoient avec élégance. La piscine a pris place au milieu d'un salon mouluré agrandi d'une véranda et les salles de bains rétro ne manquent pas de cachet. Les chambres («Blanc pourpre», «Pivoine», «Eucalyptus», etc.) décorées dans les tons clairs avec leur confortable mobilier chiné et leurs aménagements très complets, n'ont qu'un seul but : garantir un séjour cent pour cent détente. «Cèdre» et «Terre d'Ocre» disposent chacune d'une délicieuse terrasse privative. Françoise, soucieuse du bien-être de ses hôtes, peut organiser certaines activités comme une thalassothérapie, une sortie en mer ou des séances de massages ou de biokinergie. Une jolie et paisible galerie abrite l'espace petit-déjeuner.

Jean-Luc et Françoise Duplessy
5 chambres : 122-184 €.
Bordénéo – 56360 Le Palais.
Tél. 02 97 31 80 77. www.chateau-bordeneo.fr
CB acceptée. Anglais parlé. Ouvert toute l'année.

On reviendra pour

▶ **Découvrir les nombreuses expositions permanentes de peintres locaux, avec Gérard Tréméac et l'Atelier d'Anna. Les séances de massages réalisées par un véritable thérapeute.**

S'il fait beau

▶ **Belle-Île-en-Mer propose de nombreuses activités : golf, location de bateaux à moteur, voiliers, vélos, etc., balades le long de la côte et thalassothérapie. En été, ne manquez pas le Festival Lyrique-en-Mer.**

Le Manoir des Douets Fleuris

CANCALE

BRETAGNE

On reviendra pour

▶ Le petit-déjeuner et ses bons produits bretons, servi au coin du feu l'hiver ou en terrasse l'été. Le salon et sa petite boutique éclectique.

Pour les épicuriens

▶ Dégustation d'huîtres sur le port de Cancale, et promenade digestive le long de la côte d'Émeraude, obligatoirement !

Myriam Cerasy
5 chambres : 79-130 €.
35260 Cancale.
Tél. 02 23 15 13 81.
www.manoirdesdouetsfleuris.com
CB acceptée. Fermé en janvier.

LA CONSTRUCTION DE CE MANOIR remonte au 17ᵉ s., mais il appartient à la famille de Myriam Cerasy depuis cinq générations. Cette amoureuse des vieilles pierres a pieusement conservé l'âme de la demeure, lui donnant cette délicieuse atmosphère d'autrefois qui fait que l'on se sent parfaitement bien ici. Notamment dans la salle des petits-déjeuners coiffée d'un plafond à la française et agrémentée d'une imposante cheminée. Trois superbes escaliers anciens desservent les chambres et les suites. Spacieuses et confortables, elles se révèlent très douillettes : Myriam a apporté un soin tout particulier à leur décoration, subtil mélange de moderne et d'ancien. Détail original : le salon d'accueil fait également boutique. Pratiquement tout y est à vendre : vaisselle, mobilier, confitures et produits locaux... Faites votre choix ! Quant au jardin, fleuri et paisible, il abrite une mare où s'ébattent de nombreuses espèces d'oiseaux.

La Corne de Cerf

LE CANNÉE

Robert et Annie Morvan
3 chambres : 47-55 €.
Le Cannée – 35380 Paimpont.
Tél. 02 99 07 84 19.
Chiens interdits. Fermé janvier.

On reviendra pour

▶ **Le petit-déjeuner cent pour cent bio avec pain, brioches et confitures tous faits maison. Le jardin romantique.**

A U CŒUR DE LA MYTHIQUE FORÊT de Brocéliande, cet ancien bistrot-épicerie du 19ᵉ s. retrouve animation et vie grâce à Annie et Robert Morvan. Avec l'aide de leur fille Nolwen, ce couple de retraités a rénové l'ensemble dans un esprit « maison d'artiste » et met beaucoup de cœur à rendre votre séjour aussi agréable que possible. Il règne une véritable sérénité partout, à commencer par le parc parfaitement entretenu, où prend place un petit jardin japonais. Les chambres, lumineuses et printanières, se parent de meubles d'esprit Art déco et de couleurs variées : bleu pour « Éméraldine » (entièrement décorée par Nolwen), jaune pour « Amarylis » et vert pour « Olivine ». Un salon et une bibliothèque sont également à votre disposition. Annie confectionne elle-même le pain, les brioches et les confitures maison du petit-déjeuner, le tout cent pour cent bio ! À déguster sur la paisible terrasse, avant de partir sur les traces du Roi Arthur…

Pour les curieux

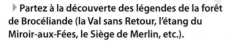

▶ **Partez à la découverte des légendes de la forêt de Brocéliande (la Val sans Retour, l'étang du Miroir-aux-Fées, le Siège de Merlin, etc.).**

La Demeure

C E SOIR, vous allez passer la nuit au poste ! Enfin, pas vraiment, puisque cette maison de maître du 18ᵉ s., reconvertie pendant un temps en gendarmerie, n'abrite plus les forces de l'ordre mais les hôtes de passage depuis 1992... Et dans un cadre véritablement enchanteur : mobilier de style, boiseries peintes, parquets anciens et cheminées en marbre se marient ici uniquement pour le meilleur. En duplex, la délicieuse « Tourelle » offre le confort d'un vrai petit appartement avec cuisinette, salon et salle de bains (détail de charme : la maquette de bateau suspendue aux poutres). « Pimprenelle » mélange avec brio éléments contemporain, boutis, coussins en toile de Jouy et rideaux en taffetas. « Anne de Bretagne » flamboie avec son salon où le rouge domine. La fille des propriétaires, qui a repris depuis peu l'exploitation, se passionne pour sa « Demeure » et cela se voit, tellement on s'y sent bien. En prime : un coquet jardin intérieur encerclé de remparts.

Famille Solo
7 chambres : 66-139 €.
5 rue Général de Gaulle – 22200 Guingamp.
Tél. 02 96 44 28 53. www.demeure-vb.com
CB acceptée. Anglais, allemand parlés.
Chiens interdits. Fermé en janvier.

113

BRETAGNE

On reviendra pour

▸ **Les séjours découverte entre Argoat (le Pays des Bois, en breton) et Armor (le Pays de la Mer), avec cartes détaillées, itinéraires et informations touristiques. L'espace hammam, avec douche massante.**

Amoureux des vieilles pierres

▸ **Visitez Guingamp, riche de cinq siècles d'architecture et premier prix des villes fleuries des Côtes-d'Armor. À voir : le château, la basilique et la place.**

Château du Pin

CONSTRUITE EN **1795** sur les terres d'une ancienne seigneurie, cette maison de maître trouve sa place dans un domaine de 9 ha comprenant également un pigeonnier et une chapelle. En la rénovant, Catherine et Luc ont voulu dédier leur demeure à l'art et à la littérature. De nombreuses œuvres peintes par Catherine elle-même ornent les murs du boudoir et du salon, très cosy. Ce dernier abrite aussi une bibliothèque et un billard français. De quoi passer d'agréables moments de détente au coin du feu si le soleil se fait timide. Les chambres, qui portent toutes le nom d'un écrivain, présentent une ravissante décoration inspirée par le 19ᵉ s. Joli mobilier chiné et teintes douces (un peu plus soutenues dans la chambre «Victor Hugo») se marient avec bonheur et créent une atmosphère romantique et raffinée. Toutes les fenêtres s'ouvrent sur le parc aux arbres tricentenaires… Une certaine idée de l'art de vivre à la française mêlant sérénité, poésie, littérature et ambiance familiale.

On reviendra pour

▶ **Découvrir la collection de tableaux peints par Catherine, une artiste passionnée par la littérature et le graphisme.**

Luc et Catherine Ruan
5 chambres : 85-130 €.
35750 Iffendic.
Tél. 02 99 09 34 05.
www.chateaudupin-bretagne.com
CB acceptée. Anglais parlé. Chiens interdits.
Ouvert toute l'année.

S'il fait beau

▶ **Parcourir la forêt de Brocéliande et tenter d'en percer ses légendes. Il paraît que les boussoles perdent le Nord du côté du Val sans Retour… mythe ou réalité ?**

Ti Va Zadou

ÎLE DE BATZ

Marie-Pierre Prigent
4 chambres : 40-60 €.
au bourg – 29253 Île-de-Batz.
Tél. 02 98 61 76 91.
Chiens interdits. Ouvert 7 février-10 novembre.

BIEN AVANT DE DÉBARQUER À BATZ, on aperçoit la façade aux volets bleus de cette jolie maison bretonne. Quelques minutes de marche et on pousse la porte de cette adresse hors-norme tenue par une famille particulièrement chaleureuse. Marie-Pierre vous dira qu'elle vit ici depuis son enfance et, si vous prenez le temps, elle vous racontera sûrement de nombreuses anecdotes liées à l'île… Voilà pour l'ambiance. Et pour le cadre ? Du cent pour cent régional avec un authentique mobilier traditionnel – dont un beau vaisselier breton – dans le salon de lecture (cheminée) et la salle des petits-déjeuners. Influence marine dans les chambres : le bleu coule à flot sur les meubles, les murs, les tissus et les voilages. Coquettes, gaies et impeccables, elles offrent en plus une vue exceptionnelle sur le port, un chapelet d'îlots et le continent. Pour compter parmi les privilégiés qui connaissent Ti Va Zadou, pensez à réserver à l'avance…

On reviendra pour

▶ L'ambiance typiquement bretonne de la maison, entretenue par les sœurs Prigent, et les vélos en location pour partir à la découverte de l'île.

S'il fait beau

▶ L'Île de Batz et ses paysages de roches déchiquetées, de dunes et de cordons de galets. Les champs de primeurs et d'herbes aromatiques. Le jardin exotique Georges Delaselle.

Château du Guilguiffin

GUILGUIFFIN COMPTE PARMI les châteaux les plus originaux que l'on puisse voir en Bretagne. On remarque tout de suite les trois enceintes concentriques ornées de piliers décoratifs orientalisants qui forment la cour. On doit cette extravagance à l'architecte Nicolas Pochic amoureux des Indes et chargé par le Marquis de Ploeuc (propriétaire des lieux au 18ᵉ s.) de transformer la forteresse en résidence de chasse. On pourrait conter bien d'autres histoires sur ce domaine resté dans la même famille depuis cinq générations, mais son propriétaire Philippe Davy s'en chargera sûrement… Le reste de la propriété mérite une visite. Somptueux jardins de rhododendrons, jonquilles et azalées (40 ha), chambres très raffinées, dotées de rares meubles ancestraux et agrémentées de touches originales (une salle de bains entièrement décorée d'une fresque, une autre tout en courbes), magnifiques pièces de réceptions et escalier à double révolution avec sa rampe 18ᵉ s. classé. Un château, un vrai.

Philippe Davy
4 chambres : 135-170 €.
29710 Landudec.
Tél. 02 98 91 52 11. www.guilguiffin.com
CB acceptée. Fermé 15 novembre-20 décembre
et 5 janvier-1ᵉʳ février.

On reviendra pour

▶ L'immense jardin du château à parcourir à pied ou à cheval, fleuri de rhododendrons, jonquilles, hortensias, et azalées. Le puit devant la terrasse (presque 1000 ans !) et le pigeonnier à 640 boulins.

Pour les curieux

▶ Le port-musée de Douarnenez propose des expositions autour du monde de la navigation, ainsi qu'une collection de bateaux visitables, amarrés dans le port.

La Troque Toupie

Catherine Le Rouzic
5 chambres : 61-69 €.
56740 Locmariaquer.
Tél. 02 97 57 45 02.
http://monsite.orange.fr/troqtoup
Anglais parlé. Chiens interdits.
Ouvert de mi-mars à mi-novembre.

On reviendra pour

▸ **Les moments de détente face aux îles du golfe du Morbihan, dans les transats du jardin.**

S
UIVEZ LE PETIT CHEMIN qui longe la côte pour rejoindre cette maison récente aux volets bleu ciel. À l'intérieur, les propriétaires ont opté pour une certaine simplicité oscillant entre tradition et modernité, mais sans se départir d'un certain confort. Pour faire une pause, on s'attarde dans ce canapé face à la cheminée où on observe, derrière la baie vitrée, le va-et-vient animé des pontons ostréicoles. Les chambres, de bonne taille, se trouvent à l'étage. Côté décor : tons pastel avec meubles en bois peint ou verni selon les pièces, tapis en coco, tissus assortis et çà et là, un cadre pour habiller les murs. L'atout supplémentaire de l'adresse : le grand jardin paysager et ses transats. On y profite d'une jolie vue sur les îles du golfe, surtout le matin aux premiers rayons de soleil. Les marcheurs emprunteront les sentiers de randonnée qui passent à proximité.

Amoureux des vieilles pierres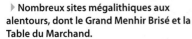

▸ **Nombreux sites mégalithiques aux alentours, dont le Grand Menhir Brisé et la Table du Marchand.**

Manoir de Coat Amour

Stafford et Jenny Taylor
6 chambres : 72-113 €.
route de Paris – 29600 Morlaix.
Tél. 02 98 88 57 02. www.gites-morlaix.com
Table d'hôte : 32-47 €. CB acceptée.
Chiens interdits. Ouvert toute l'année.

On reviendra pour

▶ Le charme des chambres, cossues et garnies de beaux meubles d'antiquaires.

Pour les sportifs

▶ Randonnées pédestres ou à vélo dans les Monts d'Arrée, dans le Parc National d'Armorique, célèbre pour sa faune et sa flore.

CETTE MAISON DU 19ᵉ s. aux faux airs de malouinière est un vrai havre de tranquillité dominant Morlaix. Jenny et Stafford Taylor, un sympathique couple britannique, reçoivent les hôtes de passage dans des chambres très cosy, portant les noms des propriétaires successifs du manoir. Couleurs choisies, mobilier ancien chiné ici et là, toile de Jouy pour « Dulong de Rosnay » et « Alain Quintin », baldaquin et tons chauds dans la « Général Maxime Weygand »… Toutes ont vue sur le parc de 4,5 ha joliment fleuri et arboré. Deux chambres communicantes sont spécialement prévues pour les enfants. Un salon avec une bibliothèque bien fournie complète l'ensemble. Notez également la présence de deux gîtes dans le parc, non loin de la piscine et de la charmante petite chapelle. L'un peut héberger jusqu'à sept personnes et l'autre, plus petit, fera le bonheur d'un couple. Repas possibles le soir, sur réservation uniquement.

Manoir de la Hazaie

PLANGUENOUAL

BRETAGNE

À QUELQUES KILOMÈTRES seulement de la Côte d'Émeraude, ce bel ensemble comprenant un manoir du 16e s. et un moulin du 18e s. semble oublié du temps qui passe, tant ses propriétaires, Jean-Yves et Christine Marivin, l'entretienne avec passion. Cheminée en granit, baldaquins, ciels de lit et jardin médiéval (fruits et légumes d'antan) vous feront traverser les siècles. Un clavecin attend même les mélomanes dans le salon de musique. Le confort moderne ne manque pas pour autant : baignoires « balnéo » dans toutes les salles de bains, piscine, etc. Christine et Jean-Yves proposent des forfaits incluant l'hébergement et une activité, comme le golf ou la promenade en mer. Avec la formule « Tradition », partez à la chasse à courre, accompagné d'une meute d'une centaine de chiens. « l'Art de vivre au château », orienté cuisine régionale, présente un dîner aux chandelles sur place et un autre repas dans un restaurant gastronomique.

Jean-Yves et Christine Marivin

5 chambres : 130-240 €.
22400 Planguenoual.
Tél. 02 96 32 73 71. www.manoir-hazaie.com
CB acceptée. Anglais parlé. Chiens interdits.
Ouvert toute l'année.

On reviendra pour

▸ **Les forfaits découverte : Chasse à courre du cerf, promenade en mer, gastronomie locale.**

Pour se détendre

▸ **La station balnéaire de Pleneuf-Val-André, avec son microclimat, est un lieu incontournable de la côte d'Émeraude : voile, promenades en mer et sentiers de randonnée.**

Au Char à Bancs

Famille Lamour
5 chambres : 59-66 €.
22170 Plélo.
Tél. 02 96 74 13 63. www.aucharabanc.com
CB acceptée. Chiens interdits. Fermé janvier.

On reviendra pour

▶ Le grand calme de la campagne et l'extraordinaire convivialité de cette affaire familiale. La boutique de brocante et la fameuse potée cuite pendant de longues heures dans la cheminée…

S'il fait beau

▶ Promenades sur la rivière ou en poney, découverte des animaux de la ferme, élevés en plein air.

TOUS LES PLAISIRS de la vie campagnarde vous attendent dans cet ancien moulin à farine du 17ᵉ s. Vous dormirez dans de belles chambres cosy, coiffées de charpentes en bois et envahies de divers objets traditionnels… Une ambiance et du caractère à revendre. Mais en séjournant ici, vous apprendrez très rapidement que le Char à Bancs c'est avant tout une histoire de famille : parents et enfants s'impliquent dans l'affaire, et chacun a sa fonction. Aux premières heures du jour, le père prépare l'incontournable potée bretonne (avec les légumes du jardin et le porc élevé à la ferme), dans la grande cheminée de la salle à manger. Un des fils s'occupe de l'exploitation agricole, les filles assurent le service et la préparation des crêpes. Ne manquez pas non plus la visite de l'auberge ou du magasin de brocante… Cette adresse – véritable institution dans la région – est une illustration exemplaire du concept de «tourisme vert», si cher à la famille Lamour…

Manoir de St-Meleuc

PLEUDIHEN-SUR-RANCE

Éric et Brigitte Tschamper
4 chambres : 95-205 €.
St-Meleuc – 22690 Pleudihen-sur-Rance.
Tél. 02 96 83 34 26.
www.manoir-de-saint-meleuc.com
CB acceptée. Ouvert toute l'année.

CONSTRUIT EN **1420** par le templier Guillaume de Saint-Meleuc, ce manoir trouve place dans un parc de 2,5 ha. Il se dégage de son architecture typiquement bretonne avec ses murs en vieilles pierres une indéniable authenticité. S'il ne subsiste que quelques vestiges des douves qui entouraient le domaine, certaines dépendances comme le pigeonnier et ses 450 boulins ont encore fière allure. À l'intérieur, le salon abrite une imposante cheminée et communique avec une grande pièce ornée de pierres et poutres apparentes. C'est là que Brigitte et Eric servent de copieux petits-déjeuners sur une table en granit. Un bel escalier en bois mène aux chambres, toutes décorées de manière différente, mais offrant toujours un plaisant mariage entre ambiance médiévale et confort actuel. Vous aurez sûrement un faible pour «Brocéliande» ou «Templiers», avec leurs cheminées et lits à baldaquin. «Marie-Céleste» et «Pastorale», aménagées sous les toits, exposent de jolies charpentes.

On reviendra pour

▶ **Décompresser lors d'une séance de massage relaxant, thaïlandais ou harmonisant.**

S'il fait beau

▶ **Plongez dans l'atmosphère médiévale du vieux Dinan, ses maisons à pans de bois avec leurs étages en encorbellement.**

Manoir de Kergrec'h

BRETAGNE

122

Vicomte de Roquefeuil
8 chambres : 100-110 €.
22820 Plougrescant.
Tél. 02 96 92 59 13. www.manoirdekergrech.com
CB acceptée. Anglais parlé. Ouvert toute l'année.

À PLOUGRESCANT, contournez la pittoresque chapelle de Saint-Gonéry par la droite, continuez sur un kilomètre pour arriver au Manoir de Kergrec'h. Construit au 17e s. pour y loger les évêques de Tréguier, il appartient à la famille de Roquefeuil depuis quatre générations maintenant. L'intérieur conserve quelques beaux éléments architecturaux d'époque comme son bel escalier en pierre ou l'imposante cheminée de la salle à manger. Dans les chambres, les propriétaires ont opté pour un mobilier ancien qui contribue à renforcer la noblesse de ces murs séculaires. Le matin, ne ratez pas le délicieux petit-déjeuner maison, composé de crêpes, far aux abricots et autre kouign amann (ce fameux gâteau riche en bon beurre breton, un délice !)… Les onze hectares du parc s'étendent jusqu'à la mer et l'on rejoint la côte par une ancienne allée charretière, croisant en chemin les pépinières de l'exploitation horticole du domaine.

On reviendra pour

▸ Le petit-déjeuner typiquement breton (crêpes, kouign amann, far aux abricots). La visite de l'exploitation horticole du domaine.

S'il fait beau

▸ Les promenades le long des plages de la Côte de granit rose : le GR34 passe juste en dessous du parc du manoir.

Manoir de Roch ar Brini

COUP DE FOUDRE ASSURÉ pour ce superbe manoir en granit couvert de vigne vierge dominant la rivière marine de Morlaix. Construit en 1875 par l'armateur Édouard Corbière, il appartient aujourd'hui à la famille Delaisi qui vous reçoit ici comme des amis. Les tout-petits adoreront partir à la recherche du chien Méli ou du bouc Domino, dans le parc aux arbres centenaires. À moins qu'ils ne préfèrent s'inventer une chasse au trésor dans la maison, avec les enfants d'Armelle et Étienne… Et vous laisser tout le temps de découvrir les nombreux atouts de cette belle demeure. A commencer par le salon doté d'une cheminée et l'élégante salle à manger bourgeoise. Puis les belles chambres, dont une suite, où l'on entretient discrètement mais précieusement le souvenir du fondateur. Matériaux nobles, meubles et objets anciens, tissus assortis et couleurs tendres composent un cadre confortable et vraiment cosy. Du charme à revendre !

On reviendra pour

▸ L'esprit romantique qui se dégage de la demeure, construite par Édouard Corbière, écrivain, armateur et père de Tristan Corbière, « poète maudit » révélé par Paul Verlaine.

Amoureux des vieilles pierres

▸ La ville médiévale de Morlaix, ses maisons à pans de bois, son port et sa baie. Les enclos paroissiaux : église, ossuaire et calvaire à Guimiliau, Lampaul-Guimiliau, Saint-Thégonnec, Sizun ou encore Pleyben.

Étienne et Armelle Delaisi
3 chambres : 70-85 €.
Ploujean – 29600 Ploujean.
Tél. 02 98 72 01 44. www.brittanyguesthouse.com
Chiens interdits. Ouvert toute l'année.

La Demeure Océane

Louis Cabon
7 chambres : 55-70 €.
20 rue Bar Al Lan – 29830 Portsall.
Tél. 02 98 48 77 42. www.demeure-oceane.fr
CB acceptée. Chiens interdits.
Ouvert de mars à octobre.

L OUIS VOUS REÇOIT comme des amis dans sa jolie maison du 19e s. qui surplombe le petit port de Portsall et l'océan Atlantique. Chaque pièce invite à s'attarder : le salon-véranda, très cosy et largement ouvert sur le jardin fleuri, la salle à manger « so british » avec son ambiance feutrée, ses meubles acajou et les nombreux souvenirs de famille… Idéale à l'heure du thé ! Les chambres ne sont pas en reste côté charme. La décoration y est parfois sobre, mais toujours étudiée et sans fausse note ! Difficile de choisir entre la bien nommée « Côté Jar-din » et son ambiance campagnarde, l'adorable « Violette » et ses tons vieux rose, la fraîcheur printanière de « Jeanne Victor », l'intérieur façon bateau de « Marine » ou la très rouge – et forte en caractère – « Napoléon ». Toutes, sauf la première, ont vue sur la mer. Également deux duplex (décor rococo ou nautique) pour les séjours familiaux. Une adresse à ne pas rater, tout simplement !

On reviendra pour

▶ **L'ambiance chaleureuse que dégage la demeure (vieilles photos de famille, bibelots, pendule et chandeliers en marbre, tissus, voilages et linge de lit en toile de Jouy).**

S'il fait beau

▶ **Balades à pied ou à vélo sur le GR 34, escapades vers les îles d'Ouessant et de Molène, voile, plongée et golf.**

Le Logis du Stang

Annie Hervé
3 chambres : 49-80 €.
allée de Stang-Youen – 29000 Quimper.
Tél. 02 98 52 00 55. www.logis-du-stang.com
CB acceptée. Anglais, espagnol parlés.
Chiens interdits. Fermé 20 décembre-5 février.

S'il fait beau

▶ La plage, les sorties en bateau à marée haute, la pêche à pied à marée montante. La visite de Quimper, ses faïenceries, ses musées, sa cathédrale et son architecture.

On reviendra pour

▶ Le petit-déjeuner typiquement breton et les conseils d'Annie en matière de promenade aux alentours, à pied ou en VTT.

À SEULEMENT CINQ MINUTES de la capitale de la Cornouaille, ce manoir du 19ᵉ s. se fait discret derrière les hauts murs de pierre de son jardin clos aux mille senteurs. Herbes médicinales et aromatiques, condiments, fleurs et arbres fruitiers distillent des parfums de menthe poivrée, de basilic, de coriandre ou de rose... Envoûtants et sublimes. Ici, on rend hommage à la nature jusque dans les chambres baptisées de noms de plantes. Réel coup de cœur pour «Hysope» installée dans le manoir : sa déco façon maison de famille et son vieux poêle séduisent au premier regard. «Mélisse» et «Pimprenelle», logées dans l'ex-étable, sont plus sobres (tons bleu pastel pour l'une, motifs à fleurs pour l'autre, mezzanines dans les deux), mais se révèlent tout aussi délicieuses. Pour ne rien gâcher, Annie vous reçoit comme des rois au pays des druides et vous propose un dernier plaisir après une nuit sereine : un petit-déjeuner... typiquement breton, évidemment !

La Chaumière de Kervassal

On reviendra pour

▶ Les petits-déjeuners aux allures de festins bretons : far, crêpes, cake, pain perdu et confitures maison.

ETTE ANCIENNE FERME DU 17ᵉ S., parfaitement restaurée, vous plaira tout d'abord par sa situation très tranquille, dans un lieu-dit perdu en pleine campagne. Son toit de chaume et ses murs en pierres de pays, comme enchâssés dans un écrin de nature fleurie et verdoyante, finiront de vous séduire. Maya, l'heureuse propriétaire, vous reçoit très chaleureusement et vous invite à découvrir sa maison en commençant par le salon-cheminée. Mobilier de style et tissus choisis pour une décoration élégante et gaie : on compte presque autant de fleurs que dans le jardin ! À l'étage ou dans la remise, les chambres suivent globalement la même tendance, même si chacune possède sa touche personnelle. « Topaze » et « Saphir », en partie mansardées, conjuguent coloris assortis et poutres apparentes. Notez que la suite « Diamant », très lumineuse grâce à sa grande baie vitrée, bénéficie d'une terrasse et d'un jardinet privatifs… À réserver en priorité !

Pour les curieux

▶ Visitez la Thalassa, un navire océanographique qui coule une retraite paisible dans le port de Lorient.

Maya Watine
3 chambres : 69-100 €.
56670 Riantec.
Tél. 02 97 33 58 66. www.tymaya.com
Anglais, espagnol, portugais parlés.
Chiens interdits. Ouvert d'avril à mi-octobre.

La Maison du Phare

St-Brieuc

Sophie et Mathieu Aumont
5 chambres : 80-110 €.
93 rue Tour – 22000 St-Brieuc.
Tél. 02 96 33 34 65. www.maisonphare.com
Chiens interdits. Ouvert toute l'année.

ADOSSÉE À LA FALAISE, cette ancienne maison d'armateur regarde la mer et la vieille tour de Cesson. Réhabilitée et entièrement rénovée, elle offre aujourd'hui la promesse d'un séjour confortable tout en ayant conservé son cachet aristocratique, comme en témoignent le plafond à la française de la salle de petit-déjeuner et ceux des chambres, moulurés. Celles-ci bénéficient toutes d'une belle vue sur le port, de literies confortables et d'une bonne insonorisation. Meubles chinés, tableaux et photos du temps jadis confèrent à l'ensemble beaucoup de charme. « Les Héaux de Bréhat » et « La Pointe Saint-Mathieu » jouissent de terrasses privatives idéales pour un moment de repos ou de concentration, si vous avez décidé de travailler un peu… Quand arrive l'heure du repas, faites donc un tour Aux Pesked, le restaurant également tenu par Sophie et Mathieu. Vous y dégusterez une cuisine riche et variée, faisant la part belle aux produits de la mer.

On reviendra pour

▶ Le calme des petites terrasses privatives, côté falaise, et la vue splendide sur la mer, côté port.

S'il fait beau

▶ De nombreuses plages de sable fin vous raviront dans la baie de Saint-Brieuc. Au bois de Plédran : parcours d'orientation, parcours de santé et espace ludique pour les enfants, dans le respect de la nature.

La Haye d'Irée

BRETAGNE

Jean-Louis Leschevin de Prevoisin
4 chambres : 65-115 €.
35560 St-Rémy-du-Plain.
Tél. 02 99 73 62 07. www.chateaubreton.com
Table d'hôte : 25 €. CB acceptée.
Anglais, italien parlés. Chiens interdits.
Ouvert d'avril à octobre.

C E MANOIR CONSTRUIT AU DÉBUT DU 18ᵉ s. sur un vieux site gallo-romain appartient à la famille Leschevin de Prévoisin depuis 1837. L'immense parc de 180 ha comprend un parterre d'ifs plantés à la fin du 16ᵉ s., un étang, une piscine et un jardin agrémenté d'une roseraie. Le hall d'entrée donne sur un salon de caractère doté d'une imposante cheminée en pierre et sur une grande salle décorée de tableaux et tapisseries. Les connaisseurs remarqueront la table de snooker (variante du billard). Dans la salle à manger une fresque de style naïf représente la propriété et son étang. Les chambres, spacieuses et bien isolées, sont meublées d'ancien : trois d'entre elles adoptent un style Louis XVI (beau ciel de lit dans la « Suite du Cardinal »), tandis que la chambre « du Marquis » – la plus grande et probablement la plus belle – offre une décoration Haute Époque. Également, un gîte à disposition, aménagé dans les écuries.

On reviendra pour

▶ **Flâner dans le grand parc, parmi les ifs séculaires et au bord de l'étang.**

S'il fait beau

▶ **On visitera la puissante forteresse de Combourg, ancienne demeure de Chateaubriand.**

Le Mesnil des Bois

LE TRONCHET

REMARQUABLEMENT RESTAURÉ jusqu'au moindre rebord de fenêtre, ce beau manoir du 16ᵉ s. a fière allure dans son jardin resplendissant. Comme si les années avaient glissé sur lui, emportant avec elles l'histoire de la famille du corsaire Surcouf, qui vécut ici deux siècles durant. On peut voir ici et là des gravures et des objets leur ayant appartenu. L'ensemble de la maison respire aujourd'hui le calme et la sérénité grâce à une déco mêlant avec goût l'ancien et le moderne. Salon très chaleureux avec une bibliothèque abondamment garnie. Les chambres, très réussies dans leur style campagnard chic, sont dédiées aux arbres rois des forêts («Orme», «Frêne», «Hêtre», «Chêne») : meubles de famille ou chinés chez les antiquaires, jolis lavabos et baignoires rétro, poutres et lambris patinés s'harmonisent avec bonheur. «Charme» occupe une dépendance ayant pignon sur la verdure. Petits-déjeuners raffinés et délicieux.

Martine Villette
5 chambres : 90-120 €.
35540 Le Tronchet.
Tél. 02 99 58 97 12. www.le-mesnil-des-bois.com
Chiens interdits.
Fermé de mi-novembre à fin février.

On reviendra pour

▸ Dormir dans la chambre de… Surcouf !

Pour les curieux

▸ Le Mont-Saint-Michel, Saint-Malo et ses remparts, Cancale, Dinard, Dinan et Dol-de-Bretagne. L'abbaye du Tronchet, datant du 17ᵉ s.

Grand Est

« Cette nuit, la neige est tombée pendant des heures. Je l'entendais tandis que je cherchais dans mon lit le sommeil. Ou en tout cas j'entendais son silence, et je devinais derrière les volets mal clos sa blancheur envahissante, qui gagnait en force d'heure en heure. »

Philippe Claudel, *Les âmes grises*

Château Andelot

POUR UN VOYAGE À TRAVERS LES SIÈCLES, rendez-vous dans ce château fort du 12ᵉ s. qui domine fièrement le village. Pour respecter ces vénérables murs, les propriétaires ont pris le parti d'une décoration mariant élégance et caractère. On peut dire, en visitant les chambres, qu'ils ont réussi : mobilier de style, baldaquin, tissus choisis, gravures anciennes et sobriété chic composent un cadre de bon goût. Admirez au passage les impressionnants plafonds à la française pouvant atteindre… 6 mètres de hauteur ! Trois d'entre elles se trouvent dans le donjon, l'endroit le plus retranché du château. Les autres, dans une dépendance, ménagent une vue sur le massif du Mont-Blanc, au loin. Parmi les autres atouts de

On reviendra pour

▶ **La situation exceptionnelle et le calme absolu.** Les agréments proposés sur place : le court de tennis, la piscine, le jeu de croquet, les chemins de randonnée.

ce lieu chargé d'histoire : un superbe salon avec cheminée monumentale, un magnifique jardin à la française (piscine) et une table d'hôte orientée terroir, servie dans la salle à manger voûtée, au charme rustique et médiéval.

Susan et Harry Lammot Belin
7 chambres : 100-200 €.
rue de l'Église – 39320 Andelot-lès-St-Amour.
Tél. 03 84 85 41 49. www.chateauandelot.com
Table d'hôte : 15-40 €. CB acceptée. Anglais parlé.
Chiens interdits. Ouvert d'avril à octobre.

Pour les épicuriens

▶ **Visite de caves et dégustation en suivant les routes des vins du Jura, du Beaujolais et de Bourgogne.** Les marchés traditionnels pour ramener de bons produits du terroir : Louhans, Villars-les-Dombes, etc.

La Maison Jaune

Marian Jansen-Gerretsen
4 chambres : 70-85 €.
52160 Bay-sur-Aube.
Tél. 03 25 84 99 42. Table d'hôte : 30 €.
Anglais, allemand, néerlandais parlés.
Chiens interdits. Ouvert d'avril à octobre.

BIENVENUE DANS cette ancienne ferme installée sur un vaste domaine au bord de l'Aube. Marian, une charmante artiste peintre hollandaise, l'a entièrement rénovée dans le but de créer un lieu dédié à la culture. Elle y expose d'ailleurs ses nombreux tableaux, qui cohabitent harmonieusement avec les meubles chinés dans les brocantes. L'ensemble dégage une atmosphère de simplicité et de bon goût. Des lampes d'usine datant des années

On reviendra pour

▶ **Les séjours à thème sur la peinture,**
avec pique-nique comprenant panier du terroir
et champagne.

1930 éclairent la table d'hôte où l'on savoure de bons petits plats (saumon cru, truite fumée ou canard aux fruits rouges, selon l'envie) préparés par la maîtresse de maison. La superbe bibliothèque dévoile ses secrets à tous ceux qui souhaitent faire une pause en compagnie d'un bon livre. Dans les chambres, on trouve un confort soigné et une décoration simple et sans fioritures. La journée commence par un copieux petit-déjeuner servi dans une salle tout à fait cosy.

Pour les curieux

▶ **La Maison de la Forêt, à Leuglay, offre**
une foule d'informations sur la faune et la flore
des alentours.

Benoît Breton

PRÉPAREZ-VOUS À PASSER LA NUIT... dans une véritable brocante ! Les couloirs et les salons de cette maison de maître (1720) regorgent d'antiquités, parfois posées à même le sol, et elle sent bon les parfums d'autrefois. En vrais passionnés, Benoît Breton et sa femme y ont d'ailleurs installé leur boutique, quelque part entre capharnaüm organisé et caverne d'Ali Baba. Ce désordre apparent respire la propreté et une fois dans les chambres, l'ordre règne en maître. Très spacieuses et personnalisées, elles possèdent toutes un joli mobilier assorti et des salles de bains parfaitement équipées. Le matin, on petit-déjeune sur les tables en bois massif de la salle à manger, au doux son du tic-tac de l'horloge comtoise ou

On reviendra pour

▶ **L'atmosphère charmante – et unique – d'une authentique brocante.**

du crépitement du feu de cheminée. Au fond du jardin, des poules picorent tranquillement dans un enclos, en compagnie de la chèvre de Monsieur... Breton ! Une adresse atypique qui mérite le détour.

> ### Benoît Breton
> *4 chambres : 65-70 €.*
> *74 rue des Récollets – 88140 Bulgnéville.*
> *Tél. 03 29 09 21 72. Anglais parlé.*
> *Ouvert toute l'année.*

Pour se détendre

▶ **D'avril à octobre, la station thermale de Contrexéville propose des séjours « Minceur et bien-être au cœur des Vosges ». Balnéothérapie et diététique.**

134

GRAND EST

Le Relais des Abbesses

CHÂTEAU-CHALON

vignobles et la campagne est tout simplement magnifique. Agnés et Gérard, ex-restaurateurs, proposent une table d'hôte franc-comtoise sans prétention mais réellement savoureuse. Région oblige, impossible de passer à côté du poulet de Bresse au vin jaune et ses morilles à la crème !

Agnès et Gérard Vidal
4 chambres : 62-70 €.
rue de la Roche – 39210 Château-Chalon.
Tél. 03 84 44 98 56. www.chambres-hotes-jura.com
Table d'hôte : 24-32 €.
Ouvert de février à mi-novembre.

On reviendra pour

▸ **La vue à couper le souffle sur la Seille et la Bresse.**

PERCHÉ DANS UN VILLAGE surplombant la vallée de la Seille et la plaine de la Bresse, ce Relais des Abbesses respire l'authenticité. Vous remarquerez les vitraux du 17ᵉ s., colorés et finement ouvragés, ainsi que la petite statue de Saint-Vincent (patron des vignerons) tous parfaitement préservés... Les chambres, personnalisées et meublées avec goût, portent de doux prénoms féminins. « Agnès », « Marguerite » et « Eugénie » ménagent une vue exceptionnelle sur la Bresse, tandis que « Violette » donne sur les toits de Château-Chalon. Par beau temps, un petit tour par la terrasse s'impose : le panorama sur Voiteur, les

Amoureux des vieilles pierres

▸ **L'église romane St-Pierre et les vestiges du donjon, qui contribuent à faire de Château-Chalon l'un des Plus Beaux Villages de France.**

La Demeure du Gardien du Temps qui passe

COUSSEY

QUI EST CE FAMEUX « Gardien du Temps qui passe » ? Nul ne sait… Ici, on trouverait plutôt une gardienne : une jolie statuette de Jeanne d'Arc veille sur la maison et rappelle que Domrémy-la-Pucelle (le village natal de la sainte martyre) ne se trouve qu'à 4 km. Bien que rénové, ce relais de poste du 18ᵉ s. a conservé son âme et son caractère d'origine. À l'image du salon (murs et sol en pierre, cheminée lorraine) qui rappelle le charme des demeures d'autrefois. Les chambres, spacieuses et personnalisées par des meubles anciens, promettent douceur et sérénité et se parent délicatement de la couleur de leur fruit fétiche : « Mirabelle », « Myrtille », « Pêche », « Framboise » et « Pomme ». Si le soleil est de la partie, reposez-vous sous l'adorable tonnelle qui trône au milieu des 3 ha de nature du parc. Flânerie et rêverie sont d'ailleurs les maîtres mots dans cet endroit… délicieusement hors du temps.

Virginie et Richel Ramsamy
5 chambres : 55-75 €.
47 Grand Rue – 88630 Coussey.
Tél. 03 29 06 99 83. www.lademeure88.com
Table d'hôte : 20 €. Ouvert toute l'année.

On reviendra pour

▶ Profiter du temps qui passe, dans le paisible parc clos…

Pour les curieux

▶ À Domrémy-la-Pucelle, on peut visiter le Centre d'interprétation et son animation permanente, Visages de Jeanne, qui se trouve à côté de sa maison d'enfance. Parcours découverte de sa légende et du monde médiéval.

Les Egrignes

CULT

dans cet élégant salon mêlant différentes tendances, avec une prédilection cependant pour l'Art déco. Les suites, toutes assez spacieuses, misent sur une décoration raffinée : meubles d'antiquaires, tapis persans posés sur de beaux parquets, canapés confortables, grands miroirs, tableaux… Table d'hôte très conviviale (le soir, sur réservation) dans une salle à manger où trône un superbe poêle en faïence. Notez qu'aux premiers rayons de soleil, on peut prendre les repas dans le joli parc aux arbres centenaires. Un havre de tranquillité.

Pour les amateurs d'art

▸ Installé dans le château du frère de Louis XVI, le comte de Provence, le musée Baron Martin rassemble plus de 1 200 œuvres du 15ᵉ au 20ᵉ s.

INSCRIT À L'INVENTAIRE des Monuments historiques, ce beau château du milieu du 19ᵉ s. a conservé quelques traces remarquables de son illustre passé : escalier Charles X, peintures en trompe-l'œil, stucs et cheminées d'origine. En aménageant l'ensemble, les propriétaires ont osé le mariage des styles et des époques. Et c'est une réussite. Notamment

Fabienne Lego-Deiber
3 chambres : 75-85 €.
route d'Hugier – 70150 Cult.
Tél. 03 84 31 92 06. www.les-egrignes.com
Table d'hôte : 28 €. Anglais, allemand parlés.
Chiens interdits. Fermé 17 novembre-6 janvier.

On reviendra pour

▸ Découvrir le passé sauvegardé de ce château construit en 1854 : son escalier Charles X, ses trompe-l'œil, ses stucs, etc.

La Romance

À L'ÉCART DU VILLAGE, au bout du chemin qui borde la forêt, cette charmante maison respire la quiétude. Bien que construite récemment, elle reste fidèle au style architectural alsacien avec ses colombages et ses toits pentus. Les chambres plutôt soignées sont personnalisées. Le petit coin bureau de « Rose » s'abrite sous une belle charpente réalisée à l'ancienne et chevillée selon des techniques ancestrales. Couleur bleue dominante et lit à baldaquin pour la « Lavande ». Vous apprécierez l'attention portée à leur équipement et au choix des tissus : climatisation individuelle, salles de bains modernes, draps en lin des Vosges… « Tilleul » et « Feuilles » s'ouvrent sur une petite terrasse privative. La salle à manger offre une jolie vue sur le jardin. Corinne y sert un petit-déjeuner complet sous forme de buffet (fruits et laitages variés), à savourer sur la table familiale…

On reviendra pour

▸ **L'espace détente comprenant un sauna, un solarium et un spa.**

Serge et Corinne Geiger
6 chambres : 83-98 €.
17 rue de Neuve-Église –
67220 Dieffenbach-au-Val.
Tél. 03 88 85 67 09. www.la-romance.net
Ouvert toute l'année.

S'il fait beau

▸ **Ne manquez pas le spectacle assez magique de la brume matinale qui enveloppe le château du Haut-Koenigsbourg, perché sur son éperon rocheux.**

Les Feuilles d'Or

vous aurez accès à une documentation assez complète sur la région. Les chambres misent sur une décoration très simple et un confort de qualité. La « Nénuphar » peut recevoir les personnes à mobilité réduite et une suite familiale se trouve à l'étage supérieur. La terrasse, agrémentée d'une pergola, donne sur le vignoble et un petit étang privé où vous pourrez vous adonner à la pêche « no kill » (on attache une certaine importance à la protection des animaux) ou tout simplement préparer un barbecue dans un cadre naturel privilégié.

Renée et Francis Kuss
5 chambres : 65-75 €.
52 rue du Vignoble – 67140 Eichhoffen.
Tél. 03 88 08 49 80. www.les feuillesdor. fr. st
Chiens interdits. Ouvert toute l'année.

On reviendra pour

▶ **Les parties de pêche dans l'étang du domaine, en compagnie des canards de passage.**

C ETTE MAISON RÉCENTE, néanmoins construite dans le respect de l'architecture locale, borde une petite route tranquille de la campagne alsacienne. Le hall d'accueil, où domine le bois brun, débouche sur un salon ample et chaleureux avec son imposant poêle en faïence à l'ancienne. Un bel escalier de bois conduit au coin lecture où

Pour les épicuriens

▶ **On se régalera d'un morceau de pain d'épice glacé à Barr, village également renommé pour son vignoble (Sylvaner, Riesling et Gewurztraminer).**

Les Chambres du Bois Collé

FREMIFONTAINE

GRAND EST

Valérie et Jean-Marie Ferreira
4 chambres : 45-60 €.
1 B le Petit-Pierrepont – 88600 Grandvillers.
Tél. 03 29 65 90 68. www.chambre-du-bois-colle.fr
Table d'hôte : 20 €. Ouvert toute l'année.

ETTE ANCIENNE FERME DE **1834** tombait en ruines quand Valérie et Jean-Marie l'ont rachetée il y a quelques années. Grâce à des travaux minutieux, ils ont réussi à lui donner un joli coup de jeune tout en préservant au mieux pierres et poutres d'origine. Poussez la double porte vitrée pour apprécier le résultat. Dès l'entrée, une cheminée moderne cohabite avec des meubles campagnards repeints créant une chaleureuse atmosphère de maison de famille. Même esprit dans la salle à manger, avec sa table en bois, ses chaises en osier et ses objets contemporains. Canapés et profusion de coussins dans le salon très douillet. Un escalier grimpe jusqu'à la mezzanine qui distribue les chambres. Touche marine pour « l'Océane », camaïeu de mauve et violet pour « Myrtille », blanc pour « Vanille » et rouge pour « Coquelicot ». Confortables et coquettes, elles affichent une déco simple et agréable : sol en coco, murs pastel, meubles en bois cérusé ou ciré… Un lieu où l'on se sent bien.

On reviendra pour

▶ Faire quelques longueurs dans la jolie piscine (hors sol), découvrir la forêt en VTT (prêt sur place) et, en saison, s'initier à la cueillette des champignons.

S'il fait beau

▶ On arpentera les ruelles de la vieille ville, autour de la place des Vosges ou de la basilique St-Maurice, à Épinal. Pour les amoureux de nature, la grande cascade de Tendon qui dévale à travers les sapins.

La Forestière

ardoise), la sobriété du contemporain, et ici et là quelques petites touches régionales. Literie haut de gamme et couettes douillettes complètent leur atmosphère cosy. Les gourmands apprécieront les énormes petits-déjeuners composés de fruits, viennoiseries, jambon de sanglier et fromage, mais garderont une place pour la cuisine servie le soir à la table d'hôte. Catherine prépare choucroutes, baeckeofes et tartes flambées, tandis qu'Éric se spécialise dans le gibier cuit à la broche… À ne rater sous aucun prétexte !

Catherine et Éric Marchal
5 chambres : 70-95 €.
10 A chemin du Eck – 67140 Le Hohwald.
Tél. 03 88 08 31 08.
http://laforestiere.fr.monsite.orange.fr
Table d'hôte : 25-35 €. Chiens interdits.
Fermé 5-13 avril et 24 août-1er septembre.

CETTE AGRÉABLE MAISON se trouve en lisière de forêt, sur les hauteurs du Hohwald, petit village de montagne culminant à 600 m d'altitude. Sa situation en pleine nature, entre prairies et reliefs verdoyants, en fait un lieu propice à la détente. Tout comme l'ambiance chaleureuse et conviviale qui règne ici : Catherine et Éric Marchal vous reçoivent chez eux comme des amis. Les chambres, dont deux suites, misent sur les matériaux naturels (chêne massif,

On reviendra pour

▶ La table d'hôte (choucroute, baeckeofes, tartes flambées, gigots de sanglier à la broche, jambons, etc.) préparée par deux amoureux de la cuisine. Ils ont même baptisé leur fourneau Léontine !

S'il fait beau

▶ Prenez un grand bol d'air frais et de sensations dans le Parc Alsace Aventure, sur le site de Breitenbach. Pour les skieurs (piste et fond), direction la station du Champ de Feu. Pistes également au village.

Moulin de Méwinckel

GRAND EST

142

MARIE-BERNADETTE a confié à joseph l'exploitation agricole pour se consacrer pleinement à ses hôtes. Attendez-vous donc à un accueil chaleureux et spontané dans cette maison bucolique à souhait – d'ailleurs la roue à aubes du moulin tourne encore, entraînée par le courant de la rivière qui coule en contrebas. Les chambres pleines de fraîcheur et très soignées (literie neuve, salles de bains modernes), occupent l'ancienne grange datant du 18e s. Leur décoration person-

Marie-Bernadette et Joseph Keichinger
5 chambres : 47-70 €.
57970 Kœnigsmacker.
Tél. 03 82 55 03 28.
http://mewinckel.perso.orange.fr
CB acceptée. Chiens interdits. Ouvert toute l'année.

nalisée, volontairement épurée et douce, invite au voyage et à la détente : ton beige et objets nautiques dans la « Lieue marine », dominante orangée dans « l'Orient », mobilier en fer forgé partout… La jolie suite baptisée « Lueur Romantique » dispose même d'un salon privatif très agréable. Au petit-déjeuner, la grande table se garnit de confitures maison. Le soir offrez-vous un petit moment de détente dans la salle de lecture… Et quel calme !

On reviendra pour

▶ **Le charme et la saveur des vacances à la ferme.**

S'il fait beau

▶ **Visite de la ligne Maginot aux environs de Thionville.**

Le Moulin

« L'ART DE BIEN ACCUEILLIR »… Clodette Weber sait ce que cela veut dire. Et pour cause : elle dirigeait l'Office du tourisme de Metz avant de s'installer ici avec son mari en 1998. Tombés sous le charme de cet ancien moulin à grain, ils le restaurent et y aménagent des chambres pour recevoir les visiteurs de passage. Leur décoration rend hommage à Dame Nature (fleurs séchées, bois flotté) et mêle de façon séduisante rustique et contemporain. « Autrefois », « Aventures », « Voyages, Voyages », « Les Oiseaux » : des noms évocateurs qui invitent à l'évasion et à la quiétude. Bien qu'assez proche de l'autoroute, les bruits de circulation n'arriveront pas jusqu'à vos oreilles et seul le clapotis de la rivière animera vos nuits. Les ornithologues en herbe pourront observer les oiseaux terrestres et aquatiques ; les amateurs d'art préféreront faire un tour du côté de la galerie d'art permanente. Petit-déjeuner maison et cuisine régionale revisitée (table d'hôte sur réservation).

Clodette et Joseph Weber
4 chambres : 60-72 €.
Allée du Moulin – 57530 Landonvillers.
Tél. 03 87 64 24 81. www.studio-synchro.fr/weber
Chiens interdits. Fermé en janvier.

S'il fait beau

▶ À Metz, la Cathédrale, la Cour d'Or – musée d'Art et d'Histoire – et le jardin botanique datant de 1866. En été, ne ratez pas les Fêtes de la Mirabelle qui attirent des milliers de visiteurs tous les ans depuis 1947.

On reviendra pour

▶ Le cadre délicieusement romantique de ce moulin. Selon l'humeur, on ira observer les oiseaux aquatiques et terrestres ou faire un tour à la galerie d'art. Prêt d'équipements de loisirs (golf, vélos…).

La Closerie des Sacres

UNE CLOSERIE DÉSIGNE une petite ferme céréalière « close » pour empêcher le bétail de sortir et saccager les cultures. Ici, c'est l'ancienne écurie que Sandrine et Laurent Jactat ont restaurée en privilégiant les matériaux locaux (pierre, bois et fer forgé), pour y accueillir les hôtes de passage. Ils vous reçoivent en toute convivialité en compagnie de leurs filles, Eléonore et Hortense, qui prêtent leurs prénoms à deux chambres charmantes : la première, plutôt romantique (mobilier de style, ciel de lit, tons écrus et bois clair), la deuxième assez actuelle avec ses couleurs vert anis, framboise et fuschia. Les familles nombreuses opteront pour la « Suite des Sacres » (jusqu'à cinq places). Notez que toutes les salles de bains disposent d'une baignoire « balnéo », idéale pour se détendre. À l'extérieur, un agréable jardin où vous pourrez vous reposer lors d'une sieste bien méritée, organiser un concours de pétanque ou encore vous lancer dans l'allumage du barbecue !

On reviendra pour

▶ Le petit-déjeuner gourmand avec confitures maison, pâtisseries et jus frais à base de fruits locaux. Le jardin avec barbecue et pétanque. Les bicyclettes et jeux d'enfants mis à la disposition des hôtes.

Sandrine et Laurent Jactat
3 chambres : 74-115 €.
7 rue Chefossez – 51110 Lavannes.
Tél. 03 26 02 05 05. www.closerie-des-sacres.com
CB acceptée. Chiens interdits. Ouvert toute l'année.

S'il fait beau

▶ On ira découvrir la ville de Reims, sa célèbre cathédrale, ses musées et circuits touristiques. Et pour les amateurs, visites du vignoble champenois (et dégustations).

Le Crêt l'Agneau

LA LONGEVILLE

repas, rendez-vous autour de la grande table en bois du « poêle » (comprenez « la salle à manger ») pour un tour d'horizon des spécialités locales : lard, jambons et saucisses fumés au tuyé, pain cuit au feu de bois... Accordez-vous aussi un instant de repos du côté du salon vivant au rythme de son horloge comtoise, avant de partir en balade pour faire le plein d'air pur des montagnes.

Yves et Liliane Jacquet-Pierroulet
5 chambres : 69-98 €.
Les Auberges – 25650 La Longeville.
Tél. 03 81 38 12 51. www.lecret-lagneau.com
Table d'hôte : 25-28 €. Chiens interdits.
Fermé 5-28 juillet.

AVEC SA TOITURE EN BARDEAUX, cette ferme du 17ᵉ s., posée au milieu des pâturages, témoigne de l'architecture traditionnelle jurassienne. Yves et Liliane aiment leur « home sweet home » et cela se voit dans chaque pièce, à commencer par les chambres : bois omniprésent, murs blancs ou parés de frisette, poutres apparentes, édredons moelleux et baldaquins. Une atmosphère douillette à souhait que vient parfaire une délicieuse odeur de cire à l'ancienne... On en oublierait presque de découvrir le reste de la maison. Ce qui serait une erreur ! À l'heure du

S'il fait beau

▶ **Le petit train de montagne qui relie la France et la Suisse permet de visiter la région de façon amusante et originale. Pour les sportifs, randonnées pédestres ou en VTT longeant une ancienne voie de chemin de fer.**

On reviendra pour

▶ **Les week-ends à thème : cueillette et dégustation de champignons, randonnées, ski de fond et raquettes. Les conserves et les confitures préparées par Liliane, auteur de l'ouvrage** *Les 52 confitures de Lili.*

Domaine Ployez-Jacquemart

LUDES

AVIS AUX CONNAISSEURS : vous voici au sein de la célèbre entreprise familiale Ployez-Jacquemart, qui produit depuis 1930 le champagne du même nom. Face aux demandes répétées des adeptes du divin breuvage, Gérard et Claude ont décidé d'installer des chambres d'hôtes dans leur maison, une fière bâtisse du 19ᵉ s. ceinte d'un joli parc arboré. Si elles se rejoignent toutes par leur luminosité et le soin apporté à leur décoration, elles bénéficient chacune d'une personnalité propre. La « Baroque », tout en or et rouge vif, répond aux tons pastel de « l'Azur ». La « Savane » mise sur l'exotisme avec ses meubles et son baldaquin en bois brun, et la « Provence » se distingue par ses murs ocre, ses sols en terre cuite et son penchant pour le fer forgé. Le matin, un petit-déjeuner copieux (croissants et autres viennoiseries tout juste sorties du four) vous attend dans une grande salle raffinée, communicant avec le salon. À la table d'hôte, les repas sont servis avec le champagne maison.

Prieux Frères

5 chambres : 84-115 €.
8 rue Astoin – 51500 Ludes.
Tél. 03 26 61 11 87. www.ployez-jacquemart.fr
Table d'hôte : 136 €. CB acceptée.
Anglais, allemand parlés. Chiens interdits.
Fermé 23 décembre-14 janvier.

On reviendra pour

▸ Les dégustations de grands crus dans les caves du domaine.

Pour les épicuriens

▸ Le musée de la Vigne au phare de Verzenay présente le processus de fabrication du champagne.

Domaine de la Creuse

CETTE FERME DU 18ᵉ S. typiquement champenoise et ses dépendances se répartissent autour d'une cour aménagée en jardin fleuri. Bien que relativement proche de l'autoroute, le domaine ne souffre d'aucune nuisance sonore due à la circulation, il faut dire qu'il s'étend sur 2 000 m². Les chambres, spacieuses et de plain-pied, sont raffinées – très « campagne chic » – et possèdent chacune leur identité propre, souvent liée au passé de la maison. Le rouge domine dans « La Pivoine » (du baldaquin jusqu'aux fauteuils) qui occupe l'ancien manège à battre le blé. La délicieuse « Muscari » décline joliment des nuances gris bleuté. La suite « Ascot », dans l'écurie, présente une décoration plus métissée, mêlant l'ancien et le contemporain avec brio : poutres apparentes et briques cohabitent avec un mobilier actuel, des tapisseries à rayures blanches et anthracites et une salle de bains résolument moderne. Dehors, vous croiserez peut-être des chevreuils, des lapins, et même des faisans…

On reviendra pour

▶ L'espace boutique qui propose des objets de déco (petit mobilier, linge, vaisselle), des confitures maison et des vins de Champagne. Les expositions d'œuvres d'artistes locaux (peintures, sculptures…).

Amoureux des vieilles pierres

▶ Le centre historique de Troyes, les neuf églises et l'Apothicairerie de l'Hôtel-Dieu-le-Comte.

Arlette et Patrick Le Borgne
4 chambres : 95-115 €.
10800 Moussey.
Tél. 03 25 41 74 01. www.domainedelacreuse.com
Chiens interdits. Fermé 20 décembre-5 janvier.

Le Schaeferhof

GRAND EST

CETTE ANCIENNE « SHAEFERHOF » (bergerie en alsacien) vit une seconde jeunesse grâce à Sylvie et Robert Rothenflug, qui la rénovent avec amour depuis une vingtaine d'années. Ce sont de grands amateurs de brocante, et cela se voit un peu partout dans la maison, harmonieusement décorée. Poutres et colombages habillent les pièces communes et les jolies chambres, dotées de baignoires « balnéo » ou de douches à massage multi-jets. Robert élève toujours des moutons dans le parc et cultive avec passion son potager. Il fournit la plupart des légumes présents sur la table d'hôte. Sylvie privilégie les produits de saison et met ses talents de cuisinière au service d'une authen-tique gastronomie locale : baeckeofe (potée boulangère), fleischschnaka (roulé de pâte à la viande), coq au Riesling et choucroutes. Pour ramener chez vous un petit bout d'Alsace, un tour à la boutique s'impose : on y trouve des confitures, des kougelhopfs, mais aussi des tabliers ou des couronnes tous faits maison.

Sylvie et Robert Rothenflug
4 chambres : 110-150 €.
6 rue de Guebwiller – 68530 Murbach.
Tél. 03 89 74 98 98. www.schaeferhof.fr
Table d'hôte : 40-110 €. Chiens interdits. Fermé 15-25 octobre et 15-30 janvier.

On reviendra pour

▸ L'espace fitness aménagé par Sylvie, également psychothérapeute : sauna, spa et balnéothérapie.

Pour les curieux

▸ Robert, fin connaisseur, vous conseillera les bonnes caves sur la route des vins. Randonnées en forêt et sur le Ballon de Guebwiller, point culminant des Vosges. L'abbaye romane de Murbach.

Le Jardin de Gustave

BAPTISÉE EN HOMMAGE au peintre Gustave Courbet, natif du pays, cette demeure joliment restaurée a conservé un cachet authentique. Qui avec son mobilier éclectique judicieusement agencé évoquera peut-être en vous des souvenirs de maisons de familles... Côté chambres, vous aurez le choix entre plusieurs thématiques. La plus surprenante – et bien nommée – « Exotique » se pare d'une fresque et de peintures d'animaux africains réalisés par la fille des propriétaires. Les autres, « Champêtre » et « Gustavienne », moins dépaysantes mais tout aussi coquettes, ouvrent leurs fenêtres sur le jardin et sur la Loue qui coule à deux pas. Confort complet et détails raffinés pour toutes : on aime profiter du temps qui passe dans ces nids douillets. Et pour parfaire le tableau, sachez que Marylène mitonne une cuisine régionale plutôt inventive, que l'on savoure en terrasse quand arrivent les beaux jours. Un havre de charme et de tranquillité en plein cœur de la ville.

On reviendra pour

▸ L'accueil des plus sympathiques. Le petit-déjeuner complet avec jambon et fromage de pays, viennoiseries et confitures maison, etc.

Marylène Rigoulot
3 chambres : 60-78 €.
28 rue Édouard Bastide – 25290 Ornans.
Tél. 03 81 62 21 47. www.lejardindegustave.fr
Table d'hôte : 25 €. Anglais, allemand parlés.
Ouvert toute l'année.

Pour les curieux

▸ Le musée Courbet à Ornans, les Salines de Ledoux à Arc-et-Senans, la Citadelle de Vauban, le musée du Temps à Besançon.

La Maison Royale

GRAND EST

Lors de sa construction au **15ᵉ s.**, cette impressionnante maison forte, longue de 50 mètres, se destinait exclusivement à des fins militaires. Aujourd'hui, ceux qui prennent d'assaut cette bâtisse admirablement restaurée (monument classé et privé) recherchent avant tout un séjour unique dans un lieu chargé d'histoire. En plus d'un cadre personnalisé (beaux meubles anciens) et soigné, les chambres offrent toutes une vue magnifique sur le cours de l'Ognon, en contrebas. Les propriétaires proposent les salons à la location pour des spectacles ou d'importantes réceptions, vous imaginez sans aucune difficulté l'ampleur de ces différentes pièces ! Une bibliothèque, un billard et des salles d'exposition sur le thème des voyages (on peut y voir de nombreux objets plus ou moins insolites en provenance du monde entier) complètent ce bien bel ensemble, idéal pour partir à la découverte de Pesmes.

Lydie Hoyet
5 chambres : 70-80 €.
70140 Pesmes.
Tél. 03 84 31 23 23.
Chiens interdits. Ouvert 1ᵉʳ avril-15 octobre.

On reviendra pour

▸ **La vue magnifique sur la vallée de l'Ognon.**

Amoureux des vieilles pierres

▸ **La cité médiévale de Pesmes, ses ruelles étroites et fleuries, bordées de façades à niches, de statuettes et de fenêtres à meneaux.**

Le B. Espace Suites

AVEC SA FAÇADE LIE-DE-VIN et ses colombages, cette ex-maison de vigneron ne risque pas de passer inaperçue. Construite au 14ᵉ s. et rénovée en 1617, elle a conservé toute son allure et renferme de véritables trésors. À commencer par ce superbe plafond polychrome (orné de roses à cinq pétales évoquant les cinq plaies du Christ) visible dans une suite. Partout, le design version grand luxe côtoie les murs historiques : de vieux poêles en faïence cohabitent avec du mobilier contemporain épuré et des couleurs tendances. Ici, une antique armoire alsacienne, transformée en dressing, dissimule un coffre-fort et un minibar. Là, une salle de bains réalisée avec du bois de chêne provenant de l'ancien pressoir se marie avec un équipement dessiné par Philippe Starck. Connexion wi-fi, climatisation, téléviseur à écran plat haute technologie, machine à expresso. « Songe » et « Lumière » profitent en plus de la vue sur le Dolder. Et pour un séjour entièrement réussi, un repas au restaurant s'impose…

Jean-Luc Brendel
4 chambres : 115-230 €.
48 rue Général de Gaulle – 68 340 Riquewihr.
Tél. 03 89 86 54 55. www.jlbrendel.com
CB acceptée. Chiens interdits. Fermé 12-25 janvier.

S'il fait beau

▶ Riquewihr a conservé un patrimoine historique très riche, qui s'exprime à travers ses vieilles maisons et ses musées. Promenades en petit train touristique à travers le vignoble.

On reviendra pour

▶ Les forfaits découvertes « Autour du vin d'Alsace », « Séjour VIP – Luxe, charme et gastronomie » ou « Séjour Romantisme et Gastronomie » à savourer à deux.

Le Clos du Mûrier

CETTE BELLE MAISON À COLOMBAGES, située en plein cœur de Rixheim, était la résidence d'un vigneron au 16ᵉ s. Ses actuels propriétaires, Rosa et Bernard, ont entrepris de grosses rénovations pour y accueillir les hôtes de passage. On peut dire que le jeu en valait la chandelle car l'ensemble a retrouvé de belles couleurs après dix ans de travaux. Les chambres – qui s'apparentent plus à des petits appartements – ont conservé une

S'il pleut

▶ Le temple protestant de Mulhouse, de style néogothique, abriterait les plus beaux vitraux d'Alsace… une information à vérifier par vous-même !

bonne partie de leur cachet d'antan (admirez les poutres apparentes et les vieilles pierres) tout en s'adaptant à la mode du jour : mobilier familial de bonne qualité et tapis orientaux pour le côté chaleureux et douillet. Toutes disposent d'une kitchenette où l'on peut improviser un repas en fonction des trouvailles faites sur le marché. Offrez-vous un moment de détente dans l'agréable jardin clos, auprès du mûrier centenaire qui a donné son nom à la demeure. Machine à laver, kit de repassage et vélos à disposition.

On reviendra pour

▶ Somnoler dans une des chaises longues du jardin, au pied du mûrier séculaire.

Rosa et Bernard Volpatti
5 chambres : 66 €.
42 Grand'Rue – 68170 Rixheim.
Tél. 03 89 54 14 81. CB acceptée. Chiens interdits.
Ouvert toute l'année.

La Ferme de Godchure

St-Hubert

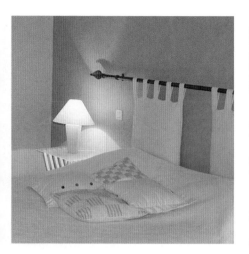

Annette et Dominique Flahaut

4 chambres : 70-90 €.
rue Principale – 57640 St-Hubert.
Tél. 03 87 77 03 96. www.lafermedegodchure.fr
Anglais parlé. Chiens interdits.
Ouvert toute l'année.

On reviendra pour

▸ Les séances de sophrologie et l'espace bien-être particulièrement agréable, avec jacuzzi, sauna, douche à jet. Le caractère de ce bâtiment classé.

S'il fait beau

▸ On ira visiter La chapelle des Humbles et la chapelle de Rabas à Saint-Hubert.

E N 1992, ANNETTE ET DOMINIQUE Flahaut achètent et restaurent cette ancienne ferme cistercienne bâtie à la lisière du domaine forestier de l'abbaye de Villers-Bettnach. Et depuis, ils y reçoivent les visiteurs en quête de calme au pays messin. L'endroit, emprunt de piété, aurait pu inspirer à Annette une autre vocation, mais c'est du bien-être qu'elle a fait son sacerdoce : elle propose des séances de sophrologie (son cabinet se trouve au rez-de-chaussée) et un espace détente avec jacuzzi, sauna, douche à jet et transat. Côté hébergement, le couple a imaginé des chambres de belles dimensions, mariant confort et décoration soignée. On apprécie tout particulièrement le beau baldaquin d'« Olympe », l'ambiance exotique d' « Okoumé » ou la baignoire « balnéo » de la suite « Orchidée ». Pour plus d'indépendance, on optera pour le gîte situé dans la cour fleurie. Jolie salle à manger mi-campagnarde, mi-contemporaine où l'on petit-déjeune auprès du feu en hiver… Rien que du bonheur !

Le Clos du Mont d'Hor

St-Thierry

LES AMATEURS DE CHAMPAGNE reconnaîtront sans doute l'enseigne du domaine viticole située à l'entrée du village. Cette exploitation s'applique à rendre au Mont d'Hor ses lettres de noblesse, tout en restant fidèle aux traditions. Un espace pédagogique bien organisé détaille même, dans un cadre privilégié, l'histoire de la maison et les méthodes de vinification spécifiques à la région. Dans ces vieux bâtiments à l'ossature de bois, Marc Lemaire a également fait aménager de spacieuses et lumineuses suites, toutes en mezzanine. Décorées avec goût autour du thème de la rencontre entre passé et modernité, elles bénéficient d'un bon standing et donnent sur le vignoble clos (très rare dans le département) de 14 ha. Notez que celle du rez-de-chaussée dispose d'un jardin privatif. Adresse idéale pour un séjour très pétillant au cœur du vignoble champenois.

On reviendra pour

▶ Découvrir l'histoire du village dans l'espace pédagogique et goûter les productions locales du côté du bar.

Marc Lemaire
6 chambres : 83 €.
8 rue du Mont-d'Hor – 51220 St-Thierry.
Tél. 03 26 03 12 42. www.mhchampagne.com
CB acceptée. Ouvert toute l'année.

Pour les épicuriens

▶ Visite des caves (et dégustations) dans les grandes maisons de champagne établies à Reims.

La Villa Novarina

Q UAND CHRISTINE ET JACQUES Claus
découvrent cette grande maison des
années 1950, non loin du parc de
l'Orangerie, elle est à l'abandon. Il leur faudra
deux ans de travaux sous la baguette experte
d'un architecte pour la métamorphoser et lui
redonner vie. Et le résultat vaut le détour ! Sur
trois étages, des passerelles métalliques desservent des chambres coquettes et des studios
équipés d'une kitchenette. Partout on se sent
comme chez soi : meubles de famille et de récupération, dessins et peintures d'enfants, jouets
en bois… Le contemporain joue avec l'ancien, le
blanc avec les touches de couleur des fauteuils,
des tissus et des tableaux. Quant à la vue, libre
à vous de choisir : sur le jardin verdoyant, sur la
piscine ou sur la cathédrale. Même ambiance
lumineuse et conviviale dans la salle des petits-
déjeuners (accessible par un ascenseur) où vous
attend un buffet… des plus gourmands.

On reviendra pour

▸ **La luminosité exceptionnelle de la maison.
Les biscuits et les petits gâteaux faits main,
servis à toute heure de la journée.**

S'il fait beau

▸ **La visite du quartier qui rassemble la
plupart des institutions européennes, notamment
le Parlement Européen. Le centre historique
de Strasbourg.**

Christine Claus
*6 chambres : 75-170 €.
11 rue Westercamp – 67000 Strasbourg.
Tél. 03 90 41 18 28. www.villanovarina.com
CB acceptée. Ouvert toute l'année.*

La Belle Strasbourgeoise

UN EMPLACEMENT DE CHOIX pour cette Belle Strasbourgeoise des années 1930, située dans un quartier résidentiel calme et non loin du centre-ville. Françoise et Christophe Schmitt ont entièrement repensé leur maison dans un esprit « lounge » contemporain. Mélange des genres et des époques, mobilier ancien et moderne créent un intérieur chaleureux et confortable, pas guindé pour un sou. Françoise et Christophe se sont sûrement amusés en baptisant leurs chambres de noms gourmands : « Chocolat Chaud et Berlingots » associe tons chands et deux beaux lits Second Empire. « Guimauve Épicée » invite au voyage avec sa grosse malle marquée des initiales Ch W, souvenir du grand-père de Christophe (l'ancien propriétaire du magasin de jouets

On reviendra pour

▶ **Les petits-déjeuners servis en terrasse ou dans le jardin d'hiver ensoleillé.**

Wery, célèbre à Strasbourg). « Macaron Pistache », plus spacieuse avec sa mezzanine, arbore un beau lavabo d'époque dans sa salle de bains. Salle à manger dans l'ancien jardin d'hiver revu dans un style design et très lumineux.

Françoise et Christophe Schmitt
3 chambres : 80-90 €.
13 rue Général-Offenstein – 67000 Strasbourg.
Tél. 03 88 39 68 15. www.la-belle-strasbourgeoise.fr
CB acceptée. Chiens interdits. Ouvert toute l'année.

S'il fait beau

▶ **Le centre historique de Strasbourg.**
Et pour les sportifs : golf d'Illkirch et d'Eschau, tennis ou escalade en salle.

Château St-Martin

VOITEUR

ETTE BELLE DEMEURE (14ᵉ s.) et sa chapelle, toutes deux classées aux Monuments historiques, sont posées dans un vaste parc clôturé dont une partie est dessinée dans l'esprit des jardins à la française. Elle appartient aujourd'hui à Brigitte et Mickael Keller, un couple de Suisses « victimes bienheureuses » d'un coup de foudre pour la maison. Ils vous raconteront sûrement leur passion autour d'un apéritif (en provenance directe du vignoble produisant le fameux vin jaune), dans une salle décorée d'œuvres d'art réalisés par Mickael, sculpteur de formation. Libre à vous de passer ensuite dans la salle de musique pour savourer un moment de détente près du piano. Les chambres, meublées avec goût, affichent une décoration élégante, de style Empire, Louis XVI ou Directoire. Elles portent toutes le nom des cépages régionaux – poulsard, savagnin, chardonnay et trousseau – et rendent un hommage appuyé à la tradition viticole locale.

Brigitte et Mickael Keller
4 chambres : 90-100 €.
39210 Voiteur.
Tél. 03 84 44 91 87. www.juranatura.com
Anglais, allemand, italien parlés.
Fermé décembre et janvier.

157

GRAND EST

On reviendra pour

▸ **Déguster quelques bonnes bouteilles de production locale dans la cave des propriétaires.**

S'il fait beau

▸ **Le site naturel de Baume-les-Messieurs (grottes et falaises) offre un spectacle à couper le souffle.**

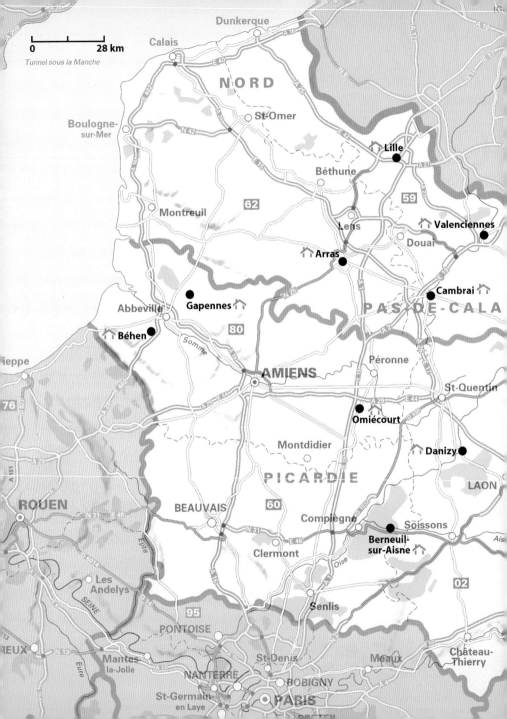

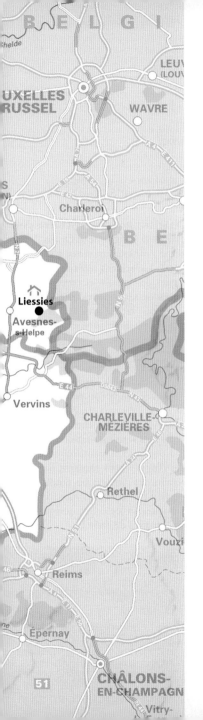

Grand Nord

« D'ici, de Lille où je vis,
on est pile à hauteur d'horizon et d'homme,
on voit jusqu'aux Alaskas et jusqu'au
cœur des gens. »

Michel Quint, *Balade dans le Nord (extrait)*

La Corne d'Or

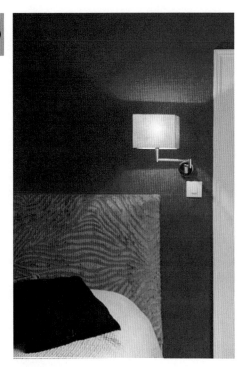

Franck Smal
3 chambres : 64-93 €.
1 place Guy-Mollet – 62000 Arras.
Tél. 03 21 58 85 94. www.lamaisondhotes.com
CB acceptée. Chiens interdits. Ouvert toute l'année.

CET ÉLÉGANT HÔTEL PARTICULIER s'appelait déjà La Corne d'Or en 1394, comme l'indique un vieux registre de la ville d'Arras. Largement remanié au 18e s., il conserve quelques jolies – et parfois mystérieuses – traces de ses illustres propriétaires : boiseries ouvragées, façade arrière agrémentée d'une fleur de lys, plancher orné d'une rose des vents, cheminée aux griffes de sphinx, une tête de lion sculptée au bout d'une rampe… Pour rendre hommage à ce patrimoine, Franck et Isabelle Smal restaurent la demeure de fond en comble et lui redonne son nom d'origine. Vous apprécierez l'énorme travail accompli dans toutes les pièces, à commencer par le salon « Retour d'Egypte » d'inspiration 19e s. La chambre « Baroque » (dominante rouge et or) et la « Suite des Anges » vous plongent dans une ambiance résolument romantique, tandis que la « Nature » se veut plus contemporaine. Pour un séjour en musique, un lecteur et quelques CD sont à disposition près de votre lit.

On reviendra pour

▸ Les superbes et immenses caves sur deux étages, à visiter en compagnie de Franck. Les expositions temporaires (les œuvres d'art accrochées un peu partout dans la maison sont aussi proposées à la vente).

Pour les curieux

▸ Arras est une ville d'histoire. À visiter : le beffroi, le musée des Beaux-Arts, l'abbaye Saint-Vaast. Le Festival *Jazz en Artois* et, dédié au septième art, le Festival *L'Autre Cinéma*.

Château de Béhen

Norbert-André Cuvelier
6 chambres : 100-110 €.
8 rue du Château – 80870 Béhen.
Tél. 03 22 31 58 30. www.chateau-de-behen.com
Table d'hôte : 39-49 €. CB acceptée.
Chiens interdits. Ouvert toute l'année.

On reviendra pour

▸ Le centre équestre qui organise des cours
(sur place et sur réservation), des promenades
(chevaux, ânes, poneys) dans le parc ou des
randonnées accompagnées par des moniteurs
confirmés. Hébergement des chevaux possible.

S'il fait beau

▸ Découvrez comment vivaient les
Abbevillois au 15e s. en allant voir du côté
de la rue des Capucins (au 29 plus précisément)
ou empruntez le chemin de randonnée qui jouxte
le parc (GR de pays relié au GR125).

C E CHÂTEAU EN BRIQUES ROUGES édifié au 18e s. bénéficie du calme d'un grand parc boisé, à peine troublé par les animaux de la ferme (chevaux, ânes, moutons, lapins, etc.). Une petite mare, des arbres centenaires et de belles allées propices à la flânerie vous y attendent. Une restauration méticuleuse de l'ensemble a permis la conservation des très belles boiseries visibles dans la salle à manger et les salons. Les chambres et suites portent des noms de pierres précieuses et sont très joliment personnalisées : « Rubis », la familiale, combine murs peints en rouge, tapis persans et mobilier en bois sombre. Son plafond blanc, souligné par quelques éléments de charpente, lui confère une belle luminosité. En dépit de ses dimensions plus modestes, « Topaze » vous séduira forcément par son ambiance châtelaine (lit corbeille, cheminée, boiseries). « Opale » possède le privilège d'un salon orienté plein sud et « Saphir » équivaut à un petit appartement.

Le Manoir de Rochefort

Estelle Abadie
4 chambres : 75-85 €.
60350 Berneuil-sur-Aisne.
Tél. 03 44 85 81 78.
Chiens interdits. Fermé janvier et février.

AVEC SON ÉCRIN DE VERDURE qui annonce la forêt toute proche, ce manoir fortifié (un ancien prieuré du 17e s.) bénéficie d'une situation avantageuse sur les hauteurs de Berneuil-sur-Aisne, à quelques kilomètres de Compiègne. Il offre au regard un panorama étendu sur bois et plaines de l'Oise. Les propriétaires, Estelle Abadie et son époux, ont entièrement restauré la chapelle attenante et y ont installé de belles chambres pour accueillir les hôtes de passage. Toutes spacieuses et de plain-pied, elles sont raffinées et joliment décorées. Meubles chinés chez les antiquaires, matériaux et linge de maison haut de gamme, superbe dallage au sol, et une bible pour rappeler l'origine des lieux… Estelle a pensé à tout. À l'heure du petit-déjeuner, rendez-vous dans la salle à manger rustique de la maison principale. Ceux qui recherchent charme et tranquillité ne garderont que de bons souvenirs de leur séjour au Manoir de Rochefort.

On reviendra pour

▸ Les chambres aménagées dans une ancienne chapelle datant du 17e s.

Pour les curieux

▸ À Compiègne, le musée de la Figurine historique regroupe plus de 60 000 pièces exposées dans de remarquables dioramas. La reconstitution de la bataille de Waterloo compte à elle seule plus de 12 000 pièces !

Le Clos St-Jacques

CAMBRAI

Elizabeth et Roger Quéro
6 chambres : 65-72 €.
9 rue St-Jacques – 59400 Cambrai.
Tél. 03 27 74 37 61. www.leclosstjacques.com
Table d'hôte : 22 €. CB acceptée. Anglais parlé.
Chiens interdits. Fermé 21 décembre-4 janvier.

On reviendra pour

▸ S'imprégner du riche passé historique de la demeure et visiter l'atelier de marionnettes à fils, créé par le fils d'Elisabeth et Roger.

C E SUPERBE HÔTEL PARTICULIER a-t-il effectivement appartenu à la confrérie de Saint-Jacques-de-Compostelle, comme son nom semble l'indiquer ? Interrogez donc Roger Quéro, féru d'histoire et conteur hors norme. Il vous révèlera volontiers les petits secrets de sa demeure (la façade actuelle date de 1890) et vous fera visiter les cryptes du 11e s. de l'Hospital Saint-Jacques-au-Bois. Sa femme, Élisabeth, une artiste touche-à-tout, a imaginé un intérieur chaleureux garantissant le meilleur confort tout en conservant l'âme des vieux murs. Remarquez l'entrelacement des hautes charpentes apparentes dans les chambres « Campagne » et « Évasion », accueillantes et cosy. Ambiance romantique sous le magnifique ciel de lit de la « Suite des Anges ». À découvrir lors de votre séjour, l'Atelier du Farfadet, à deux pas, tenu par le fils d'Élisabeth et Roger, créateur de marionnettes à fils. Petit-déjeuner et cuisine familiale de grande qualité à la table d'hôte (sur réservation).

S'il fait beau

▸ Cambrai a obtenu en 1992 le label « ville d'Art et d'histoire » grâce à la qualité exceptionnelle de son patrimoine, à la fois riche et très varié.

Domaine le Parc

PASSEZ LE PORTAIL, suivez la longue allée bordée de marronniers centenaires, et vous arriverez en vue de cette impressionnante demeure du 18e s., construite sur les fondations d'un château du 12e s. Là vous attendent Jos et Anne Bergman, un sympathique couple de Hollandais installés dans la région depuis fort longtemps et parfaitement bilingues.

Si vous séjournez dans l'une des chambres du 2e étage, vous profiterez d'une vue panoramique exceptionnelle sur la vallée de l'Oise et ses retenues d'eau. Sinon, pas d'inquiétude, elles offrent toutes un confort raffiné (mobilier et décoration d'un grand classicisme) et de très beaux volumes. À noter, la superficie des salles de bains, équivalente à celle des autres pièces ! Jos, ancien propriétaire du Château de Barive, propose à sa table d'hôte une cuisine familiale soignée. Au printemps, on petit-déjeuner dans le jardin d'hiver et en été, on opte pour la terrasse.

Jos et Anne Bergman
5 chambres : 65-85 €.
rue du Quesny – 02800 Danizy.
Tél. 03 23 56 55 23. www.domaineleparc.fr
Table d'hôte : 35 €. Anglais, allemand, néerlandais parlés. Chiens interdits. Ouvert toute l'année.

On reviendra pour

▸ La cuisine soignée de la table d'hôte et la tranquillité du parc boisé.

Pour les curieux

▸ La ville médiévale de Laon et sa cathédrale. Le chemin des dames, lieu de mémoire de la guerre de 1914-1918. La forêt de Saint-Gobain. Les caves à Champagne de Reims.

La Nicoulette

la journée le plus agréablement possible, soit en dégustant un copieux petit-déjeuner dans la salle façon bistrot ou sur la terrasse en teck. Pour la détente, plusieurs options : des chaises longues au pied du saule pleureur dans le jardin clos, un jacuzzi et des vélos à disposition (il est préférable de les réserver à l'avance).

Solange Nicolle
5 chambres : 74-78 €.
7 rue de St-Riquier – 80150 Gapennes.
Tél. 03 22 28 92 77.
http://monsite.wanadoo.fr/nicoulette
Anglais parlé. Ouvert toute l'année.

On reviendra pour

▶ **Se prélasser dans le jacuzzi. Le petit-déjeuner accompagné de confitures maison et une spécialité locale : le gâteau Battu.**

BIENVENUE À LA NICOULETTE, une ancienne ferme picarde (fin 19ᵉ s.) située aux portes de Gapennes. Entièrement rénovée, elle abrite aujourd'hui des chambres de plain-pied, réparties dans la grange et le poulailler. Leur nom évoque leur cadre : « Baie de Somme » renferme des gravures et des photos du joli site voisin, tandis que de nombreux angelots décorent « Anges ». Notez que « La Famille », grâce à sa mezzanine, peut accueillir jusqu'à quatre personnes. Mobilier chiné un peu partout, briques apparentes et bonne tenue. Ancienne professionnelle de l'hôtellerie, Solange veille à ce que vous commenciez

S'il pleut

▶ **Le musée Boucher de Perthes, à Abbeville, présente une partie de ses collections en hommage à ce touche-à-tout de talent, à la fois inspecteur des douanes et archéologue.**

La Forge de l'Abbaye

HÉLAS, VOUS NE VERREZ PAS L'ABBAYE dont dépendait ce bâtiment construit en 1723, car elle fut complètement détruite lors de la Révolution française. De la forge, ruinée elle aussi, il ne restait pratiquement que l'imposante charpente quand Christine et Franck Plateau la découvrent. Séduits par la beauté de ces vestiges chargés d'histoire, ils décident de la rénover en 1999. Il leur a fallu six ans pour concrétiser leur projet, mais cela en valait la peine. La Forge arbore aujourd'hui un cadre d'une grande sobriété qui sied à la tranquillité des lieux et promet un séjour chaleureux, en toute simplicité. Les chambres portent les noms de personnes liées à Liessies (« Wibert », « Gontrand Le Bien Heureux », « Louis de Blois » ou « Sainte Hiltrude ») et sont meublées en pin ou en fer forgé. Pas de table d'hôte, mais pourquoi ne pas faire un tour au Château de la Motte, l'hôtel-restaurant des propriétaires ? Au menu : cuisine traditionnelle et spécialités gastronomiques de l'Avesnois.

Christine et Franck Plateau
4 chambres : 52-59 €.
13 rue de la Forge – 59740 Liessies
Tél. 03 27 60 74 27. www.laforgedelabbaye.com
CB acceptée. Fermé 2 janvier-9 février.

On reviendra pour

▷ L'histoire tumultueuse de la forge et de l'abbaye. Ou tout simplement regarder un bon film grâce au lecteur DVD installé dans les chambres.

S'il fait beau

▷ La cité gallo-romaine de Bavay, les églises fortifiées de la Thiérarche, le musée Matisse du Cateau, les écomusées de Trélon et Fourmies. Balades en forêt, excursions et randonnées.

La Maison Carrée *

LILLE

DANS LES FAUBOURGS DE LILLE, à deux pas du centre-ville, cet élégant hôtel particulier en briques rouges ouvre sur un charmant petit parc. La magnifique terrasse « tout bois » (plage, chaises, tables et transats) borde la piscine tandis que les arbres apportent une note de verdure à ce cadre unique. Les propriétaires, passionnés d'art moderne, ont su composer une décoration des plus raffinées en métissant les styles et les époques, avec une prédominance pour le contemporain épuré. Parquets en point de Hongrie, cheminée en briques rouges et en pierres (dans le hall) donnent la réplique à des meubles design et aux nombreuses œuvres d'art exposées partout dans la maison. On ne sait plus où poser les yeux ! Superbe salon de détente face à une grande baie vitrée. Zéro faute également du côté des chambres : déco ultra soignée, confort haut de gamme, mobilier choisi avec soin, draps en lin et coton, couvertures en poil de chameau et équipements dernier cri… Incontournable.

Delphine Larivière
5 chambres : 140-230 €.
29 rue Bonte-Pollet – 59000 Lille.
Tél. 03 20 93 60 42. www.lamaisoncarree.fr
Table d'hôte : 30-60 €. CB acceptée.
Chiens interdits. Ouvert toute l'année.

Pour les curieux

▶ **Si vous connaissez déjà la Grand'Place et autres lieux touristiques de la ville, allez découvrir les maisons Folies (Moulins et Wazemmes) ou le Tri postal, hauts lieux de la culture urbaine nés de la manifestation Lille 2004.**

On reviendra pour

▶ **Les nombreuses œuvres réalisées par de jeunes artistes (peinture, sculpture, photo) exposées partout dans la maison.**

Château d'Omiécourt

OMIÉCOURT

GRAND NORD

VÉRONIQUE ET DOMINIQUE de Thézy, les propriétaires de ce château, se targuent de posséder un véritable remède anti-stress. On peut raisonnablement les croire quand on voit cette belle demeure nichée au cœur d'un parc de 16 ha. Parmi les arbres qui le peuplent, un hêtre pourpre âgé de plus de 400 ans serait, dit-on, le plus vieux du département ! Au détour d'un chemin, vous tomberez sûrement sur le practice de golf, la piscine sécurisée ou le bassin « balnéo » chauffé à 32 °C… Dans la famille depuis 1882, le château conserve quelques beaux meubles anciens visibles, entre autres, dans les chambres « Médicis », « Directoire », « 1900 », « Merisier » et « Louis XVI ». La belle galerie renferme une documentation complète sur les sites remarquables de la région et Véronique, passionnée de déco, vous invite à découvrir sa petite boutique dédiée aux arts de la table (faïences et porcelaines, classiques ou modernes).

Véronique et Dominique de Thezy
5 chambres : 65-95 €.
4 rue du Bosquet – 80320 Omiécourt.
Tél. 03 22 83 01 75. www.chateau-omiecourt.com
CB acceptée. Anglais parlé. Ouvert toute l'année.

On reviendra pour :

▸ Les forfaits « Romantisme, bien-être et gastronomie » comprenant massages relaxants et soins du visage, réalisés par une esthéticienne diplômée, ou « Week-end en amoureux » avec dîner gastronomique aux chandelles.

S'il fait beau

▸ On ira faire un tour dans le centre historique de Roye, ses remparts et ses églises. On ira se « jeter dans les airs » (initiation au saut en parachute) à l'aéro-club de Péronne.

Le Grand Duc*

VALENCIENNES

Fragiles », « Le Temps Suspendu »), très personnalisées, offrent en outre une vue splendide sur le vaste parc à l'anglaise. Sachez aussi que votre hôte organise des soirées à thèmes dans le « Salon des Quatre Colonnes », entre cour et jardin, et vous invite à partager son autre passion – la gastronomie – à sa table d'hôte.

Philippe Collet
5 chambres : 85 €.
104 avenue de Condé – 59300 Valenciennes.
Tél. 03 27 46 40 30. www.legrandduc.fr
Table d'hôte : 28-39 €. CB acceptée. Anglais, italien parlés. Chiens interdits. Fermé en août.

Pour les curieux

▸ À Valenciennes, ne ratez pas le musée des Beaux-Arts. Conviviale et populaire, la fête à Binbin, le géant mascotte de la ville, se déroule début septembre.

CETTE DEMEURE BOURGEOISE appartenait au directeur des mines d'Anzin, dont l'entrée se trouvait de l'autre côté de l'avenue. Jusqu'au jour où Philippe Collet, exconsul mais surtout artiste plasticien et décorateur, la rachète et se lance dans un chantier phénoménal pour la relooker complètement. Tout en préservant l'architecture d'origine, il s'amuse avec les styles, les mélange avec virtuosité, traverse les siècles et passe du design high-tech au mobilier ancien chiné en Belgique (voire jusqu'à Maastricht !) sans l'ombre d'un scrupule. Éclectique et brillant. Les chambres, aux noms poétiques (« Les Rêves d'Enfance », « Les Instants

On reviendra pour

▸ Le cadre exceptionnel, les fresques du « salon des anges déchus » réalisées par le propriétaire lui-même, talentueux artiste touche-à-tout. Les soirées à thème : musique classique, jazz, théâtre, contes, etc.

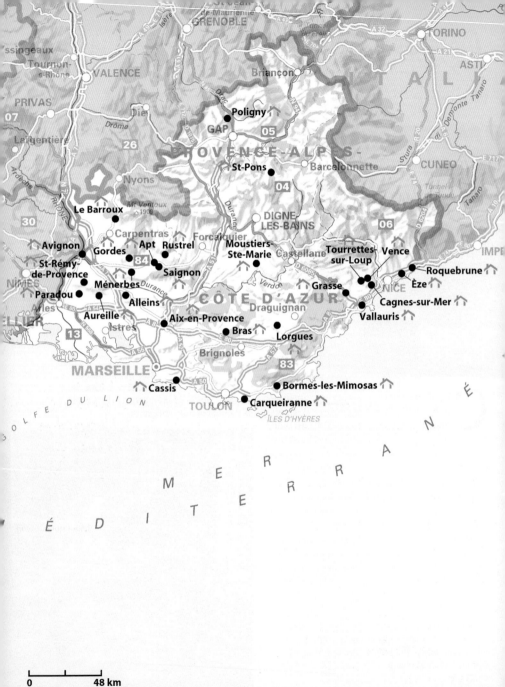

LESSANDRIA

AVONA

Grand Sud

« Après dix heures de vent de nuit,
c'est un jour tout neuf qui se lève ce matin.
Les premiers rayons du soleil entrent dans
un air vide ; à peine envolés ils sont déjà
sur les lointaines collines entre les genévriers
et sur le thym. »

Jean Giono, *Colline*

CAP CORSE

San-Martino-
di-Lota

Nonza

BASTIA

Calvi

2B

Mte Cinto
2706
Mte
Rotendo
2622

Corte

Prunete

CORSE

Eccica-Suarella

JACCIO

Solaro

Sartène

2A

I. Maddale.

Domaine de La Brillane

EN 2000, RUPERT BIRCH entreprend la grande aventure de sa vie : il quitte l'univers de la finance pour se lancer dans la production vinicole. À cette époque, seules des vignes occupent son terrain de 10 ha. À peine deux ans plus tard, il fait construire un bâtiment dans le respect de l'architecture locale – au point qu'il semble avoir toujours fait partie du paysage – et y installe de belles chambres d'hôtes. À la fois sobres, contemporaines et cosy, elles portent toutes le nom d'un cépage du cru («Mourvedre», «Syrah», «Grenache», etc.) car Rupert et sa femme Mary vouent une passion au vin qu'ils partagent volontiers : faites un tour du côté des chais où ils produisent un vin rouge bio de grande qualité, sans oublier le caveau de dégustation et, si vous venez à la bonne saison, vous assisterez peut-être aux vendanges, entièrement réalisées manuellement. Petit-déjeuner sur la pelouse, dans un charmant petit coin cerné d'arbres, avec vue sur les vignes, naturellement…

Rupert Birch
5 chambres : 120-150 €.
195 route de Couteron – 13090 Aix-en-Provence.
Tél. 06 74 77 01 20. www.labrillane.com
CB acceptée. Chiens interdits.
Fermé 20 décembre-4 janvier.

On reviendra pour

▸ La production de vin rouge bio au domaine et les dégustations sur place. Le petit-déjeuner servi sur la pelouse, dans un charmant espace cerné d'arbre, avec vue sur les vignes.

Amoureux des vieilles pierres

▸ La visite de la vieille ville d'Aix-en-Provence : la tour de l'Horloge, ancien beffroi de la ville, et la cathédrale Saint-Sauveur, qui abrite le triptyque du «Buisson Ardent» de Nicolas Froment (1476).

Domaine de Méjeans

Annie Rabattu

5 chambres : 140-210 €.
R.D.71B – 13980 Alleins.
Tél. 04 90 57 31 74. www.domainedemejeans.com
Table d'hôte : 28 €-40 €. CB acceptée. Anglais parlé.
Chiens interdits. Ouvert toute l'année.

ENTRE ALPILLES ET LUBERON, au milieu des vergers, se dresse le Domaine de Méjeans, petit coin de paradis perdu au bout d'une allée de peupliers… Cet ancien corps de ferme a été transformé en un superbe mas méridional. Une décoration provençale authentique partout – mais qui n'hésite pas à se moderniser – et du raffinement à revendre : la grande salle à manger reflète le confort et le luxe de la demeure, à l'instar des salons cossus, du patio, de la cuisine d'été et du bar cosy où se tiennent les dégustations des vins du domaine. Les chambres, véritables hommages à la gourmandise («Praline», «Nougat», «Calisson», «Berlingot»), rivalisent de charme avec leurs ambiances cocon et leurs teintes craquantes et sucrées. Petit coup de cœur pour «Amande» et ses jolies couleurs pétillantes. Cerise sur le gâteau, le jardin, son lac où barbotent oies et canards, sa piscine et sa terrasse ombragée pour le petit-déjeuner.

On reviendra pour

▸ La location de VTT pour sillonner la région. Le service personnalisé en chambre (sur demande) pour fêter un événement : collation, rafraîchissement, décoration florale, etc.

Pour les épicuriens

▸ Les marchés provençaux (Vernègues, Senas, etc.) pour découvrir tous les produits du terroir : fromages de chèvre, vins de la région… La visite de la fabrique de calissons d'Aix-en-Provence.

Le Couvent

Apt

On reviendra pour

▶ **Les stages culinaires proposés en partenariat avec un chef cuisinier de la région.**

S'il fait beau

▶ **Vous êtes dans le centre historique d'Apt (patrimoine remontant au 12ᵉ s.). Autour de la ville, s'étend le Parc Naturel Régional du Luberon, un paradis pour les randonneurs.**

UNE FOIS DANS L'ENCEINTE de ce couvent du 17ᵉ s., on ressent l'austérité caractéristique de sa vocation première. Mais cette impression ne dure pas. Dans les chambres luxueuses et confortables, colorées et personnalisées («Chocolat», «Ocre», «Jaune», «Bleue»), c'est plutôt l'aventure de la doña Padilla del Flor de Victor Hugo qui nous vient à l'esprit : «La nonne osa, dit la chronique, Au brigand par l'enfer conduit, Aux pieds de Sainte Véronique, Donner un rendez-vous la nuit»… Romantique à souhait! On en oublie vite nos contemporains et la proximité du centre-ville. D'autant que Laurent, ex-animateur radio, apporte un soin particulier à l'ambiance sonore qui règne dans ses murs. Si vous êtes mélomane comme lui, vous apprécierez les douces mélodies diffusées dans les salles de bain. Petit-déjeuner à la française, servi sous les voûtes du réfectoire ou sur la terrasse si le temps le permet. En plus : un paisible jardin avec piscine.

Marie et Laurent Pierrepont
5 chambres : 80-120 €.
36 rue Louis-Rousset – 84400 Apt.
Tél. 04 90 04 55 36. www.loucouvent.com
CB acceptée. Anglais parlé. Chiens interdits.
Fermé 11-23 février.

Le Balcon des Alpilles

AUREILLE

On reviendra pour

▸ Les superbes petits-déjeuners confectionnés avec des produits maison. Putting green, pitching put et court de tennis en terre battue dans le parc.

Pour les curieux

▸ La ville d'Arles, classée au patrimoine mondial de l'humanité, regorge de richesse : monuments de la Rome antique et musées. La fête votive d'Aureille se déroule à la mi-août.

Josiane Gatti
5 chambres : 110-130 €.
13930 Aureille.
Tél. 04 90 59 94 24. http://lebalcondesalpilles.com
Ouvert 16 mars-30 novembre.

ENTRE LES VALLÉES du Rhône et de la Durance s'étendent les Alpilles, la partie la plus méridionale du massif alpin. Dans ce paysage de garrigue sauvage, à la sortie d'un bourg typique de la région (on y organise encore des fêtes votives et on célèbre le départ des transhumances), cette maison d'hôtes jouit d'une tranquillité vraiment appréciable, parmi les oliviers, la lavande et les fleurs. Josiane Gatti a rénové les chambres avec goût et dans les respect de la tradition provençale : poutres apparentes, mobilier ancien, teintes douces… Chaque objet trouve sa place et l'on se sent vraiment bien dans ces petits cocons. La maîtresse des lieux, ancienne restauratrice, prépare elle-même les confitures, les gâteaux et le jambon braisé que vous dévorerez au petit-déjeuner. Il va sans dire qu'un petit plongeon dans la piscine après un tel régal ressemble assez au bonheur absolu! Les golfeurs pourront quant à eux parfaire leur swing sur le practice du domaine.

Lumani

Jean et Elizabeth Hirschi
5 chambres : 90-160 €.
37 Rempart St-Lazare – 84000 Avignon.
Tél. 04 90 82 94 11. www.avignon-lumani.com
Table d'hôte : 28 €. CB acceptée. Chiens interdits.
Fermé 15 novembre-15 décembre et
7 janvier-28 février.

LES AVIGNONNAIS CONNAISSENT bien la demeure de la famille Siaud, propriétaire de la librairie Roumanille (une véritable institution locale). Cette maison de maître du 19ᵉ s., typiquement provençale appartient désormais à un couple passionné d'art. Jean, architecte de profession, a entièrement repensé les volumes des salons et des chambres en déclinant les couleurs autour des «ocres de Roussillon»; Elisabeth, férue de décoration, a chiné des meubles à travers tout le pays pour créer une heureuse harmonie entre éléments modernes et anciens. Résultat : des chambres sobres et charmantes, invitant à la quiétude et à l'évasion. La philosophie de vie de vos hôtes? Vous recevoir comme des amis, dans un espace propice aux rencontres. On échange des impressions, des réflexions sur les œuvres exposées dans la maison, autour de la fontaine du délicieux jardin clos. Les artistes pourront même louer un des ateliers pour donner libre cours à leur talent…

On reviendra pour

▸ Les expositions permanentes (sculptures dans le jardin et peintures dans la maison). Faire le bœuf avec Jean, suivre les stages de photo, d'architecture ou de cuisine (découverte des saveurs provençales).

S'il fait beau

▸ Comme il vous faudra plusieurs jours pour découvrir toutes les merveilles de la ville, commencez donc par la chapelle des Pénitents Noirs, à la façade exubérante, le Palais des Papes et le rocher des Doms.

Villa Agapè

AVIGNON

U N IMMEUBLE DU 17ᵉ S. en plein centre historique, à deux pas du palais des Papes. Ne vous fiez pas à l'impression que laissent son entrée étroite et son escalier étriqué, puisqu'en haut des marches, vous aurez le plaisir de découvrir une véritable petite maison posée sur le toit, articulée autour d'une ter-rasse fleurie et pourvue d'une petite piscine… Inattendu et réjouissant! L'intérieur de la villa a des allures de maison familiale et ne manque pas de charme, avec son salon cossu (mobilier de style, murs rouges, bibliothèque, tableaux et bibelots éclectiques) et ses chambres coquettes et lumineuses. Vous apprécierez «Caroline» pour son classicisme raffiné, jusque dans sa salle de bain dotée d'un antique meuble de toi-lette en marbre. «Olivia», très cosy, a vue sur le clocher de St-Agricol. La suite familiale, amé-nagée sous les toits, possède une terrasse priva-tive qui domine la ville. Un petit havre de paix en plein centre-ville!

On reviendra pour

▶ La terrasse et sa piscine formant un véritable havre de quiétude.

Michèle de la Pommeraye

3 chambres : 90-150 €.
13 rue St-Agricol – 84000 Avignon.
Tél. 04 90 85 21 92. www.villa-agape.com
Anglais, italien, espagnol parlés. Chiens interdits.
Fermé 14 juin-31 juillet.

S'il fait beau

▶ Vous ne pourrez pas manquer le palais du Roure, demeure provençale des Baroncelli, ouvert à la visite.

L'Aube Safran

François et Marie Pillet
5 chambres : 100-145 €.
chemin du Patifiage – 84330 Le Barroux.
Tél. 04 90 62 66 91. www.aube-safran.com
Table d'hôte : 39 €. CB acceptée. Chiens interdits.
Ouvert 15 mars-15 novembre.

UN BEAU JOUR DE L'AN **2000**, Marie et François décident de changer de vie… Ils rachètent ce joli mas provençal isolé au pied du mont Ventoux et dans le même temps y relancent la culture du safran, activité pratiquée dans la région jusqu'au 19ᵉ s. Aujourd'hui, ce couple passionné vous convie à partager son amour de la nature et de la gastronomie dans un cadre idyllique, entre pins et arbres fruitiers. De la grande piscine à débordement, vous pourrez observer les dentelles de Montmirail, découpant le bleu du ciel de leurs sommets pointus. Les chambres bénéficient également de vues exceptionnelles sur cet environnement privilégié. Spacieuses et claires, elles associent joliment les tendances contemporaines avec de plaisantes touches rustiques : draps et rideaux en lin, murs enduits à la chaux, patine à l'ancienne, douches à l'italienne en tadelakt et galets. On appréciera particulièrement «Diotis» et la suite «Elatine» pour leurs terrasses privatives accédant directement à la piscine.

On reviendra pour

▷ **Les ateliers de cuisine autour du safran,** animés par Marie.

S'il fait beau

▷ **Grimpez jusqu'au château du Barroux** (12ᵉ s.) dont les épaisses murailles dominent le village du même nom.

La Bastide des Vignes

IL SUFFIT DE POUSSER la petite porte en fer forgé pour accéder à cette séduisante bastide, comme posée au milieu des vignes. Les propriétaires, Martine et Francis (anciens hôteliers), ont conçu un cadre à leur image : chaleureux, simple et vivant. Mobilier chiné, couleurs partout (vert, ocre, rose, safran), inspirations méditerranéennes ou exotiques, frises peintes à main levée sur les murs, tomettes : ici on fait avec ce qu'on a – avec beaucoup de cœur et d'imagination – et l'ensemble, hétéroclite et bohème, dégage un charme fou! Ou comment concilier à merveille authenticité et art de recevoir... Pas de télévision dans les chambres, mais en a-t-on vraiment besoin quand on sait que les fenêtres ouvrent sur un jardin véritablement luxuriant? Dehors, la terrasse couverte donne sur une piscine de forme originale, entourée de végétation... Un vrai havre de paix et de gentillesse, à l'écart de la foule et du bruit.

On reviendra pour

▶ Le calme absolu et le cachet un peu bohême de cette ancienne maison de vignerons.

S'il fait beau

▶ La Favière, ses plages et son port de plaisance.

Martine et Francine Lecomte
5 chambres : 105-129 €.
464 chemin Patelin – 83230 Bormes-les-Mimosas.
Tél. 04 94 71 20 29. www.bastidedesvignes.fr
Table d'hôte : 40 €. Chiens interdits.
Ouvert toute l'année.

Les Plumbagos

GRAND SUD

Gilles et Pascale Mendiboure
3 chambres : 90-125 €.
88 impasse du Pin – 83230 Bormes-les-Mimosas.
Tél. 06 09 82 42 86. www.lesplumbagos.com
Anglais, espagnol parlés. Chiens interdits.
Ouvert mars-octobre.

CONSTRUITE SUR LES HAUTEURS de Bormes-les-Mimosas, dans un quartier résidentiel des plus tranquilles, cette belle villa des années 1920 domine la baie. Un atout exploité à merveille sur la terrasse, partiellement ombragée et dotée d'une piscine : la vue sur le vieux village, l'Ile du Levant et la baie du Lavandou y est tout simplement sublime. Installez-vous dans les chaises longues et profitez du panorama… Pour recevoir les hôtes de passage, Pascale et Gilles, par ailleurs tout à fait charmants, ont aménagé des chambres simples, colorées et lumineuses, portant les noms des Trois îles d'Or. Mobilier en bois (ou en fer forgé pour «Porquerolles»), tomettes et couleurs fraîches composent un décor sagement provençal. Toutes sont climatisées (appréciable quand le soleil impose sa loi) et disposent d'un accès direct à l'extérieur. Parking privatif et fermé, bien pratique si l'on veut oublier la voiture quelques jours.

On reviendra pour

▶ **La tranquillité des lieux et la vue panoramique sur toue la baie.**

Pour les curieux

▶ **Le village médiéval de Bormes, le circuit des fontaines et les ateliers d'artisans : chapeliers, santonniers, céramistes, potiers, travailleurs du bois, du métal ou de la soie, peintres, sculpteurs, etc.**

et la vue sur vignes et jardin. Également, deux grands appartements dans la Bergerie (18ᵉ s.), personnalisés et joliment décorés. Sur place, vous pourrez suivre des cours de cuisine provençale, partir en randonnée (à pied ou à cheval), regarder un bon film dans la médiathèque équipée d'un matériel dernier cri, vous relaxer dans la piscine et le sauna ou simplement vous isoler dans un coin du jardin, pour lire un bon livre ou faire la sieste…

Pour se détendre

▶ Longues promenades sur le domaine avec, en haut de la colline, une jolie vue sur la Sainte Victoire et les Alpes, au loin. Pour se ressourcer : la basilique de Saint-Maximin-la-Sainte-Baume.

Claude et Martina Fussler
6 chambres : 80-115 €.
Domaine Le Peyrourier – 83149 Bras.
Tél. 04 98 05 10 20. www.provence4u.com
Table d'hôte : 26-32 €. CB acceptée.
Chiens interdits. Fermé 7 janvier-3 mars.

On reviendra pour

▶ Les cours proposés sur place : cuisine provençale ou broderie de boutis. La bibliothèque bien fournie et la médiathèque avec son home cinéma.

UNE ANCIENNE FERME TEMPLIÈRE, bâtie sur une colline au cœur d'un vaste domaine agricole (vignes et céréales). Martina et Claude Fussler ont restauré la bâtisse avec soin et vous y proposent plusieurs types d'hébergement : des chambres, des suites ou des appartements. Les amoureux aimeront sûrement la «Lune de Miel», nid douillet perché au dernier étage (ambiance provençale et touches chinoises), ou «Les Anges» pour son petit côté «romantico-baroque». Atouts non négligeables de «Voyage» : sa grande terrasse orientée à l'est

Villa Estelle

Estelle Reale
5 chambres : 100-195 €.
5 montée de la Bourgade – 06800 Cagnes-sur-Mer.
Tél. 04 92 02 89 83. www.villa-estelle.com
CB acceptée. Anglais parlé. Ouvert toute l'année.

On reviendra pour

▸ la décoration intérieure, le charme de la terrasse et du jardin.

I L VOUS FAUDRA EMPRUNTER une rue pentue du Haut-de-Cagnes pour atteindre cette charmante auberge du 14ᵉ s. Estelle, décoratrice de métier, a su lui donner une seconde jeunesse en la rénovant avec maestria. Les parties communes résultent d'un équilibre entre différentes tendances : imposante charpente apparente, rideaux de velours ou de toile brute, meubles anciens et tableaux contemporains cohabitent en parfaite harmonie dans un environnement à dominante ocre rouge. On retrouve une unité de couleurs dans les chambres, toutes ravissantes et personnalisées : ambiance orientaliste dans la « Saumon » ornée de portraits féminins, gravures et coquillages pour « Ocre », tonalités vert pâle dans la « Céladon »… Un tour de la maison s'impose pour découvrir ses autres trésors cachés : une terrasse d'inspiration florentine avec colonnes et plantes grimpantes, un jardin étagé en restanques où poussent palmiers, orangers, bougainvillées et lauriers blancs… Paradisiaque !

S'il pleut

▸ Le musée Renoir, installé dans une magnifique propriété de Cagnes-sur-Mer.

Val d'Azur

On reviendra pour

▸ **Les moments de détente sur la terrasse, au rythme des vagues de la piscine et du vent dans les palmiers.**

AUTOUR DE CETTE VILLA RÉCENTE perchée sur les hauteurs de Carqueiranne, un paysage magnifique de pins parasols et de palmiers s'étend jusqu'au bleu azur de la Méditerranée. Côté mer, les grandes portes-fenêtres ouvrent sur une terrasse orientée plein sud qui laisse entrer l'air chargé d'embruns et de senteurs florales… Ici, on oublie vite les petits tracas du quotidien. Les chambres, climatisées, se mettent au diapason de cette ambiance idyllique, avec leur décor sur le thème du voyage et leur vue sur la grande bleue. Coloris entre jade et turquoise pour «Lagon», au nom évocateur. Exotisme plus prononcé pour «Bali», dotée d'un lit «king size» et déclinant les tons lavande et lilas. Sa salle de bains (équipements design et grande baignoire de balnéothérapie), vous ravira par son allure autant que par son confort. Enfin, petite escapade vers les îles du côté de «Vanille», garnie d'un mobilier en bois foncé…

Pour les curieux

▸ **À l'intérieur des anciennes mines de cuivre de Cap Garonne, le musée de la Mine présente le travail des ouvriers ainsi qu'une collection de minéraux (expositions et animation son et lumière).**

M. Dauphin et Mme Petit
5 chambres : 75-135 €.
3 impasse de la Valérane – 83320 Carqueiranne.
Tél. 04 94 48 07 16.
Chiens interdits. Ouvert toute l'année.

183

GRAND SUD

Château de Cassis

▸ Passer une nuit dans une forteresse historique (le site était déjà occupé à l'époque romaine)... tout confort !

S'il fait beau

▸ Entre le massif des Calanques et le Cap Canaille, la station balnéaire de Cassis, son petit port de pêche et ses vignobles.

Chloé Caussin
5 chambres : 300-690 €.
Traverse du Château – 13260 Cassis.
Tél. 04 42 01 63 20. www.chateaudecassis.com
CB acceptée. Anglais parlé. Chiens interdits.
Ouvert toute l'année.

L ES MOTS MANQUENT pour qualifier cette impressionnante et majestueuse forteresse du 18ᵉ s. Bâtie sur un piton rocheux surplombant à plus de 100 mètres le port et la baie de Cassis, elle a survécu aux guerres et autres convoitises grâce à son enceinte dont on peut encore longer les vestiges. Décidée à rendre hommage à son passé tumultueux, la famille Caussin l'a reprise en 2002 et rénovée avec autant de passion que de talent. Et le résultat est magique. De superbes et multiples terrasses dominent les flots à perte de vue. La piscine dessinée comme un bassin à l'ancienne se cache parmi les cyprès... Divin ! La maison et les chambres réservent elles aussi leurs lots de surprises : cheminées, matériaux nobles, mobilier contemporain ou chiné chez les antiquaires et étoffes soyeuses subliment une architecture exceptionnelle faite d'arcades et de voûtes en pierres apparentes. Romantique, luxueux... Et tout simplement unique.

Carpe Diem Palazzu

ECCICA-SUARELLA

C ETTE SUPERBE DEMEURE datant de 1780 surplombe le village d'Eccica Suarella. Lors de sa restauration, Christian et Muriel Mela n'ont pas trahi son architecture, n'utilisant que des matériaux traditionnels (terre, chaux, ardoises, chêne massif...). Les suites, tout simplement sublimes, s'offrent le luxe d'une décoration chic et sobre mêlant le rustique, l'ancien et le contemporain avec une élégance rare. Chacune donne sur le maquis environnant. À toute heure de la journée, le restaurant de la maison, accessible à la clientèle extérieure, vous propose un «brunch corse». Appelée spuntinu, l'assiette se compose de produits locaux (que l'on retrouve aussi sur la table le soir) soigneusement choisis par Christian, qui possède aussi une oliveraie. Suivant la saison, il organise des rencontres avec les producteurs de vins, de lait de brebis, d'huiles et bien sûr de charcuterie corse, peut-être la meilleure du monde...

Christian et Muriel Mela
6 chambres : 270-400 €.
20117 Eccica-Suarella.
Tél. 04 95 10 96 10. www.carpediem-palazzu.com
Table d'hôte : 45-70 €. CB acceptée.
Anglais, italien parlés. Chiens interdits.
Fermé 12 janvier-27 février.

On reviendra pour

▷ Les expositions de peinture, de sculpture et d'artisanat d'art corse. La visite en compagnie de Christian des viticulteurs, des bergers et des éleveurs porcins de la région. L'oliveraie du domaine.

S'il fait beau

▷ On ne présente plus l'île de Beauté et ses multiples attraits : excursions en montagne, farniente sur la plage, plongée sous-marine ou encore sports aquatiques...

La Bastide aux Camélias

déjeuner sous la véranda, vous aurez tout le loisir d'élaborer votre programme pour la journée : préférerez-vous un massage aux huiles essentielles, un moment de relaxation dans le jacuzzi ou un bain de vapeur dans le sauna ?

Sylviane Mathieu
4 chambres : 100-150 €.
23c route de l'Adret – 06360 Èze.
Tél. 04 93 41 13 68. www.bastideauxcamelias.com
CB acceptée. Anglais, italien parlés.
Chiens interdits. Ouvert toute l'année.

On reviendra pour

▸ **Les massages aux huiles essentielles, les bains de vapeurs dans le sauna et les moments de relaxation dans le jacuzzi.**

S'il fait beau

▸ **Visitez la cité médiévale d'Èze, son jardin exotique et ses plages. Elle accueillit des personnalités d'hier et d'aujourd'hui (Nietzsche, Georges Sand, Francis Blanche ou même Bill Clinton et Bono du groupe U2 !).**

S I VOUS FLÂNEZ DU CÔTÉ DU PARC de la Grande Corniche, vous risquez fort de tomber sous le charme de cette belle villa immergée dans une végétation luxuriante. Ici, l'ombre des cerisiers dessine sa silhouette sur le terrain de pétanque tandis que les oliviers montent la garde près de la piscine. Les chambres, par leur nom, semblent rendre hommage à la nature, présente partout où l'on pose le regard. Ambiance zen et contours soulignés de noir dans la « Yucca », ouverte sur une terrasse privative, ou plus romantique dans la « Carambole » et ses tissus légers en guise de baldaquin. Le mobilier, tantôt ancien, tantôt en bois exotique, apporte sa touche d'élégance. Après un petit-

Mas de la Beaume

Miguel Willems

5 chambres : 105-175 €.
route de Cavaillon – 84220 Gordes.
Tél. 04 90 72 02 96. www.labeaume.com
CB acceptée. Anglais parlé. Chiens interdits.
Ouvert toute l'année.

On reviendra pour

▸ **Les moments de détente dans la piscine à vagues (eau salée) face au jardin, ou dans le jacuzzi.**

À DEUX PAS DU VIEUX GORDES, une ancienne bergerie en pierres sèches entourée d'un écrin de verdure méridionale. Oliviers, cyprès et amandiers mêlent leurs feuillages aux massifs de lavande qui remontent le long du jardin étagé en restanques. Ambiance très provençale également à l'intérieur de la maison : murs passés à la cire d'abeille teintée, bouquets de fleurs séchées suspendus aux poutres, vieux meubles régionaux, etc. Wendy et Miguel ont particulièrement soigné la décoration des chambres, qu'ils ont voulues coquettes et très confortables : tomettes traditionnelles, fer forgé, bois, couettes en lin et boutis finement ouvragés. Les ocres si chères à la région ornent la plupart des murs, seule la « Bleue » se distingue des autres par sa couleur azur. Belle suite « Félicie » dont la mezzanine est desservie par un escalier en fonte. Et pour bien commencer la journée, faites honneur au petit-déjeuner servi à l'ombre des figuiers… Un régal !

Pour les curieux

▸ **La source qui jaillit à Fontaine-de-Vaucluse cultive bien des mystères quant à ses origines ou la profondeur de son gouffre. Le Village des Bories offre un témoignage unique de la vie provençale, d'hier à aujourd'hui.**

Moulin St-François

Liliane Leroy
3 chambres : 220-350 €.
60 avenue Maupassant – 06130 Grasse.
Tél. 04 93 42 14 35.
www.moulin-saint-francois.com
Chiens interdits. Ouvert toute l'année.

QU'IL FAIT BON SÉJOURNER au calme tout en restant à proximité du centre-ville ! D'autant que ce vieux moulin en pierre de 1760 cumule les arguments convaincants : un parc planté d'oliviers et agrémenté d'une jolie piscine, un intérieur grand luxe entièrement refait à neuf et une décoration on ne peut plus soignée. Dans l'ensemble, Liliane a opté pour un subtil mariage entre design et rétro. Les murs et les tissus blancs attirent la lumière, apportant une agréable sensation de fraîcheur. L'équipement des salles de bains bénéficie lui aussi d'attentions : avez-vous remarqué les vasques transparentes dans la chambre nommée « Raffinement » ? Ou encore le rebord de baignoire en bois dans la suite « Prestige » ? D'autres moments de détente assurés dans le salon-bibliothèque avec pourquoi pas une partie de billard ou devant un bon film (téléviseur LCD). Connexion Wi-fi dans toute la maison.

On reviendra pour

▸ **Le confort d'un équipement moderne associé au charme des vieilles pierres.**

S'il pleut

▸ **Les visites guidées des parfumeries de Grasse.**

La Bastide du Pin

UNE MAJESTUEUSE ALLÉE de cyprès centenaires mène à cette bastide du 18ᵉ s. Tout autour, un très beau jardin de 2 ha… Prenez le temps de le découvrir avant de rejoindre le patio orienté plein sud. Là, une volée de marches descend vers la grande piscine installée sur la restanque (terrasse en provençal) offrant une vue imprenable sur le massif des Maures… La demeure réserve aussi son lot de belles surprises :

On reviendra pour

▸ Flâner dans le parc et le patio aux allures toscanes. La vue imprenable sur le massif des Maures.

Pour les amateurs d'art

▸ L'abbaye du Thoronet (12ᵉ s.). Salernes, cité de la céramique, célèbre pour ses tomettes hexagonales.

Claudie et Stéphane Dumont ont particulièrement soigné l'aménagement des chambres. Opterez-vous pour «Félicie» raffinée et romantique (à noter : la jolie et antique baignoire), «Rosalie», plus chic et ouverte sur le massif des Maures ou pour la délicieuse «Justine» et sa salle de bains rétro? «Hortense» et «Agathe» sont plus simples mais charmantes également. Aux heures chaudes de la journée, on se réfugie dans le salon-bibliothèque ou la salle de billard, avant de prendre l'apéritif (offert par la maison à votre arrivée) à l'ombre du pin qui vaut son nom à la propriété.

Stéphane et Claudie Dumont
5 chambres : 80-120 €.
1017 route de Salernes – 83510 Lorgues.
Tél. 04 94 73 90 38. www.bastidedupin.com
Table d'hôte : 28 €. CB acceptée. Anglais parlé.
Chiens interdits. Ouvert toute l'année.

La Bastide de Soubeyras

Françoise Moïse
6 chambres : 85-165 €.
route des Beaumettes – 84560 Ménerbes.
Tél. 04 90 72 94 14. www.bastidesoubeyras.com
Table d'hôte : 35 €. Anglais, allemand parlés.
Chiens interdits. Fermé en février.

S'il fait beau

▶ **Suivez le sentier, au départ de Roussillon, qui mène à la chaussée des Géants et aux étonnants paysages sculptés par l'érosion. Dix chemins de randonnées pédestres et balades à vélo. Marchés paysans aux alentours.**

EMPLACEMENT EXCEPTIONNEL pour cette bastide en pierres sèches perchée au sommet d'une colline boisée, en plein cœur du Parc naturel du Luberon… Un vrai belvédère offrant un beau panorama sur les alentours : assis au bord de la piscine, vous apercevrez même le village de Ménerbes et ses remparts. Françoise et Yves ont rénové la maison avec le souci constant de préserver son caractère méridional, et ils ont réussi. Murs patinés, poutres apparentes, mobilier actuel ou chiné s'intègrent parfaitement et chaque objet semble trouver sa place naturellement. Les chambres sont toutes personnalisées et trois d'entre elles (teintes écrues, ambiance mi-provençale, mi-contemporaine chic) évoquent le village qui leur fait face : «Ménerbes», «Lacoste», «Oppède». Ceux qui préfèrent les couleurs chaudes choisiront «Lumière de Marrakech» pour son atmosphère marocaine. Un conseil : ne manquez pas la table d'hôte régionale et le petit-déjeuner sous la treille.

On reviendra pour

▶ **Les week-ends thématiques, souvent orientés gastronomie locale, dont les séjours «tout truffe».**

La Bouscatière

UNE BOUSCATIÈRE SERVAIT JADIS à entreposer le bois de chauffe. Celle-ci fut construite en 1765 par un grand faïencier de Moustiers. Aujourd'hui sa vocation a changé et elle reçoit les voyageurs en quête de calme et de ruralité. Si vous faites partie de ceux-là, l'ambiance à la fois chic et apaisante de cette maison vous ravira. Est-ce parce qu'elle s'accroche à la falaise (le rocher est visible dans certaines pièces dont une salle de bains) qu'elle s'agence de façon si originale ? Jugez plutôt : les salles communes se trouvent au dernier étage et les chambres en dessous ! Sauf une, logée dans une ancienne chapelle, d'où l'on peut admirer le clocher de l'église romane voisine. Côté cadre, la simplicité est de mise avec une prédominance de tons clairs et de meubles anciens.

Une grande cheminée trône dans l'immense pièce paysanne reconvertie en salon-cuisine, idéal pour découvrir le menu provençal proposé le soir à la table d'hôte. Petit-déjeuner au salon ou dans le délicieux jardin clos.

Geneviève et Joël Calas
5 chambres : 115-190 €.
chemin Marcel Provence –
04360 Moustiers-Ste-Marie.
Tél. 04 92 74 67 67. www.labouscatiere.com
Table d'hôte : 30-120 €. CB acceptée.
Anglais parlé. Chiens interdits.
Ouvert toute l'année.

S'il fait beau

▶ Visite de Moustiers-Sainte-Marie, «Plus beau village de France». Le Parc naturel régional et les gorges du Verdon. Baignade surveillée, voile, planche à voile, pédalo et balade en bateau au lac de Sainte-Croix.

On reviendra pour

▶ La vue sur le village depuis toutes les chambres et le menu du marché servi à la table d'hôte.

Casa Maria

Marie-Ange Burini
5 chambres : 70-90 €.
20217 Nonza.
Tél. 04 95 37 80 95. www.casamaria.fr
Anglais, italien parlés. Chiens interdits.
Ouvert d'avril à octobre.

IL EST DES MAISONS dont l'histoire mériterait à elle seule tous les détours du monde. Casa Maria en fait partie. Tout commence lorsqu'un ouvrier chargé de sa rénovation découvre une cassette poussiéreuse dans un trou du grenier. Point de pièces d'or mais un trésor bien plus précieux : la correspondance amoureuse de Marie, qui vivait ici au 19e s. L'instituteur de Nonza et la jeune demoiselle, follement épris l'un de l'autre, s'échangèrent des billets doux qui transitaient par des recoins du village jusqu'au jour où elle dut épouser un autre homme choisi par ses parents. Aujourd'hui on se perd encore à rêver de cette impossible idylle dans des chambres simples mais agréables (meubles de famille restaurés) ou dans l'époustouflant jardin fleuri. Tout comme le reste du «village le plus fou de l'île», il domine superbement la Grande Bleue et semble s'agripper aux falaises sans se soucier des lois de la gravité. Sublime Cap Corse…

On reviendra pour

▸ Les nombreuses légendes contées par le propriétaire, également maire du village. Les produits locaux et confitures maison servis au petit-déjeuner.

Pour les curieux

▸ Le village classé de Nonza et sa tour carrée paoline – et non génoise ! L'écomusée du Cédrat. Les chemins de randonnée balisés. Un sentier mène à la plage en 10 minutes.

La Maison du Paradou

PARADOU

GRAND SUD

AU COEUR D'UN VILLAGE niché au pied des Alpilles, cet ancien relais de poste datant de 1699 vit une seconde jeunesse grâce à Andrea et Nick, ses heureux propriétaires. Ils ont su rénover la demeure avec beaucoup de goût et y intégrer le confort d'aujourd'hui, tout en préservant son identité. «Citrine», «Emeraude», «Fuchsia», «Violette» et «Jardin Secret» : chaque chambre bénéficie d'une ravissante décoration personnalisée, osant les couleurs vives savamment mises en harmonie avec un mobilier choisi. Les amateurs de cinéma ou de musique apprécieront la collection de CD et de DVD mise à leur disposition. Qu'ils n'oublient pas pour autant d'admirer les vieilles pierres de la maison, ses volets bleu lavande, la glycine bicentenaire, ainsi que la magnifique pergola proche d'une piscine entourée de chaises longues et d'un jardin provençal. Le repas est servi soit dehors dans ce cadre privilégié, soit dans une grande salle voûtée.

S'il fait beau

▸ Arpenter les rues du village médiéval des Baux-de-Provence, posé sur un éperon rocheux avec vue imprenable sur les Alpilles.

Andrea et Nicolas Morris
5 chambres : 270-285 €.
2 route de St-Roch – 13520 Paradou.
Tél. 04 90 54 65 46. www.maisonduparadou.com
Table d'hôte : 35-75 €. CB acceptée.
Ouvert toute l'année.

On reviendra pour

▸ Essayer toutes les chambres !

Le Chalet des Alpages

Marie-Christine et Patrick Potut
5 chambres : 70-120 €.
Les Forestons – 05500 Poligny.
Tél. 04 92 23 08 95. www.lechaletdesalpages.com
Table d'hôte : 22 €. Chiens interdits.
Ouvert toute l'année.

POLIGNY SE TROUVE AUX PORTES du Champsaur et le Chalet des Alpages profite d'un vaste terrain privé (6 000 m²). Autant dire qu'un séjour ici est synonyme de calme, de nature et d'espace. À l'intérieur, bois omniprésent et vieille cheminée en pierre, chauffage par géothermie et plancher chauffant : tradition et technologie n'ont jamais fait aussi bon ménage ! Côté déco, mobilier et objets montagnards participent à cette atmosphère douillette, caractéristique des chalets alpins : les chambres, avec vue sur les sommets alentour, sont chaleureuses à souhait. Autres atouts – et non des moindres – de la maison : une salle de gym, un jacuzzi et un vrai sauna scandinave (peignoir et vin chaud norvégien fournis)… Aurez-vous le courage de vous rouler dans la neige après votre bain ? Sinon optez pour les plaisirs gourmands de la table d'hôte : tourtons, jambon de pays et autres recettes qui, même à cette altitude, ont déjà un petit goût de Provence…

On reviendra pour
▸ **Les soins et les massages relaxants (aux huiles essentielles) proposés sur place le samedi après-midi.**

S'il fait beau
▸ **La région bénéficie de 300 jours d'ensoleillement par an, alors partez à la conquête de la verdoyante vallée du Champsaur, du Dévoluy ou du Valgaudemar.**

Casa Corsa

VANT DE SILLONNER la castagniccia, faites une halte dans cette maison située en retrait de Cervione. Passez le ravissant jardin fleuri et rendez-vous à l'intérieur pour découvrir l'univers d'Anne-Marie et Jean-Jules Doumens. Passionnés de décoration, ils ont façonné un cadre de vie qui leur correspond : charmant, chaleureux et haut en couleurs. Les pièces respirent la fraîcheur campagnarde et se révèlent coquettes à souhait. Le salon, avec sa cheminée et ses nombreux bibelots chinés, invite à s'attarder auprès de l'âtre. On aime tout particulièrement l'ambiance douillette des chambres : meubles anciens, boutis, plaids, tapis, objets rustiques, bouquets de fleurs séchées et beaux plafonds en châtaigner, région oblige. Vous commencerez la journée par un savoureux petit-déjeuner agrémenté de confitures dont Jean-Jules a le secret. À déguster en terrasse, sous une treille recouverte de vigne, dès que la météo le permet.

On reviendra pour

▸ Les confitures de Jean-Jules (à base de fruits de saison : abricot, kiwi, melon, etc.) qui enchantent les petits-déjeuners.

S'il fait beau

▸ On partira à la chasse aux souvenirs (huile d'olive, noisettes et sûrement quelques châtaignes…) dans le village de Cervione. Sinon, la mer se trouve à moins d'un kilomètre.

Anne-Marie et Jean-Jules Doumens
6 chambres : 56-62 €.
Acqua Nera – 20221 Prunete.
Tél. 04 95 38 01 40. www.casa-corsa.net
Chiens interdits. Ouvert toute l'année.

Le Roquebrune

Marine et Patricia Marimovide
5 chambres : 100-195 €.
100 avenue J. Jaurès – 06190 Roquebrune.
Tél. 04 93 35 00 16. www.le-roquebrune.com
CB acceptée. Anglais, allemand, italien parlés.
Ouvert toute l'année.

PATRICIA ET MARINE VOUS REÇOIVENT comme des amis dans leur maison familiale qui surplombe le Golfe Bleu. Cette ancienne table étoilée, située à 3 km de Monte-Carlo, abrite aujourd'hui des chambres de charme (dont une spécialement aménagée pour les personnes à mobilité réduite), repensées de fort belle manière et donnant toutes sur le cap Martin. La décoration plutôt sobre, à dominante blanche, leur confère fraîcheur et luminosité. Salles de bains bien équipées, literie neuve, connexion Internet haut débit et climatisation complètent le confort. On apprécie plus particulièrement celles dotées d'un mignon jardinet privatif. Pour bien commencer la journée, un bon petit-déjeuner s'impose dans le salon tourné vers la terrasse. Vous pourrez y feuilleter la presse quotidienne ou les cartes des environs gracieusement mises à disposition. De quoi imaginer quelques sympathiques escapades !

On reviendra pour

▹ **La vue incomparable sur le Golfe Bleu.**

S'il fait beau

▹ **Bénéficiant d'un microclimat d'une exceptionnelle douceur, les quarante-six hectares de jardins de la cité de Menton accueillent de nombreuses plantes exotiques provenant du monde entier.**

La Forge

O N APPELLE «COLORADO PROVENÇAL» les anciennes carrières d'ocre qui s'étendent sur 30 ha autour de Rustrel. C'est dans ce paysage hors du commun, que se trouve cette ancienne fonderie (1840) transformée par Claude et Dominique en un lieu de séjour idyllique. La Forge, c'est aussi et surtout une «maison d'artistes» qui vit au rythme des élans créatifs de ses propriétaires : la peinture, la décoration et la danse pour Dominique; la photographie pour Claude. Ils ont créé des chambres joliment provençales, alliant espace et confort, meubles chinés ou rustiques, tissus choisis et œuvres d'art. Au petit-déjeuner, on profite de la douceur du jardin fleuri en dégustant les gâteaux maison accompagnés de confitures et de miels de la région. Dans ce cadre enchanteur, Dominique propose un séjour «Esquisse en voyage» : muni de vos crayons et aquarelles, partez découvrir les techniques du dessin en extérieur.

S'il fait beau

▶ Découvrez le «Colorado provençal» à pied, en vélo, à cheval ou même en parapente! Accompagné par un moniteur qualifié, bien sûr…

Claude et Dominique Berger-Ceccaldi
5 chambres : 86-99 €.
Notre-Dame-des-Anges – 84400 Rustrel.
Tél. 04 90 04 92 22. www.laforge.com.fr
Chiens interdits. Ouvert 1er mars-15 novembre.

On reviendra pour

▶ La semaine «Esquisse en voyage» : excursions et cours de dessins (perceptions des lignes essentielles, principe du clair-obscur) avec Dominique, dans les paysages enchanteurs qui entourent la Forge.

KAMILA RÉGENT, GALERISTE, et son compagnon Pierre Jaccaud, metteur en scène, transformèrent cette demeure du 18ᵉ s. il y a plus de dix ans en maison d'hôtes et lieu d'échange culturel. Lors de votre séjour, vous croiserez sûrement des artistes, des commissaires d'expositions ou encore des écrivains de tous pays invités en résidence. Cette activité incessante autour de l'esthétique contemporaine imprègne les jardins, les salles communes et les chambres, toutes décorées avec la précision d'un collectionneur. Ici, une œuvre révèle le passage de son créateur, comme ces fausses portes aux poignées molles peintes sur les murs ou cette empreinte géante taillée dans la pelouse. Là, un atelier en pleine effervescence vous ouvre ses portes. Aux fourneaux, Kamila laisse libre cours à son audace et concocte de savoureuses recettes inspirées aussi bien par les épices méditerranéennes et les parfums de Provence que par ses origines polonaises. Un régal plein de surprises !

On reviendra pour

▸ **La galerie d'art, ses collections permanentes, ses expositions temporaires et les ateliers accueillant régulièrement des artistes en résidence.**

S'il fait beau

▸ **Promenade sur les rochers de Saignon, forteresse naturelle avec caves et escaliers taillés dans la roche. Vue panoramique sur le mont Ventoux, les monts de Vaucluse jusqu'à la vallée du Rhône.**

Kamila Regent et Pierre Jaccaud
5 chambres : 80-100 €.
84400 Saignon.
Tél. 04 90 04 85 01. www.chambreavecvue.com
Anglais, polonais parlés. Ouvert d'avril à octobre.

Domaine de Lara

St-Pons

L E DOMAINE DE LARA déploie ses 12 ha de verdure dans la vallée des Mexicains. Cachée parmi les arbres, la bastide provençale du 16e s. (ex-ferme templière) respire le calme et l'authenticité. Sa façade en pierre annonce un caractère, une personnalité que l'on retrouve partout à l'intérieur. À commencer par ce superbe salon coiffé d'une impressionnante charpente et garni de vieux meubles de famille, patinés et cirés (certains viennent parfois de loin). Même esprit dans les chambres, douillettes à souhait : mobilier rustique, boutis, tapis persans, etc. Toutes donnent sur la nature aux senteurs de pin, de genévrier et de lavande. On remarque la jolie salle de bains voûtée dans «La Chapelle». Comme un clin d'œil à leurs origines respectives, Arlette et Pierly Signoret vous régalent d'un petit-déjeuner personnalisé, composé de thé russe et de chocolat chaud mexicain. Jolie vue sur le Chapeau de Gendarme et le Pain de Sucre, deux sommets emblématiques de la région.

Arlette Signoret
5 chambres : 77-92 €.
04400 St-Pons.
Tél. 04 92 81 52 81. www.domainedelara.com
Anglais, espagnol parlés. Chiens interdits. Fermé 25 juin-4 juillet et 12 novembre-19 décembre.

On reviendra pour

▶ La quiétude de ce domaine inondé de lumière et de verdure, véritable «paysage de carte postale». Le petit-déjeuner avec gelée de framboises, miel du pays, tartes, thé russe, et chocolat préparé à la mexicaine…

S'il fait beau

▶ Les émigrants partis faire fortune au Mexique durant le 19e s. ont construit, à leur retour, les maisons de style colonial que l'on trouve aux abords de Barcelonnette. Randonnées, baignade, ski, parapente, pêche…

La Maison du Village

200

GRAND SUD

EN PLEIN QUARTIER HISTORIQUE de Saint-Rémy, cette délicieuse maison de village (18ᵉ s.) abrite des suites vraiment coquettes. Mêlant avec brio esprit rétro et ambiance contemporaine, elles se parent de tissus aux tons chaleureux et possèdent toutes leur petit secret : la « Beige » ménage une vue imprenable sur le village ; la « Violette » emprunte son décor au 18ᵉ s., avec ses fauteuils et son lit en corbeille… charmante nostalgie d'un passé réinventé. La « Rouge » donne sur la cour-terrasse, où l'on savoure petits-déjeuners, goûters et dîners en écoutant le doux murmure de la vieille fontaine. Ravissantes salles de bains à l'ancienne. Et pour se détendre avec un bon livre ou partager l'apéritif au calme, rendez-vous dans l'un des deux salons, tout aussi séduisants. Sur place également, une boutique de la marque Diptyque, pour repartir avec un parfum (L'Eau, Philosykos, Tam Dao), des bougies aux mille senteurs ou un coffret d'essences à diffuser.

Mme Belac
5 chambres : 150-210 €.
10 rue du 8 mai 1945 –
13210 St-Rémy-de-Provence.
Tél. 04 32 60 68 20. www.lamaisonduvillage.com
CB acceptée. Anglais parlé. Ouvert toute l'année.

On reviendra pour
▸ La boutique de la marque Diptyque (parfums et essences naturelles).

Pour les épicuriens
▸ Après avoir goûté le vin de Valdition à la Maison du Village, pourquoi ne pas aller visiter le domaine viticole qui le produit ?

Mas des Figues

GOÛTEZ À LA DOUCEUR de vivre provençale dans ce vieux mas niché au cœur du Parc naturel des Alpilles. Entre massifs de lavande et oliviers, le domaine agricole tout entier vit au rythme du chant des cigales. Les chambres portent les noms de personnages d'Alphonse Daudet et sont plus plaisantes les unes que les autres : sols en terre cuite, murs à la chaux (teintée aux ocres de Roussillon), mobilier familial patiné, lits à baldaquin, boutis, confort cosy... Du charme à revendre! La table d'hôte (dans l'ancienne grange) n'est pas en reste question plaisir. Les propriétaires s'attachent en effet à proposer de vrais repas de saison, préparés avec les produits de l'exploitation : fruits du verger, viandes de la ferme et légumes du potager parfumés avec le thym et le romarin qui poussent çà et là (l'endroit bénéficie également du label «ferme-auberge»). Ici, on presse même l'huile d'olive et on extrait l'essence de lavande qui parfume toutes les pièces de la bastide...

On reviendra pour

▶ La boutique de produits maison (confitures, huile d'olive, essence de lavande, etc.). Les cours de cuisine. Les séjours à thème : forfait «Pour les Épicuriens» autour de la truffe.

S'il fait beau

▶ Sur place, on fera le tour du chemin botanique (jardin de fleurs, verger, potager) et des chemins de randonnée traversant la propriété. À voir aussi, les vestiges romains de St-Rémy-de-Provence.

Philippe Michelot
3 chambres : 100-200 €.
Vieux Chemin d'Arles –
13210 St-Rémy-de-Provence.
Tél. 04 32 60 00 98. www.masdesfigues.com
Table d'hôte : 28-33 €. CB acceptée.
Ouvert de mars à novembre.

Château Cagninacci

Florence et Bertrand Cagninacci
4 chambres : 86-112 €.
20200 San-Martino-di-Lota.
Tél. 06 78 29 03 94. www.chateaucagninacci.com
Chiens interdits. Ouvert 15 mai-1ᵉʳ octobre.

CET ANCIEN COUVENT DE CAPUCINS (fin 17ᵉ s.) figure indéniablement parmi les plus remarquables maisons d'hôtes de l'Île de Beauté. Certains la considèrent même comme « La » plus belle. Remanié au 20ᵉ s. dans le style toscan avec ses colonnes et ses voûtes, le bâtiment, agrippé à flanc de montagne, est aujourd'hui inscrit à l'inventaire supplémentaire des Monuments historiques. Très attachés à ce riche patrimoine familial, Florence et son frère Bertrand Cagninacci sont fiers de vous recevoir en ces murs séculaires. Le salon restauré avec minutie a conservé ses vitraux et ses belles boiseries. Parmi les chambres, spacieuses et meublées

à l'ancienne, on avoue une préférence pour celle qui bénéficie d'une grande terrasse privative. Aux beaux jours, ne vous privez pas du plaisir immense que procure le petit-déjeuner dans le jardin, avant de faire un tour dans le parc de 3 ha. Atout supplémentaire : la vue superbe sur la mer et sur l'île d'Elbe, au large…

On reviendra pour

▸ Le petit-déjeuner composé de pain cuit au feu de bois et de canistrelli, avec la mer en toile de fond. Visiter les moindres recoins de cet ancien couvent (cloître et chapelle). Faire la sieste sous les arbres.

S'il fait beau

▸ Grimpez jusqu'au monte Stello (3 heures à pied au départ de Poretto ou Pozzo), le point culminant du cap Corse, offrant un panorama inoubliable.

Francine et Sébastien

LA DOUCEUR DE LA CORSE DU SUD, vous connaissez? La maison de Francine et Sébastien Rocca-Serra en est la parfaite illustration. Abritée de la route par un mur et posée au milieu d'une pelouse de 2 ha méticuleusement entretenue, elle fait face à la «grande bleue». Un sentier dissimulé dans les rochers mène à trois criques, uniquement accessibles depuis la propriété. De quoi goûter pleinement aux charmes du lieu sans craindre la promiscuité des plages touristiques. À l'intérieur, le caractère récent de la bâtisse n'enlève rien à la chaleur de son décor, personnalisé par de nombreux meubles et souvenirs de famille. Les chambres, spacieuses et pourvues de salles de bains très bien équipées, se trouvent au rez-de-chaussée. L'une d'elles, sous la véranda, ouvre directement sur le jardin. Pour les repas, faites un tour du côté du Restaurant A Manzia, un peu plus bas sur la route, son patron n'est autre que Sébastien, votre hôte!

On reviendra pour

▸ **Les trois criques, accessibles seulement par la maison.**

Francine et Sébastien Rocca-Serra
4 chambres : 90 €.
Scaffa Rossa – 20145 Solenzara.
Tél. 04 95 57 44 41. Ouvert toute l'année.

S'il fait beau

▸ **La Corse, c'est magnifique. Que dire de plus ? Allez prendre le soleil sur les plages, empruntez le mythique GR20, l'un des plus célèbres chemins de grande randonnée, ou initiez-vous à la plongée sous-marine…**

La Demeure de Jeanne

Yolande Cohen-Ditchel
4 chambres : 100-150 €.
907 route Vence – 06140 Tourrettes-sur-Loup.
Tél. 04 93 59 37 24. www.demeuredejeanne.com
Chiens interdits. Ouvert 15 mars-15 octobre.

JUSTE CE QU'IL FAUT à l'écart du bourg, cette villa typiquement provençale donne sur un agréable jardin arboré. Vous remarquerez, de part et d'autre de la piscine ovale, un palmier au feuillage généreux et un vénérable olivier… vieux de 650 ans ! Partant du grand salon cosy doté d'une cheminée et d'une bibliothèque, un escalier mène aux chambres, spacieuses et personnalisées avec soin. Toutes disposent d'un coin

salon, sauf la suite du « Chat Vert », qui communique avec un bureau. Trois d'entre elles ouvrent sur une terrasse privative ménageant une belle vue sur la mer, mais les habitués avouent un petit faible pour le « Chat Blanc », avec son dressing et son grand lit double de 1,80 m… Forte de son expérience dans la restauration, Yolande concocte une appétissante cuisine aux saveurs du marché. Servie sur réservation et à déguster – naturellement – sur la terrasse baignée de la lumière du soleil couchant.

On reviendra pour

▶ Le calme ambiant et la jolie vue depuis la terrasse.

S'il pleut

▶ Le musée d'Histoire locale de Saint-Paul-de-Vence.

Histoires de Bastide

L'HISTOIRE DE VOTRE SÉJOUR commence dès votre arrivée devant cette bastide pétrie de charme. Ses vieilles pierres et ses volets bleus contrastent joliment avec le vert des oliviers centenaires et du jardin fleuri. Pour étayer le récit, vous aurez le choix entre de charmantes chambres climatisées, mêlant sobriété contemporaine et rusticité chic. Toutes portent le nom d'un roman de Marcel Pagnol. Pencherez-vous pour «le Temps des Secrets» et sa petite terrasse privative ou pour «le Château de ma Mère», lumineuse et pleine de fraîcheur? Libre à vous d'écrire les autres chapitres comme bon vous semble : passer quelque temps devant la télévision (écran LCD et chaînes satellite) en sirotant un verre du minibar, consulter vos e-mails grâce à la connexion wi-fi ou barboter dans la belle piscine qui jouxte la terrasse. Aux premiers rayons de soleil, on savoure le petit-déjeuner sous la tonnelle couverte de glycine, prélude à une journée inoubliable.

On reviendra pour

▸ La situation de la maison au calme et son charme raffiné.

S'il fait beau

▸ Arpenter les rues du village médiéval de Tourrettes-sur-Loup, la «cité des violettes».

Otto Troviller
4 chambres : 130-190 €.
chemin du Moulin à Farine –
06140 Tourrettes-sur-Loup.
Tél. 04 93 58 96 49. www.histoiresdebastide.com
CB acceptée. Chiens interdits. Ouvert toute l'année.

Le Mas Samarcande

VALLAURIS

SURPLOMBANT VALLAURIS, ville d'art et capitale azuréenne des potiers, cette demeure typiquement provençale offre confort, dépaysement et calme. À l'intérieur, la décoration traditionnelle du Sud, très raffinée, se pimente de quelques touches d'exotisme. La chambre «Samarcande» en est un bel exemple, avec son mobilier orné de dorures entrelacées. «Manosque I» bénéficie d'un lit en fer forgé et, dans la salle de bains, d'une baignoire en alcôve habillée de voilages. Dans toutes les chambres et toutes les pièces, même aménagement soigné et même souci du détail. Le matin, si le temps le permet, prenez votre petit-déjeuner sur la grande terrasse panoramique offrant une vue superbe sur la baie des Anges. Le petit salon, très coquet, met à votre disposition une collection de guides touristiques très précieux pour organiser votre visite des environs. Petit plus : le beau jardin aux essences méridionales.

Mireille Diot
5 chambres : 125-130 €.
138 Grand-Boulevard de Super-Cannes –
06220 Vallauris.
Tél. 04 93 63 97 73.
www.stpaulweb.com/samarcande
Anglais parlé. Chiens interdits.
Fermé 18-28 décembre.

On reviendra pour

▶ La décoration cossue et raffinée des chambres. Les confitures maison et les fruits frais du petit-déjeuner.

Pour les amateurs d'art

▶ À Vallauris, visitez le musée Magneli, musée municipal de la Céramique et d'Art moderne, et le Musée national Picasso La Guerre et La Paix (le peintre y séjourna entre 1948 et 1955).

La Colline de Vence

IL FAUT EMPRUNTER une petite route un peu raide pour atteindre ce mas niçois. Mais le jeu en vaut la chandelle : en position dominante au-dessus de Vence, sa terrasse jouit d'une vue imprenable sur le château St-Martin, les Baous et la Méditerranée… Un vrai belvédère ! Aux heures les plus chaudes, on fait la sieste sous les canisses, sans craindre les rayons du soleil. Et l'on finit de se rafraîchir dans la piscine, posée au cœur d'un parc méticuleusement entretenu. Côté chambres, de la simplicité, du fer forgé, des couleurs ensoleillées et différents niveaux de confort. Toutes sont coquettes et bien équipées : «Les Mimosas», considérée comme la plus simple, dispose quand même d'un grand lit douillet, d'un minibar et d'un accès direct à la terrasse. Pour les séjours prolongés, choisir plutôt «Les Tournesols», un véritable appartement deux pièces comprenant une cuisine, un salon avec canapé convertible et un jardin privé.

Kristine et Frédéric Bronchard
4 chambres : 74-135 €.
806 chemin des Salles – 06140 Vence.
Tél. 04 93 24 03 66. www.colline-vence.com
Anglais, allemand parlés. Chiens interdits.
Ouvert toute l'année.

On reviendra pour

▸ Le calme des lieux et la vue imprenable sur la Méditerranée.

S'il fait beau

▸ De Vence à Saint-Jean-Cap-Ferrat, le circuit touristique «Sur les Pas de Matisse» vous permet de découvrir les lieux qui ont inspiré l'artiste.

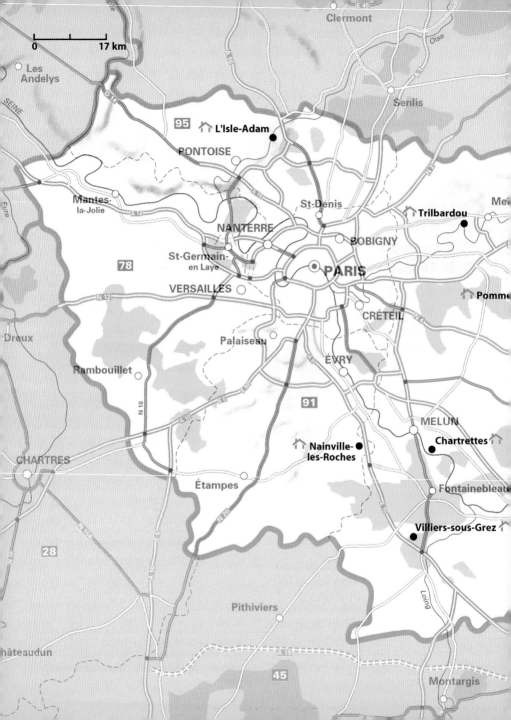

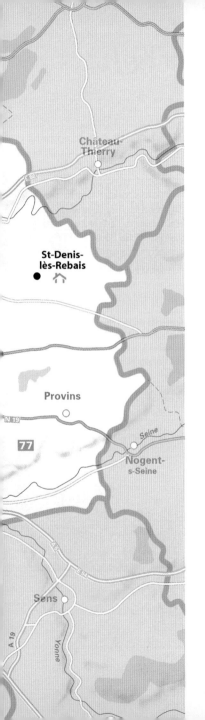

Ile de-France

« À mes yeux Paris restera le décor
d'un roman que personne n'écrira jamais.
Que de fois je suis revenu de longues flâneries
à travers de vieilles rues, le cœur lourd de tout
ce que j'avais vu d'inexprimable ! »

Julien Green, *Paris*

Château de Rouillon

CHARTRETTES

ON DIT QUE GABRIELLE D'ESTRÉES, favorite du roi Henri IV aurait séjourné ici peu de temps avant sa mort en 1599. Réplique fidèle d'un pavillon du château de Fontainebleau, la propriété Rouillon (17ᵉ s.) se devait d'être à la hauteur de son aîné… C'est réussi! Partout des meubles et objets d'époque, des détails raffinés et de nombreuses références royales. Dans les chambres «Marie-Antoinette» et «Louis XVI» et les suites «Louis XV», «Régence» et «Louis-Philippe», portraits de famille, papiers peints ciselés et fleuris, boutis et toile de Jouy revisitent avec brio les siècles passés. Le confort n'est cependant pas oublié : toutes les salles de bains sont actuelles et modernes. Quant à la vue, vous aurez le choix entre la terrasse ombragée, le parc à la française ponctué d'ifs et de bosquets parfaitement entretenus, et les doux méandres de la Seine qui coule juste au pied du château…

Peggy Morize-Thévenin
5 chambres : 74-104 €.
41 avenue Charles de Gaulle – 77590 Chartrettes.
Tél. 01 60 69 64 40. www.chateauderouillon.net
Anglais parlé. Chiens interdits. Ouvert toute l'année.

On reviendra pour

▸ Le parc à la française, calme et reposant, et ses statues.

Amoureux des vieilles pierres

▸ La cité médiévale de Provins, classée au patrimoine mondial de l'Unesco, s'attache à la conservation et à la restauration de ses monuments et remparts, construits entre le 12ᵉ et le 14ᵉ s.

Maison Delaleu

L'ISLE-ADAM

ÎLE-DE-FRANCE

Laurent Delaleu
4 chambres : 42-53 €.
131 avenue Foch – 95290 L'Isle-Adam.
Tél. 01 34 73 02 92.
Chiens interdits. Ouvert toute l'année.

On reviendra pour

▶ L'exploitation agricole du domaine, toujours en activité : 215 hectares dédiés à la culture de la betterave, du blé, du pois, de l'orge et du maïs.

Pour les amateurs d'art

▶ Visite d'Auvers-sur-Oise, berceau des impressionnistes (Daubigny, Cézanne, Pissarro, Van Gogh) : expositions, galeries, concerts et festivals de musique classique et de jazz.

SYMPATHIQUE ADRESSE QUE CETTE FERME du Vexin toujours en activité. Laurent Delaleu partage son temps entre son exploitation agricole et la gestion de sa maison d'hôtes… et il le fait bien ! Cela fait plusieurs années déjà qu'il a transformé la grande demeure bourgeoise, contiguë au corps de ferme, en lieu d'accueil. Les chambres, à l'étage, sont spacieuses, fraîches et diversement meublées : mélange d'ancien, de contemporain, de bois vernis et d'éléments en fer forgé. Elles portent le nom de cartes à jouer : « Pique », « Trèfle », « Carreau » et « Cœur ». Tous les matins, Laurent sert le petit-déjeuner (petits pains et viennoiseries) sur l'imposante table en bois brut d'une salle sagement Art déco. Cave voûtée transformée en salle de détente (jeux, télévision…). Dans la cour, une écurie convertie en espace barbecue et à l'extérieur un mini-terrain de football, un ping-pong et une terrasse avec mobilier de jardin.

Le Clos des Fontaines

212

ÎLE-DE-FRANCE

SAVOUREZ LE TEMPS D'UN WEEK-END la quiétude de cette ravissante propriété. Autrefois ferme puis presbytère, elle a conservé intact son charme d'origine. À commencer par ce délicieux jardin clos et ses arbres centenaires, cachés derrière de hauts murs de pierre. Geneviève, la propriétaire, a mis toute son âme et son talent pour aménager l'ensemble. Les chambres, indépendantes de la maison principale, sont particulièrement charmantes. Ambiance romantique et tonalité lavande pour «Fleur de Sel», hommage à la mer pour «Sésame» (boiseries, bibelots nautiques), cadre contemporain, bois foncé et couleurs vives pour «Muscade», etc. Une superbe verrière à l'ancienne abrite un salon (Geneviève y sert aussi le petit-déjeuner si le temps n'est pas de la partie) : tons ocre, sols en terre cuite, cheminée et mobilier en teck et prise directe sur la verdure… On y resterait pendant des heures. Mais un petit tour dans le jardin s'impose, il vous dévoilera bien d'autres trésors !

On reviendra pour

▸ **Les week-ends à thème (vin, aquarelle et dessin). La collection de cactus et de succulentes dans la véranda. Les puits d'origine dans le jardin. Boulodrome, court de tennis, piscine, sauna et fitness.**

Geneviève Soton
5 chambres : 70-105 €.
3 rue de l'Église – 91750 Nainville-les-Roches.
Tél. 01 64 98 40 56. www.closdesfontaines.com
CB acceptée. Anglais parlé. Chiens interdits.
Ouvert toute l'année.

Pour les amateurs d'art

▸ **À Milly-la-Forêt, visite de la halle et de la chapelle Saint-Blaise-des-Simples, décorée par Jean Cocteau. Château et jardins de Vaux-le-Vicomte et de Fontainebleau.**

Le Moulin de Pommeuse

POMMEUSE

Annie et Jacky Thomas
6 chambres : 53-64 €.
32 avenue Général Herne – 77515 Pommeuse.
Tél. 01 64 75 29 45.
www.le-moulin-de-pommeuse.com
Table d'hôte : 25-35 €. CB acceptée.
Chiens interdits. Ouvert toute l'année.

AU CŒUR DE LA VALLÉE du grand Morin, ce moulin à eau du 14ᵉ s. a été restauré dans le respect des traditions briardes. On a même conservé, dans l'ancienne machinerie devenue salon, la turbine d'origine… et elle fonctionne encore! Pour vous recevoir, les propriétaires ont aménagé des chambres aux noms évocateurs : «Semailles», «Moisson», «Batteuse», etc. Spacieuses et chaleureuses (rehaussées ici et là de poutres ou de pierres apparentes), elles donnent toutes sur le parc et disposent d'un coin salon. Autour des bâti-ments, le domaine s'étend sur 2 ha et longe une rivière propice – selon l'humeur – au repos ou à une bonne partie de pêche. L'occasion de croiser des écureuils grimpant aux marronniers ou des canards, hérons et autres martins-pêcheurs barbotant autour de l'îlot voisin. Un havre de verdure où l'on aura plaisir à prendre son petit-déjeuner dès que le temps autorise à quitter la sympathique salle à manger régionale.

On reviendra pour

▸ **Flâner dans le parc, au bord de la rivière. La turbine du moulin encore en fonctionnement dans le petit salon.**

Amoureux des vieilles pierres

▸ **Les châteaux de Ferrières et Champs-sur-Marne. La ville médiévale de Provins et la crypte mérovingienne de Jouarre. La cathédrale de Meaux.**

Brie Champagne

214

ÎLE-DE-FRANCE

LA GLYCINE ET LA VIGNE VIERGE courent sur la façade de cette ferme de 1750, une «bricole» comme on l'appelait jadis (les paysans y vivaient en totale autarcie avec quelques champs et animaux). Au rez-de-chaussée, une grande salle à manger invite à se détendre au coin du feu. Dans les chambres aux noms évocateurs, caractère et authenticité émanent d'un cadre typiquement briard, entre poutres apparentes, colombages, meubles de famille ou chinés, décoration sobre et raffinée. Deux suites familiales – «Brie et paille», «Grenier à grains et souris» – et une chambre pour couples «Duo de champagne», plutôt romantique avec son ciel de lit. À l'heure du petit-déjeuner, on se retrouve dans le salon ou sous la tonnelle, au milieu des fleurs et des rosiers. Un havre de tranquillité, entre Brie et Champagne, entouré d'un agréable parc où vous croiserez peut-être la ponette de la famille.

Anne Bodin-Le Goffic
4 chambres : 55-65 €.
22 Chantareine – 77510 St-Denis-lès-Rebais.
Tél. 01 64 65 46 45.
www.chambres-brie-champagne.com
Chiens interdits. Ouvert toute l'année.

On reviendra pour

▸ La suite «Grenier à grains et souris» et sa belle charpente datant du 18ᵉ s. Le petit-déjeuner maison avec pains aux graines de sésame, pavot et tournesol, confitures préparées avec les fruits du jardin.

Pour les sportifs

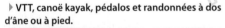

▸ VTT, canoë kayak, pédalos et randonnées à dos d'âne ou à pied.

M. et Mme Cantin

Evelyne et Patrick Cantin
3 chambres : 50-58 €.
2 rue de l'Église – 77450 Trilbardou.
Tél. 01 60 61 08 75. Anglais parlé. Chiens interdits.
Ouvert toute l'année.

215

On reviendra pour

▶ Découvrir la maison à vélo depuis Paris… grâce à la piste cyclable qui longe le canal de l'Ourcq.

Pour se détendre

▶ Croisières sur la Marne. Promenades en forêts d'Armainvilliers, de Bréviande (arboretum regroupant 174 espèces), de Champagne (traces d'anciennes carrières où l'on produisait les pavés des rues de Paris).

DIFFICILE DE PASSER À CÔTÉ de cette belle demeure bourgeoise (fin 19ᵉ s.), proche de l'église de Tribaldou et du canal de l'Ourcq. En entrant, on remarque la fine mosaïque et le parquet foncé du hall ouvert sur un salon qui évoque le style colonial : bois exotique, bar et chaises hautes, tables teintées dressées pour le petit-déjeuner, etc. Une impression qui se volatilise en levant les yeux au plafond : le lustre à pampilles a pris la place du ventilateur en bois précieux ! Evelyne Cantin vous propose des chambres raffinées et décorées avec beaucoup de goût. Au premier étage, une suite familiale donne sur une véranda aménagée pour se reposer en toute quiétude. Dans l'ancienne maison des gardiens, «Côté cour» et «Côté jardin» dévoilent bien des charmes. L'une d'elles vous surprendra tout particulièrement avec son beau plafond voûté en briques. Jardin, potager, terrasse et calme assuré entre Paris et Disneyland.

La Cerisaie

VILLIERS-SOUS-GREZ

ÎLE-DE-FRANCE

EN PASSANT À VILLIERS-SOUS-GREZ, charmant village blotti dans la forêt, vous risquez fort de tomber sous le charme de cette ferme du 19ᵉ s. Rien d'étonnant à cela ! Ce petit bijou de maison remarquablement restauré respire la quiétude et la douceur de vivre à l'extérieur comme à l'intérieur. André a laissé libre cours à ses passions pour la photo, le voyage et la déco. Résultat visible – et réussi – dans les chambres « du Photographe », « du Voyageur », « Orientale » et la suite « Musicale » qui regorgent de meubles chinés, de style ou exotiques, et de nombreux objets coup de cœur. C'est confortable, soigné, et on s'y sent bien. Le soir, sur réservation, André et Christiane proposent une table d'hôte mettant à l'honneur les produits du terroir. Et lorsque le grand salon s'ouvre sur le patio et le jardin des senteurs (arbustes, plantes médicinales et aromatiques), la nature envahit la pièce. Un vrai moment de détente et de bonheur !

S'il pleut

▸ **La visite du château de Fontainebleau** et ses jardins, cadre de la vie fastueuse de la Cour. Le musée chinois de l'impératrice Eugénie et le musée Napoléon 1ᵉʳ, consacré à l'Empereur et à sa famille.

On reviendra pour

▸ Le mur d'escalade dans le parc de la propriété.

Christiane et André Chastel
4 chambres : 65-70 €.
10 rue Larchant – 77760 Villiers-sous-Grez.
Tél. 01 64 24 23 71. Anglais parlé. Chiens interdits.
Ouvert toute l'année.

Languedoc-Roussillon

« Ce toit tranquille, où marchent des colombes,
Entre les pins palpite, entre les tombes ;
Midi le juste y compose de feux
La mer, la mer, toujours recommencée
Ô récompense après une pensée
Qu'un long regard sur le calme des dieux ! »

Paul Valéry, *Le Cimetière marin* (Œuvres)

Château Valmy

LANGUEDOC-ROUSSILLON

Q UAND MARTINE ET BERNARD Carbonnell décident de reprendre le domaine de Valmy en 1997, il est à l'abandon et son activité viticole sur le déclin. Il leur faudra trois ans de travaux pour repenser et redonner vie à ce splendide « château de conte de fée » dessiné en 1888 par l'architecte danois Viggo Dorph Petersen. Et le résultat vaut le détour ! Dans les chambres, la déco joue avec les styles et marie sans scrupule le moderne et l'ancien (dans « L'intemporelle », association plus que réussie entre le carrelage d'époque et un mobilier ultra dépouillé). Chacune décline un code couleur étudié jusqu'au moindre petit bibelot… Du grand art ! Les plus grandes offrent une vue à 360° sur la mer, le vignoble, la plaine du Roussillon ou la chaîne des Pyrénées. Superbe parc aux arbres centenaires, piscine en granit de 25 m, bassin de relaxation. Et pour une dégustation des vins de la propriété, rendez-vous aux chais… Enchanteur.

On reviendra pour

▹ **La dégustation des vins du domaine, dans le très beau caveau (charpente ancienne et vue sur le vignoble et la mer).**

S'il fait beau

▹ **Les plages et la plongée sous-marine à Argelès-sur-Mer, Collioure et Canet-en-Roussillon. Les promenades dans les collines du Fenouillèdes ou au Pic du Canigou. La visite du fort de Bellegarde au Perthus.**

Martine et Bernard Carbonnell
5 chambres : 150-350 €.
chemin de Valmy – 66700 Argelès-sur-Mer.
Tél. 04 68 95 95 25. www.chateau-valmy.com
CB acceptée. Anglais, allemand, espagnol parlés.
Chiens interdits. Ouvert d'avril à novembre.

Château de la Prade

UNE ÉTAPE DE CHARME au bord du canal du Midi… Voici ce que propose cette superbe maison bourgeoise datant de la fin du 19ᵉ s. Les chambres, toutes très spacieuses, ont été rénovées avec un goût sûr : vieux parquets, tomettes, tonalités tendres et naturelles (taupe, mastic et ocre), mobilier d'antiquaire ou contemporain, peu ou pas de bibelots, rien de superflu… Ou comment marier avec brio élégance, modernité et sérénité. Au rez-de-chaussée, deux grands salons confortables et une salle des petits-déjeuners où l'on déguste les gourmandises matinales à base de confitures préparées par Lorenz, l'heureux propriétaire des lieux… Un régal ! À l'extérieur, le parc (3 ha) cumule lui aussi les atouts : de grands platanes centenaires, des magnolias, une calme piscine entourée de verdure, une terrasse exposée au sud et quelques animaux en liberté (dont de superbes paons et des oies). Un havre de paix à mi-chemin entre Carcassonne et Castelnaudary.

Lorenz Ruedi
4 chambres : 70-95 €.
11150 Bram.
Tél. 04 68 78 03 99. www.chateaulaprade.eu
Table d'hôte : 19 €. CB acceptée.
Anglais, allemand parlés. Chiens interdits.
Ouvert d'avril à octobre.

221

LANGUEDOC-ROUSSILLON

S'il fait beau

▶ La cité médiévale de Carcassonne, Narbonne et ses plages. Les balades dans la campagne.

On reviendra pour

▶ Les promenades dans le parc bordé par le canal du Midi. La piscine au calme et entourée de verdure.

La Missare

BRIGNAC

ETTE ANCIENNE PROPRIÉTÉ VITICOLE emprunte son nom au loir local, dormeur et paisible… promesse d'une atmosphère tranquille et reposante. Une allée pavée contourne la maison, édifiée au 19ᵉ s. – restée depuis toujours dans la même famille – et conduit au beau jardin planté d'essences régionales et de massifs de fleurs, tandis que le grand pin préserve quelques zones d'ombres aux abords de la piscine. Les chambres, aménagées dans les anciens chais, donnent toutes sur ce bel écrin de verdure. On apprécie particulièrement leur déco simple et chaleureuse, faite de meubles chinés, lits à baldaquin et draps de lin. Certaines ont même conservé leur carrelage d'origine et leurs poutres apparentes. Pour les petits breaks, direction la piscine ou le salon renfermant de beaux bibelots et meubles d'antiquaires. Et pour bien entamer la journée, le petit-déjeuner maison (pain, pâtisseries et confitures) s'avère incontournable. Aux beaux jours, service en terrasse.

Jean-François Martin
4 chambres : 70 €.
9 route de Clermont – 34800 Brignac.
Tél. 04 67 96 07 67. http://la.missare.free.fr
Chiens interdits. Ouvert toute l'année.

S'il fait beau

▸ La grotte de Clamouse présente des cristallisations d'une blancheur éblouissante. L'ancienne Manufacture Royale (textiles) de Villeneuvette. Le magnifique lac du Salagou (baignades, planche à voile, randonnées).

On reviendra pour

▸ Les petits-déjeuners maison, à déguster sur la terrasse que jouxte le jardin aux essences variées.

L'Ancienne Gare

POUR VOTRE PROCHAIN SÉJOUR AU VERT, sortez du train-train quotidien et faites une halte insolite dans cette ancienne gare située à deux pas de la frontière espagnole. Construite en 1870, elle a conservé pas mal de traces de son activité ferroviaire. Le guichet, avec ses vitres quadrillées de boiseries d'époque, fait désormais office de réception ; les salles d'attente de première et seconde classe sont devenues salons tout en gardant sol et murs d'origine. Joaquina a quand même apporté sa touche personnelle en accrochant ici et là quelques tableaux de sa création. Les chambres, spacieuses et confortables, occupent les étages supérieurs. Vous apprécierez sûrement leur style : mobilier en fer forgé ou en bois ancien et bibelots chinés. Aux beaux jours, on sert le petit-déjeuner sur la grande terrasse ombragée, offrant une vue au loin sur le Canigou si cher aux Catalans. Hamac et chaises longues à disposition... Un petit bout de paradis.

Joaquina Casenobas
5 chambres : 55-65 €.
lieu-dit « Le Millery » – 66620 Brouilla.
Tél. 04 68 89 88 21. www.anciennegare.net
Chiens interdits. Ouvert toute l'année.

223

LANGUEDOC-ROUSSILLON

Pour les curieux

▸ Pour rester dans l'univers ferroviaire, faites un détour par la gare de Perpignan, le centre du monde selon Salvador Dali... Joaquina vous conseille également dans votre découverte du patrimoine de la région.

On reviendra pour

▸ Les dîners astrologiques organisés par Joaquina.

La Maison Coste

CARCASSONNE

La MAISON COSTE SE FAIT DISCRÈTE au cœur de la Bastide St-Louis, mais poussez la porte, vous ne serez pas déçus. En plus d'une boutique de déco, elle propose des chambres d'hôtes de grand standing. Toutes sont conçues sur le même principe, à mi-chemin entre design et sobriété élégante, mais chacune révèle une personnalité bien à elle. À commencer par la « Romance de Nadir » qui mise sur des matériaux naturels – teck, lin et cuir – ou l'« Air de Chimène » qui opte pour des tonalités douces et une délicieuse atmosphère romantique. Tons gris et blanc rehaussés de couleurs chaudes dans la suite « Habanera

et Séguedille » (salon très confortable). Enfin, sachez qu'un véritable appartement (avec entrée indépendante) est aménagé au 3e étage, sous les combles. Pour la détente : un ravissant salon tout en rouge et noir, un joli jardin méridional, un jacuzzi et un solarium sur le toit. Petit détail de charme : on dit qu'une douce odeur de miel règne dans toutes les pièces…

On reviendra pour

▶ **La boutique de décoration : on y trouve des objets pour la maison, de la vaisselle, des luminaires et même du mobilier. Le salon de thé ouvert le samedi après-midi.**

Michel Sanz et Emmanuel Cogny
5 chambres : 87-160 €.
40 rue Coste-Reboulh – 11000 Carcassonne.
Tél. 04 68 77 12 15. www.maison-coste.com
Table d'hôte : 25 €. CB acceptée. Chiens interdits.
Fermé 20 janvier-10 février.

Amoureux des vieilles pierres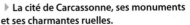

▶ **La cité de Carcassonne, ses monuments et ses charmantes ruelles.**

Les Loges du Jardin d'Aymeric

CLARA

Geneviève et Gilles Bascou
3 chambres : 55-85 €.
66500 Clara.
Tél. 04 68 96 08 72. www.loges.aymeric.com
Table d'hôte : 30 €. CB acceptée. Anglais, espagnol
parlés. Chiens interdits. Fermé en janvier.

L E CANIGOU SEMBLE VEILLER sur cette belle demeure régionale, convertie en maison d'hôtes par un couple passé maître dans l'art de recevoir : Geneviève et Gilles Bascou. Côté chambres, ils ont opté pour un style mi-rustique, mi-catalan mariant simplicité et charme de l'ancien : boiseries et cayrous (l'autre nom des briques rouges du pays), teintes pastel, petits vitraux modernes pour tamiser la lumière. Quiétude garantie dans « Hernandine », « Hélianthe » et « Azur ». Particularité à mentionner, vous trouverez ici non pas une table d'hôtes, mais un vrai petit restaurant.

Gilles, membre des Toques Blanches du Roussillon, aime ses fourneaux et cela se voit. Son credo ? Travailler au maximum les produits locaux et créer de nouvelles recettes en s'inspirant des traditions catalanes… Profitez donc de votre séjour pour assister à l'un de ses cours de cuisine et partager sa passion. Agréable piscine d'été et jardin où fleurissent, en saison, une multitude de rosiers rouges.

On reviendra pour

▸ Le restaurant et les cours de cuisine organisés par Gilles, suivis d'un déjeuner composé des plats préparés pendant la séance. Les repas à thèmes : homard, gibier et truffes…

Amoureux des vieilles pierres

▸ L'abbaye romane de Saint-Michel-de-Cuxa et son clocher roman à quatre étages. Les stations thermales de Molitg-les-Bains et de Vernet-les-Bains.

La Maison Pujol

CONQUES-SUR-ORBIEL

LANGUEDOC-ROUSSILLON

ISOLÉE DANS UN PETIT VILLAGE tranquille, cette ancienne propriété viticole cache bien son jeu : derrière ses allures on ne peut plus traditionnelles, elle révèle un intérieur tout droit sorti des magazines de déco les plus tendances. Chaises signées Charles Eames, fauteuils Ludwig Mies van der Rohe – du pur design ! – et une multitude d'objets chinés prennent vie au milieu des murs en pierres et sols en galets. On doit ce mélange audacieux et réussi à Philippe, propriétaire des lieux et artiste multicartes (architecte d'intérieur, peintre, chineur et photographe). Même esprit dans les chambres, où parquets en bois blanchi, teintes naturelles, mobilier et lampes stylisés rehaussent des murs à vif ou simplement blancs… Sans oublier les toiles abstraites peintes par Philippe. Avant le plongeon matinal dans la piscine, on déguste les petits-déjeuners de Véronique dans la cuisine ou à l'ombre de la pergola. Une adresse bohême, trendy mais furieusement charmante…

Véronique et Philippe Phy
4 chambres : 70-90 €.
17 rue F.-Mistral – 11600 Conques-sur-Orbiel.
Tél. 04 68 26 98 18. www.lamaisonpujol.com
Anglais, espagnol parlés. Chiens interdits.
Fermé janvier-février.

On reviendra pour

▶ **La chambre et la salle de bain spécialement conçues pour les enfants, aux couleurs vitaminées. Toujours pour les enfants et leur sécurité, la piscine extérieure surélevée.**

Pour les épicuriens

▶ **Ne quittez pas la région sans effectuer des dégustations de vins de Minervois et du Cabardès.**

La Tourette

olivier. Dernier atout séduction : le savoureux petit-déjeuner du matin avec confitures et viennoiseries maison, pains et biscuits provenant quant à eux du fameux moulin de Cucugnan, situé à deux pas.

Corinne Perrier
3 chambres : 105-115 €.
4 passage de la Vierge – 11350 Cucugnan.
Tél. 04 68 45 07 39. www.latourette.eu
Ouvert toute l'année.

On reviendra pour

▶ Le patio avec hamac, chaises longues et jacuzzi. Les pains et biscuits du moulin de Cucugnan servis au petit-déjeuner.

Pour les curieux

▶ Les randonnées en quad, parmi les Corbières et les châteaux Cathares. Au théâtre Achille Mir de Cucugnan, vous pourrez découvrir ou redécouvrir le conte d'Alphonse Daudet représenté toute l'année.

A U CŒUR DU VILLAGE rendu célèbre par Alphonse Daudet, cette vieille maison bourgeoise cache, derrière ses volets bleu lavande, des trésors de décoration. Corinne, dont c'est le premier métier, a particulièrement soigné l'aménagement des chambres. Les deux suites arborent des tissus aux couleurs unies, loin d'être monotones ! Jugez plutôt : l'indigo côtoie l'acajou du plancher et des poutres, tandis que le turquoise rejaillit sur les murs blancs, donnant la réplique à la mosaïque d'origine. « Prune » témoigne quant à elle de l'amour de Corinne pour l'Inde avec ses étoffes chamarrées et s'ouvre sur le château de Quéribus, perché sur la colline… Magnifique ! Un joli patio avec jacuzzi installé dans les écuries, bénéficie de l'ombre protectrice d'un

Domaine du Canalet

LODÈVE

LANGUEDOC-ROUSSILLON

MAISON D'HÔTES OU MAISON D'ART ? Cette demeure (1895) est tout simplement les deux à la fois. Muriel, architecte d'intérieur, et Yves son mari ont imaginé à quatre mains un décor ultra contemporain : mariage de la pierre et du béton, de l'ancien et du design, des meubles modernes et de style… Le tout sublimé par les tableaux du peintre bruxellois Romain Simon. Quatre salons en enfilade (dont une superbe orangerie ouverte sur la piscine) font office de galerie permanente. Sculptures, peintures et objets insolites, tout droit sortis de l'imagination de designers récupérateurs ou de plasticiens, y sont exposés et proposés à la vente. Peut-être aurez-vous envie de vous offrir une œuvre originale en guise de souvenir ?

Muriel Lagneau et Yves Berliet
4 chambres : 185-250 €.
avenue Joseph Vallot – 34700 Lodève.
Tél. 04 67 44 29 33. www.domaineducanalet.com
CB acceptée. Anglais parlé. Chiens interdits. Ouvert toute l'année.

Les chambres, spacieuses et particulièrement réussies, portent le nom d'hommes célèbres nés dans la région. S'ils avaient pu y séjourner, Georges Brassens, Paul Valéry, Paul Dardé et Frédéric Bazille auraient été bien surpris par le décor dont on les a gratifiés…

On reviendra pour

▶ **Les multiples activités qui animent la maison : cours de cuisine, week-ends artistiques, soirées musicales et parties de chasse… à la bécasse.**

Pour les curieux

▶ **L'Hérault regorge de sites remarquables : la grotte de l'Abeil et le cirque de Navacelles sur le causse du Larzac. Le lac artificiel de Salagou, à la croisée des Cévennes et des garrigues languedociennes.**

Clos du Léthé*

MONTAREN-ET-ST-MÉDIERS

Pierre Beghin
5 chambres : 170-270 €.
Hameau de St-Médiers –
30700 Montaren-et-St-Médiers.
Tél. 04 66 74 58 37. www.closdulethe.com
CB acceptée. Anglais parlé. Chiens interdits.
Ouvert de mi-mars à mi-novembre.

À EN CROIRE LES MÉDITATIONS POÉ-TIQUES de Lamartine, le « calme du Léthé » et du petit hameau au milieu des vignes ne date pas d'hier. Cet ancien prieuré et son corps de ferme construits au 17ᵉ s. retrouvent une seconde jeunesse grâce aux efforts d'un propriétaire passionné de design et de cuisine. Son goût pour la décoration s'exprime à travers toute la maison. Depuis le salon douillet jusqu'à l'espace fitness (avec joli hammam aménagé dans une grande pièce voûtée), le mobilier contemporain côtoie avec bonheur les vieilles pierres du Gard. Les chambres, spacieuses et originales, bénéficient du même traitement de faveur et d'équipements dernier cri : système de rafraîchissement par le sol, écran plasma, ordinateur et minibar. Même les salles de bains, avec leurs bassins en pierre et leurs douches à l'italienne jouent la carte du confort et du design. Jolie terrasse sous un micocoulier tricentenaire et grande piscine à débordement avec vue sur le duché d'Uzès.

On reviendra pour

▶ Suivre les cours de cuisine encadrés par le propriétaire, qui a enseigné à Londres pendant quatre ans.

S'il fait beau

▶ On ira à Uzès observer la très insolite tour Fenestrelle, spécimen de clocher rond unique en France.

Domaine de la Pierre Chaude

Myriam et Jacques Pasternak
4 chambres : 78-90 €.
Les Campets – 11490 Portel-des-Corbières.
Tél. 04 68 48 89 79. www.lapierrechaude.com
Chiens interdits. Fermé 4 janvier-28 février.

LA MÉDITERRANÉE ne se trouve qu'à une dizaine de kilomètres de cet ancien chai du 18ᵉ s… et cela se voit ! Partout dans le jardin, les essences exotiques, palmiers, figuiers et lauriers roses fleurissent entre les bancs de pierre. Le spectacle continue à l'intérieur : escapade en Espagne avec un étonnant patio de style andalou, conçu en 1970 par un disciple de Gaudi (mosaïques colorées, fer forgé). Celui-ci donne sur une pièce à vivre tout aussi ravissante avec sa jolie passerelle, ses pierres et poutres apparentes ; on y savoure des petits-déjeuners à base de gâteaux et de confitures maison. Dans les chambres, l'influence de la grande bleue reste très présente : baldaquin et bar original pour « Côté Jardin », lampe marocaine et azulejos dans « l'Orientale », tons ocre et carrelages multicolores pour l'« Arlequin », etc. Quant aux deux confortables gîtes (quatre et huit personnes), leurs noms parlent d'eux-mêmes : « Côté Sud » et « La Romaine ».

On reviendra pour

▶ **Les séjours découverte du terroir, des vins de Corbières et de Fitou (dégustations, visites de caves, dîners gastronomiques). Les week-ends romantiques. Le petit-déjeuner fait maison : gâteaux, confitures…**

S'il fait beau

▶ **Le Parc naturel régional de la Narbonnaise s'étend de la Méditerranée aux montagnes des Corbières. La réserve africaine de Sigean héberge plus de 3 800 animaux à l'état sauvage, sur près de 300 hectares.**

Demeure de Roquelongue

St-André-de-Roquelongue

couleurs tendance, tomettes anciennes, touches rétro, détails insolites… Un sans fautes. On avoue un faible pour la chambre « Espan » et son antique baignoire (marquée des initiales du domaine) quelque peu théâtralisée sur son estrade. « Cers » est sûrement la plus romantique avec son ciel de lit et ses subtiles déclinaisons de gris. Salon très cosy avec bibliothèque et grand jardin, aux essences variées, devant et derrière la propriété.

Pour les curieux

▸ L'abbaye de Fontfroide et sa roseraie de trois mille roses. Le château de Boutenac et sa Maison des Vignerons : dégustation, vente de vins et centre d'information sur les terroirs de Corbières.

Lorette Levraux
5 chambres : 90-130 €.
53 avenue de Narbonne –
11200 St-André-de-Roquelongue.
Tél. 04 68 45 63 57.
www.demeure-de-roquelongue.com
Table d'hôte : 30 €. Anglais parlé. Chiens interdits.
Ouvert 1ᵉʳ avril-14 novembre.

V OUS TROUVEREZ FACILEMENT cette superbe maison de vignerons bâtie en 1885 juste à l'entrée de Saint-André-de-Roquelongue. Avec ses moulures, ses visages sculptés au-dessus des fenêtres et son petit balcon, la façade affiche fièrement son style classique, plutôt bourgeois. Autre ambiance, autres tons à l'intérieur. La déco a été entièrement repensée dans un style actuel de très bon goût et très raffiné : vieux carreaux en ciment, cheminées, mariage des meubles chinés et modernes, tableaux contemporains,

On reviendra pour

▸ Les séjours œnologie avec visites de caves et dégustations. La découverte des produits du terroir (confiture de vins, cassoulet, confit, sel des salins de Gruissan). Les séances de massages et de réflexologie.

Comptoir St-Hilaire

ST-HILAIRE-DE-BRETHMAS

LANGUEDOC-ROUSSILLON

LORS DES GUERRES DE RELIGION, ce mas du 17ᵉ s. bâti sur une grotte préhistorique servit de refuge aux Chevaliers de l'ordre des Templiers. En 2006, Alain Georges confie sa rénovation à Catherine Painvin – décoratrice, styliste et instigatrice de la mode pour enfant avec sa marque Tartine et Chocolat. Elle en fait un lieu d'évasion et d'exception. D'évasion car chaque chambre, chaque suite est une invitation au voyage. « L'Aube » suggère les splendeurs de la Mongolie, la décoration d'« Highland » s'axe autour du tartan, ce fameux tissu à carreaux écossais. D'exception, car les détails insolites ne manquent pas. Ici, un duo de baignoires pour les couples qui rêvent de longs moments de détente ; là, un sol totalement recouvert de sable blond, pour se lever du bon pied ! 50 ha de garrigue et de forêt, un panorama à 360 degrés sur les Cévennes et la ville d'Alès complètent le tableau de ce comptoir magique et envoûtant.

Yollène Graindorge
7 chambres : 290 €.
Mas de la Rouquette –
30560 St-Hilaire-de-Brethmas.
Tél. 04 66 30 82 65. www.comptoir-saint-hilaire.com
Table d'hôte : 50 €. CB acceptée. Anglais, italien
parlés. Fermé 1ᵉʳ janvier-10 février.

On reviendra pour

▷ Le style unique et surprenant de la décoration réalisée par Catherine Painvin. Le superbe salon bibliothèque et la vue imprenable sur les Cévennes.

Pour les curieux

▷ Yollène vous fera découvrir le patrimoine local, les artistes et les artisans régionaux et vous conseillera dans vos visites et itinéraires de randonnée.

Le Mas de la Filoselle

St-Martin-de-Valgalgues

Marie-Lyse Zielinski
4 chambres : 65-76 €.
344 rue du 19 mars 1962 –
30520 St-Martin-de-Valgalgues.
Tél. 04 66 24 74 60. http://filoselle.free.fr/
Table d'hôte : 15-25 €. Anglais, allemand parlés.
Ouvert toute l'année.

LANGUEDOC-ROUSSILLON

FILOSELLE, MOT D'ORIGINE ITALIENNE, qui signifie « cocon ». Ici il s'agit du cocon du ver à soie, car cette maison de 1713 était à l'origine une magnanerie. Autour de cette belle bâtisse, la nature règne en maître. Le jardin, tout en faïsse, court vers la pinède tandis que le romarin, la sarriette, la lavande et le thym s'épanouissent et exhalent tous leurs parfums.

Et à perte de vue s'étendent sur le domaine des champs de châtaigniers, oliviers et figuiers.
La décoration des chambres rend un hommage appuyé aux nombreuses richesses de la région. « L'Olivier » décline les tons verts caractéristiques du fameux fruit. Côté « Taureau-féria », on remarquera les multiples représentations du fier animal dont une jolie mosaïque dans la douche. Après une bonne séance de bronzage au bord de la piscine, faites un tour au spa ou optez pour un massage Shiatsu, votre relaxation sera totale ! Pour parfaire votre séjour, rendez-vous le soir, autour de la table d'hôte où de délicieuses spécialités cévenoles maison vous attendent.

On reviendra pour

▸ **Les séances de massage Shiatsu et les moments de détente dans le spa et la piscine. Le copieux buffet du petit-déjeuner avec charcuteries locales, fromages, œufs, pain perdu, etc.**

S'il fait beau

▸ **La cathédrale Saint-Théodorit, le château du Duché et pour les tout-petits le musée des bonbons Haribo à Uzès. Le Pont du Gard et la Vallée de la Cèze. Le petit train à vapeur des Cévennes.**

Le Trésor

Tilly et Will Howard
4 chambres : 80-100 €.
11230 Sonnac-sur-l'Hers.
Tél. 04 68 69 37 94. www.le-tresor.com
Table d'hôte : 25-35 €. CB acceptée.
Chiens interdits. Fermé en janvier.

L A LÉGENDE RACONTE qu'un des propriétaires de la maison aurait caché un trésor dans ces murs... À défaut de trouver
quelques hypothétiques pièces d'or, on tombe
vite sous le charme de ce véritable « Trésor ».
Dans les chambres, on a conservé les sols en
terre cuite, cheminées et vieux parquets d'origine qui, associés à un mobilier contemporain,
composent un cadre douillet et séduisant. La
plupart disposent d'un téléviseur, avec lecteur
de DVD, de jeux de société et profitent d'une
jolie vue sur l'église de Sonnac ou sur les collines alentour. Une mignonne salle à manger
vous accueille le matin ou certains soirs (sur
réservation) autour d'une table d'hôte privilégiant produits locaux ou issus de l'agriculture
biologique. Par beau temps, les petits-déjeuners
peuvent être servis en terrasse, sur la place du
village. Enfin, ne passez pas à côté du jardin,
sauvage et charmant avec ses fleurs, ses arbres
fruitiers et son double hamac.

On reviendra pour

▶ L'accueil aimable que réservent Tilly et Will
Howard, couple d'anglais aux petits soins pour
leurs hôtes. Le petit-déjeuner (confitures maison,
fruits de saisons et produits bio) face à l'église
du village.

Amoureux des vieilles pierres

▶ Le lac de Montbel et les grottes préhistoriques,
lieux de refuge des Cathares, qui ont laissés de
nombreux châteaux dans la région.

La Tuilerie du Bazalac

TRÈBES

Laurent Belache et Patrice Calderara
4 chambres : 75-135 €.
7 bis route des Corbières – 11800 Trèbes.
Tél. 04 68 78 10 82. www.latuileriedubazalac.com
Chiens interdits. Ouvert toute l'année.

UN PEU EN RETRAIT DU BOURG et de la route menant à Carcassonne, une ancienne tuilerie métamorphosée en maison d'hôtes. Complètement repensée dans un esprit design, elle vous offre aujourd'hui ses grands espaces modernes et épurés. À commencer par les chambres cent pour cent zen : murs immaculés ou en pierres apparentes, mobilier contemporain ultra sobre, béton ciré, déco quasi absente (quelques tableaux ici et là) et équipements de pointe (climatisation et wi-fi). Même dépouillement reposant pour le salon high-tech juste agrémenté d'un large écran plasma et d'une cheminée au gaz stylisée. Fleuron de la maison s'il en est : la terrasse autour de la piscine avec ses lits extérieurs ombragés et ses banquettes en alcôves sur lesquelles on s'assoupira volontiers à l'heure de la sieste… La modernité au service du confort et du bien-être ! Aux beaux jours, on y sert aussi le petit-déjeuner. Un instant à ne pas rater, tout simplement divin.

235

LANGUEDOC-ROUSSILLON

On reviendra pour

▶ **Les massages réalisés par une reflexologue (sur demande).**

S'il fait beau

▶ **Le château de Lastours, les abbayes de Lagrasse, Fontfroide, Saint-Hilaire et Caunes. Golf, tennis, squash et promenades à cheval. Croisières sur le canal du Midi.**

La Chamberte

Bruno Saurel
5 chambres : 70-98 €.
rue de la Source – 34420 Villeneuve-lès-Béziers.
Tél. 04 67 39 84 83. www.la-chamberte.com
Table d'hôte : 35-53 €. Chiens interdits.
Fermé 1er-15 mars et 1er-21 novembre.

LA CHAMBERTE A ÉLU DOMICILE dans une ancienne cave à vin, précédée d'un superbe jardin aux essences méditerranéennes : palmiers, jasmin, plantes vivaces et grimpantes, cascade de lierre… Les vieux murs de pierre dissimulent aujourd'hui un intérieur de caractère : branché et raffiné à la fois, il panache subtilement influences contemporaine, mauresque, andalouse et exotique. Poutres apparentes, revêtements terre de feu, safran ou bleu Klein, objets chinés et luminaires design (néons enchevêtrés ou dégoulinants diffusant une lumière tantôt puissante, tantôt tamisée) se marient ici pour le meilleur et créent un cadre réellement personnel. Jusque dans les chambres, confortables et délicieusement paisibles. Autres atouts des lieux : le patio verdoyant, la charmante salle à manger et les bonnes recettes maison (hommage à la mer et la montagne) servies avec les vins du terroir. Une adresse aussi tendance que chaleureuse…

On reviendra pour

▶ L'emplacement original des chambres, dans l'ancien entrepôt à cuves.

Amoureux des vieilles pierres

▶ Visite de Villeneuve-les-Béziers, son château féodal et son église. Visite des villes de Béziers, d'Agde et du Cap d'Agde, de Pézenas et de Montpellier.

Midi Pyrénées

« Les routes de l'été ont filé, danse légère. Mes rêves-souvenirs ont gardé le goût de l'été immobile, de l'eau claire à la fontaine des villages. Douceur Garonne, ovale usé des galets plats [...] et la fraîcheur des magnolias. »

Philippe Delerm, *Un été pour mémoire*

Catherine Painvin

AUBRAC

CATHERINE PAINVIN est tombée sous le charme d'Aubrac depuis longtemps. Elle fait vivre cet amour dans ce Comptoir tout droit sorti de son imagination foisonnante. Comment le qualifier ? Surprenant, magique, unique, hétéroclite ? Exceptionnel en tout cas et réellement hors du commun ! Dans un cadre où se rencontrent l'Asie, l'Afrique et l'Aveyron, les couleurs se répondent, les thématiques s'entrecroisent. Des objets rustiques provenant de la bâtisse rachetée en ruine côtoient des éléments de décoration ultra chic et la nature s'invite parfois à l'intérieur (duo de baignoires incrustées dans un socle en pierre de lave). Les chambres ont chacune leur personnalité. Celle-ci évoque un lendemain de neige à Aubrac, celle-là est conçue à partir d'éléments d'architecture népalais. Pour certains, le must de la maison se trouve dans la chambre « Sherpa » : un seau d'eau et une bassine, tous deux en argent, en guise de douche… Le luxe, version Catherine Painvin.

On reviendra pour

▶ La boutique présentant la collection Catherine Painvin Couture, ainsi que des produits régionaux et du monde entier. Le salon de thé ou encore les cours de cuisine proposés sur place.

Catherine Painvin
5 chambres : 220-585 €.
au bourg – 12470 Aubrac.
Tél. 05 65 48 78 84. www.catherinepainvin.com
Table d'hôte : 35 €. CB acceptée. Chiens interdits.
Fermé 15 novembre-20 décembre.

Pour les épicuriens

▶ Laguiole, sa fameuse coutellerie et ses produits du terroir (fromage, viandes, charcuteries, aligots, tripoux, foies gras…).

La Pradasse

Frédéric et Christine Antoine
5 chambres : 68-92 €.
39 chemin de Toulouse – 31450 Ayguesvives.
Tél. 05 61 81 55 96. www.lapradasse.com
CB acceptée. Anglais, espagnol parlés.
Chiens interdits. Ouvert toute l'année.

CETTE EX-REMISE ENTIÈREMENT RELOO-KÉE se cache au cœur d'un grand jardin bien entretenu. Vous y croiserez peut-être quelques canards de passage qui folâtrent du côté de l'étang. De la bâtisse d'origine, seuls les piliers de briques foraines demeurent, joliment mis en valeur par la nouvelle architecture des lieux, toute de verre et de fer. Frédéric Antoine fabrique lui même les éléments en fer forgé (escalier à vis, lits, tables, chaises) et Christine s'occupe de la déco créant à eux deux un univers qui leur ressemble : original, simple, chaleureux, unique. Inspirées librement par le Septième Art, les chambres portent des noms de films : « La Dolce Vita » avec sa salle de bains à l'italienne, « les Pétroleuses », particulièrement insolite et séduisante, installée dans une roulotte, au fond du parc ! Très belle baignoire à l'ancienne côté « Patient Anglais ». Cerise sur le gâteau : la cuisine créative concoctée avec des produits de saison, proposée le soir (sur réservation uniquement).

On reviendra pour

▸ Visiter la forge où Frédéric conçoit de nombreux éléments de décoration de la maison. Profiter des vélos en location sur place.

S'il fait beau

▸ Les promenades à pied ou à vélo le long du Canal du Midi. La visite des villages, des châteaux Cathares et de Toulouse. Terrains de golf de Vieille Toulouse et de Seilh.

Les Petites Vosges

BAGNÈRES-DE-BIGORRE

FAÇADE ROUGE FLAMBOYANT, persiennes vert sombre et toit d'ardoises gris bleuté : ces couleurs contrastées traduisent d'emblée le caractère de cette ancienne pension de famille. Chantal Estela-Lacène a repensé l'ensemble avec talent. Mélange d'ancien et de contemporain redonnent à sa maison une vitalité empreinte d'originalité. La chambre «Botero» décline ses teintes autour du tableau «Picadores» réalisé par le peintre. Le décor de la suite «Tour d'Ivoire», en duplex, s'inspire de la pureté du précieux matériau. Également sur place, un salon de thé. Plancher en bois clair, murs colorés, toiles modernes et petit bar en font un lieu délicieux. Profitez-en pour déguster une pâtisserie tout en discutant randonnée avec Chantal qui connaît la montagne comme sa poche. À disposition des hôtes, un charmant petit salon et une terrasse au 2e étage qui surplombe la ville environnante. Idéale pour un bain de soleil en toute tranquillité et à l'abri des regards.

On reviendra pour

▸ Les pâtisseries et compotes maison servis au petit-déjeuner ou à l'heure du thé.

Chantal Estela-Lacene
4 chambres : 65-75 €.
17 boulevard Carnot – 65200 Bagnères-de-Bigorre.
Tél. 05 62 91 55 30. www.lespetitesvosges.com
Anglais, espagnol parlés. Fermé 12-30 novembre.

Pour les curieux

▸ Le Clos Arsène Lupin, musée tenu par la petite-fille de Maurice Leblanc, l'auteur des aventures du célèbre cambrioleur.

Pavillon Sévigné

BAGNÈRES-DE-LUCHON

apporte aux résidents confort moderne et sérénité. En empruntant le bel escalier en bois qui conduit aux chambres, on imagine avec humour la «Marquise de Sévigné» se relaxant dans sa baignoire à jet massant, ou la «Comtesse de La Fayette» devant sa télévision LCD! Au rez-de-chaussée, le salon Napoléon III dispose d'une jolie bibliothèque et d'un piano pour les mélomanes de passage. Et quand vient le soir, retrouvez-vous auprès de la cheminée de la salle à manger pour profiter de la vue et de la douce quiétude qui se dégage du parc.

Pour les sportifs

▶ Ski, randonnée à pied ou en raquette, golf, équitation, rafting, canyoning, parapente, planeur, tennis, piscine.

Catherine Seiter
5 chambres : 80-90 €.
2 avenue Jacques-Barrau –
31110 Bagnères-de-Luchon.
Tél. 05 61 79 31 50. www.pavillonsévigné.com
Table d'hôte : 25 €. Anglais, allemand parlés.
Chiens interdits. Ouvert toute l'année.

UN SÉJOUR DANS LES PAS des grands monarques, cela vous tente? Au Pavillon Sévigné, on s'en approche car ce manoir (1855) hébergea quelques temps Son Altesse Royale Charles II, Roi d'Étrurie, Souverain de Parme. De cette époque où il portait le nom de «Buen Retiro», on a conservé les authentiques murs peints à la main. La rénovation de Catherine Seiter, tout en respectant ce passé historique,

On reviendra pour

▶ Profiter du parc. Les cures aux thermes de Bagnères-de-Luchon et les baptêmes de parapente.

Eth Béryè Petit

Henri et Ione Vielle

3 chambres : 56-63 €.
15 route Vielle – 65400 Beaucens.
Tél. 05 62 97 90 02. www.beryepetit.com
Table d'hôte : 20 €. Anglais, espagnol parlés.
Chiens interdits. Ouvert toute l'année.

L E NOM DE CETTE MAISON BIGOURDANE **(1790)**, comme posée entre prés et bois, signifie «le petit verger». L'intérieur, restauré avec soin, respire l'authenticité et le charme d'autrefois agit encore dans la grande salle commune (l'ancienne pièce à vivre de la ferme). On y petit-déjeune devant la belle cheminée traditionnelle, quand le temps ne permet pas de s'installer sur la terrasse, face aux montagnes. Profitez de ces pauses matinales privilégiées pour consulter Henri et Ione Vielle ; ils vous conseilleront bien volontiers sur les balades et visites à faire dans la région. Les chambres, à l'étage, sont coquettes, parfaitement calmes et ménagent toutes une vue sur la vallée. «Era Galeria» se pare d'un mobilier de style Napoléon III et ouvre sur un balcon ensoleillé. Les jumelles et coquettes «Bédoret» et «Poeyaspé» (tonalités bleues et blanches pour l'une, naturelles pour l'autre) occupent chacune la moitié de l'ancien grenier.

Pour les épicuriens

▶ **Les marchés alentour proposent des produits du terroir d'excellente qualité** : agneau de pays, charcuteries de porc noir de Bigorre, fromages de brebis, foie gras, confits, haricots tarbais, gâteaux à la broche…

On reviendra pour

▶ **La table d'hôte, qui fait la part belle aux produits du potager et du terroir.** Les terrasses, l'une couverte et l'autre équipée d'un solarium.

Château de Bessonies

Anne Bonaventure
4 chambres : 129-159 €.
46210 Bessonies.
Tél. 05 65 11 65 25/06 03.
www.chateau-bessonies.com
Table d'hôte : 30 €. Ouvert de mars à mi-novembre.

DANS LE JARDIN DU SÉGALA, entre Quercy et Cantal, ce beau château renaît de ses ruines au cœur du petit village qui porte son nom. La propriétaire l'a entièrement rénové et connaît son histoire jusqu'au bout des doigts, depuis sa construction en 1555, jusqu'à l'année 1815 lorsqu'il servit de refuge temporaire au maréchal Ney, alors accusé de trahison par les bourbons. Elle a d'ailleurs transformé sa chambre et son bureau en petit musée. Le reste de la demeure bénéficie d'une décoration plus personnalisée. Il reste bien quelques meubles, quelques bibelots d'époque, mais vous remarquerez également des objets plus modernes formant un ensemble parfois hétéroclite mais plein de charme. On a conservé la cheminée en pierre qui occupe une place d'honneur dans le salon de lecture. Spacieuses et douillettes, les chambres gardent une ambiance plus traditionnelle, mise en valeur par une tenue sans défaut. Joli parc de 3 ha planté de platanes centenaires.

On reviendra pour

▸ **La visite du petit musée créé à la mémoire du maréchal Ney.**

S'il fait beau

▸ **Planche à voile, pédalo, aviron, ou farniente sur la plage de sable fin… toute la famille trouve son bonheur au lac du Tolerme !**

245

MIDI-PYRÉNÉES

Château du Bascou

BOUZON-GELLENAVE

Annie et Xavier Destrade

3 chambres : 74 €.
Lieu dit St-Go – 32290 Bouzon-Gellenave.
Tél. 05 62 69 04 12. www.chateaudubascou.com
Table d'hôte : 20-28 €. CB acceptée.
Chiens interdits.
Fermé 23-31 août et 20-28 décembre.

On reviendra pour

▶ La visite des chais suivie d'une dégustation de vins. Les spécialités culinaires de la maison : boudin gascon aux pommes, canard mariné au Pousse-Rapière, gratin de figues au sabayon de Pacherenc du Vic-Bilh.

Pour les sportifs

▶ Randonnées à pied, à cheval ou en canoë sur l'Adour. Tennis, golf et aéroclub à Nogaro.

CETTE RAVISSANTE BASTIDE est une adresse incontournable pour les amateurs de vin et autres œnologues en herbe. Secrets de fabrication, culture du raisin, dégustation, visite des chais... Annie et Xavier vous feront partager tous les secrets du vignoble de Saint-Mont ! Un séjour instructif en perspective, ponctué de pauses détente tout aussi délicieuses : plongeons dans la piscine, farniente sur la terrasse, lectures auprès de la cheminée du salon ou dans le patio, balades dans le vaste parc planté d'arbres centenaires... Tout un programme ! À l'étage, Morphée se joint à Bacchus pour veiller sur vos nuits, dans de belles chambres personnalisées portant des noms de cépages du cru : «Tannat», «Pinenc» et «Manseng». Avant de succomber à leur appel, passage obligé par la table d'hôte. Au menu, légumes du jardin, produits de saison, viande de producteurs locaux. Le tout accompagné, bien sûr, d'une bonne bouteille du domaine.

Les Brunes

MIDI-PYRÉNÉES

Monique Philipponnat-David
5 chambres : 74-124 €.
12340 Bozouls.
Tél. 05 65 48 50 11. www.lesbrunes.com
Anglais, espagnol parlés. Chiens interdits.
Ouvert toute l'année.

S'ILS POUVAIENT PARLER, les murs de cette belle demeure familiale bâtie entre le 18e et le 19e s. auraient bien des histoires à raconter! Peut-être nous parleraient-ils de ses origines qui remonteraient, dit-on, au 13e s. S'ils tiennent secrets les stigmates de son passé, on sait en revanche que la maison reçoit les voyageurs en quête de calme et de nature depuis 1979. Rénovée avec goût par Monique Philipponat-David, elle charme immédiatement. Le bel escalier à vis, logé dans la tour principale, dessert les jolies chambres baptisées comme les prairies voisines : «les Coussoles», «les Padenes», «Givrou». «Le Clos» est la plus originale avec sa très haute charpente peinte. Au fait, le nom de la propriété s'explique un peu de la même manière, puisqu'elle se trouve dans le Hameau des Brunes… Aucun rapport avec une quelconque histoire de prunes, il fallait le préciser! Pas de table d'hôte, mais Bozouls compte quelques bonnes petites adresses à découvrir.

On reviendra pour

▶ **Les confitures maison servies au petit-déjeuner. Les moments de détente sur la terrasse, près du verger.**

Amoureux des vieilles pierres 🏰

▶ **Le long de la Route du Roman : l'église de Clairvaux, les églises Saint-Paul et Saint-Austremoine à Salles-la-Source. La statue de vermeil et les pièces d'orfèvrerie de l'église de Conques (11e s.).**

Les Vents Bleus

Filippo et Valérie Philibert
5 chambres : 80-140 €.
route de Caussade – 81170 Donnazac.
Tél. 05 63 56 86 11. www.lesventsbleus.com
Anglais, espagnol, italien parlés. Chiens interdits.
Ouvert 20 mars-28 octobre.

CETTE FIÈRE MAISON DE MAÎTRE de la fin 18ᵉ s. profite de la douce quiétude du vignoble de Gaillac. Sa façade en pierre blanche et ses tuiles rondes de pays regardent un jardin arboré (dont quelques figuiers) et dissimulent un intérieur plein de caractère. À l'image du salon avec ses pierres et poutres apparentes, ses grands canapés moelleux et sa cheminée monumentale. Même atmosphère et même authenticité dans les chambres (teintes douces, mobilier chiné, sobriété et espace), aménagées dans une dépendance. La suite «Lézard», à l'étage, peut accueillir 4 personnes. Les propriétaires, Valérie et Filippo, ont le bonheur d'avoir trois enfants, et vous trouverez ici tous les équipements nécessaires pour accueillir les vôtres. Également sur place, un pigeonnier, une piscine donnant sur une belle terrasse propice au farniente et deux gîtes indépendants. Vélos à disposition pour les adultes.

On reviendra pour

▸ **Les équipements très complets pour accueillir les enfants de tout âge (lits de bébés, chaise haute, service baby-sitting, bac à sable, toboggan, ping-pong, baby-foot).**

Amoureux des vieilles pierres

▸ **La ville haute de Cordes-sur-Ciel regroupe un ensemble exceptionnel de maisons gothiques et quelques belles façades roses à reflets gris en grès de Salles.**

Maison des Chevaliers

N ARRIVANT SUR LA PLACE DE L'ÉGLISE, on ne peut pas rater cette demeure du 18ᵉ s. (ex-résidence de chanoines) en brique rouge couverte de vigne vierge. Avec ses tomettes séculaires et ses larges poutres apparentes, le magnifique hall annonce un cadre débordant de caractère, un rien nostalgique des maisons d'antan. À l'image des chambres, très réussies. «Djerba» ou la suite «Côté Sud» rappellent que Claudine et Claude ont séjourné sous des cieux lointains ; la suite des «Chevaliers», très élégante avec son baldaquin, opte pour un cadre plus classique. Et parmi les atouts de «Roméo et Juliette», sa salle de bains en faux marbre bleuté… Partout des meubles chinés et des bibelots glanés à travers le monde (rideaux et santons portugais, baignoires à l'ancienne, etc.). Salle de jeux pour les enfants dans les écuries et belle piscine côté jardin. À l'heure des repas, Claudine vous régale d'une cuisine qui mêle exotisme et savoureux accents du terroir.

Claude et Claudine Choux
5 chambres : 60-75 €.
place de la Mairie – 82700 Escatalens.
Tél. 05 63 68 71 23. www.maisondeschevaliers.com
Table d'hôte : 22 €. Anglais, espagnol, portugais parlés. Ouvert toute l'année.

249

MIDI-PYRÉNÉES

On reviendra pour

▸ L'ambiance particulière de la maison, imprégnée des souvenirs de voyages de Claude et Claudine (bibliothèque aux ouvrages internationaux, cuisine et décoration influencées, entre autres, par le Portugal).

Pour se détendre

▸ Croisière en péniche sur le canal du Midi et franchissement de la pente d'eau de Montech, ascenseur qui permet aux bateaux de franchir un dénivelé de 13,30 mètres.

Domaine de la Piale

FONS

Bertrand et Adeline Spindler
4 chambres : 50-110 €.
La Piale – 46100 Fons.
Tél. 05 65 40 19 52. www.domainedelapiale.com
Anglais, allemand parlés. Ouvert toute l'année.

CET ANCIEN DOMAINE AGRICOLE de la fin du 18ᵉ s. se trouve en pleine campagne, aux portes du Parc naturel régional des Causses du Quercy. Passionnés de vieilles pierres, Adeline et Bertrand l'ont rénové dans le respect des traditions locales (matériaux régionaux) et avec le souci de préserver son identité originelle ; ils ont ainsi conservé le séchoir à pruneaux, le fournil et le pigeonnier. À côté de la piscine, la grange avec ses chambres « Lavande » et « Romarin », claires

et sobrement décorées. Dans le bâtiment principal, deux suites comprennent un petit salon privé et offrent davantage de confort (baignoires, pieds et têtes de lit relevables). On préférera la « Châtaigne » pour ses murs en pierres apparentes et sa belle cheminée d'origine. Et pour commencer la journée en beauté, ne ratez pas le petit-déjeuner, copieux et servi dans une ambiance familiale sur la grande table en bois, près de la cheminée du salon.

On reviendra pour

▷ **Le calme des vignes et des forêts entourant le domaine. Les baignades dans la piscine découverte.**

Amoureux des vieilles pierres

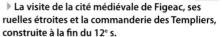

▷ **La visite de la cité médiévale de Figeac, ses ruelles étroites et la commanderie des Templiers, construite à la fin du 12ᵉ s.**

Le Château de Garrevaques

GARREVAQUES

CONSTRUIT EN **1460** pour protéger la population du village, ce magnifique château de la vallée du Sor reçoit aujourd'hui ses hôtes dans un vaste domaine. Les communs abritent un hôtel de charme fort agréable, mais ceux qui recherchent l'authenticité se tourneront plus volontiers vers les chambres d'hôtes, installées dans la partie privée de la demeure. Ici, pas d'ascenseur ni de télévision, car on a voulu conserver le cachet d'origine. Et c'est réussi! Tissus assortis, meubles et objets d'époque ou chinés (lit à baldaquin pour «Empire») composent une décoration tout en élégance d'antan. La «vie de château» ne s'arrête pas là : court de tennis dans le parc aux arbres centenaires, baignades dans la piscine, détente dans les salles de billard et de piano… Votre hôte, Marie-Christine Combes (descendante du Comte de Gineste) a tout prévu pour votre bien-être. Même un spa dernier cri, pour vous offrir de vrais moments de relaxation.

Claude et Marie-Christine Combes
5 chambres : 150-220 €.
81700 Garrevaques.
Tél. 05 63 75 04 54. www.garrevaques.com
Table d'hôte : 15 €, 25 à 35 €. CB acceptée.
Ouvert toute l'année.

On reviendra pour

▶ Le centre «Les Soins de Colette», au sein du château, propose des séances de remise en forme et beauté (hammam oriental, spa et cabines de balnéothérapie).

Pour les curieux

▶ La cité de Revel est construite suivant un tracé octogonal autour de sa bastide royale. Elle est aussi connue comme la capitale du meuble d'art et accueille un marché typique du sud-ouest le samedi matin.

Moulin de Fresquet

MIDI-PYRÉNÉES

CONSTRUIT AU 14ᵉ s. par les moines cisterciens de Figeac, ce beau moulin a été agrandi aux 18ᵉ et 19ᵉ s. Tombés sous le charme de l'endroit, Gérard et Claude Ramelot réalisent de gros travaux de rénovations avant de recevoir leurs premiers hôtes, en 1990, aussitôt séduits par la beauté des lieux. Meubles, tableaux, tapisseries et objets anciens (chinés chez les antiquaires ou hérités de la famille de Gérard) donnent beaucoup d'allure aux chambres. Leurs noms rappellent la vocation première de la maison. «Le Bief» et «Les Meules» surplombent le ruisseau; «Le Rocher» et «Le Meunier» (avec terrasse au bord de l'eau) s'ouvrent sur le parc. Côté cuisine, les idées foisonnent dans les marmites de Claude. Canard, agneau, oie, armagnac, cèpes et noix s'assemblent à l'infini pour donner naissance à de bons petits plats revisitant le terroir : chaque jour elle innove, tout en respectant les traditions gastronomiques locales.

Gérard et Claude Ramelot

5 chambres : 64-110 €.
46500 Gramat.
Tél. 05 65 38 70 60. www.moulindefresquet.com
Table d'hôte : 25 €. Anglais parlé. Chiens interdits.
Ouvert d'avril à octobre.

On reviendra pour

▸ Découvrir chaque jour les nouvelles recettes imaginées par Claude. Flâner dans le parc, le long de la rivière, ou tout simplement s'attarder dans le salon ou la bibliothèque, recelant plus de 1000 livres.

S'il pleut

▸ Le gouffre de Padirac vous invite à une promenade en barque à cent mètres sous terre. «La Féérie autour du Rail» à L'Hospitalet, spectacle d'automates son et lumières. Le château de La Pannonie à Couzou.

La Ferme de Moulhac

Philippe et Claudine Long
6 chambres : 52-95 €.
12210 Laguiole.
Tél. 05 65 44 33 25. www.perso.wanadoo.fr/moulhac
Fermé 26-29 mai et 14-17 septembre.

VOUS NE POSSÉDEZ TOUJOURS PAS votre trousseau de Laguiole ? Un séjour à la Ferme de Moulhac s'impose ! Non seulement pour acquérir le fameux couteau, célèbre dans le monde entier… mais aussi et surtout pour découvrir tous les charmes de l'Aubrac, à commencer par cette charmante adresse. En rénovant la maison de son arrière grand-père, Philippe Long a apporté cette petite pointe d'originalité qui fait le lien entre le passé et le présent. Le décor sagement contemporain – pierre, bois brut, fer forgé, cuivre et métal – se marie parfaitement avec les vieux meubles et les objets campagnards chinés ici et là. Par ailleurs, Philippe a relancé l'activité de la ferme et élève, avec sa femme Claudine, des vaches, des poules et des jars. Chambres coquettes installées dans l'ex-grange, petits-déjeuners copieux et réellement délicieux (produits de saison) et un barbecue à disposition dans le parc… Vous ne reviendrez plus ici par hasard !

On reviendra pour

▶ Les vaches de pure race Aubrac qui paissent dans les pâturages de la ferme. Les crêpes, la fouace, les pommes au four ou la pâte de coing de Claudine au petit-déjeuner, et les barbecues dans le parc.

Pour les épicuriens

▶ Le restaurant du fameux cuisinier Michel Bras surplombe le village. Le Laguiole, c'est aussi un fromage au lait de vache : il sera parfait pour baptiser la lame de votre nouveau couteau !

253

MIDI-PYRÉNÉES

Le Domaine de Saint-Géry

LASCABANES

MIDI-PYRÉNÉES

Patrick et Pascale Duler
5 chambres : 186-515 €.
46800 Lascabanes.
Tél. 05 65 31 82 51. www.saint-gery.com
Table d'hôte : 96 €. CB acceptée. Chiens interdits.
Ouvert 16 mai-30 septembre.

ENTRE PATRICK DULER ET SON DOMAINE, plus qu'une simple aventure, c'est l'histoire de toute une vie. Descendant direct de la famille Saint-Géry, il hérite de l'ancienne ferme dans les années 1970 et la transforme au fil des ans en véritable palace, alliant luxe et authenticité gasconne. Soixante-quatre hectares de nature entourent les corps de bâtiments, et pour renouer avec la tradition locale, le chef cuisinier en consacre dix à la culture de la truffe du Périgord. On la retrouve au menu du véritable petit restaurant maison – exclusivement réservé aux hôtes – sous forme de sandwiches (le « tastous ») ou en carpaccio. Autour de cette reine de la table, les plats d'exception se succèdent : foie gras aux baies roses, canard de Barbarie en confit et pointe de sarriette, cabécous affinés… Est-il besoin de préciser que les chambres, décorées dans un esprit ancien revisité, ne manquent ni de charme ni de confort ?

On reviendra pour

▶ La gastronomie authentiquement régionale, élaborée autour des truffes du domaine. La chaleur confortable du bâtiment, chauffé au bois de la propriété.

Pour les curieux

▶ Pèlerinage incontournable, le chemin de Saint-Jacques-de-Compostelle passe tout près.

L'Envolée sauvage

LIVERS-CAZELLES

Mme Sergeant
4 chambres : 75-88 €.
La Borie – 81170 Livers-Cazelles.
Tél. 05 63 56 88 52. www.lenvolee-sauvage.com
Table d'hôte : 30-40 €. CB acceptée.
Anglais, allemand parlés. Fermé en mars.

AUTHENTICITÉ, QUIÉTUDE ET HOMMAGE au terroir du Sud-Ouest. Voici ce qui vous attend dans cette belle ferme du 18ᵉ s. qui, derrière son mur d'enceinte, dévoile un superbe parc (potager, verger et piscine) grand ouvert sur la campagne. Du vert à l'extérieur et des couleurs douces à l'intérieur. À commencer dans les chambres, simples, cosy et personnalisées avec goût. Joli baldaquin et déco féminine à dominante écrue dans la « Beige ». Pierres, poutres, lit ancien et du bleu partout pour les « Hortensias ». « Framboise » est mansardée et

« La Chambre des Champs » dispose d'un accès indépendant… Un séjour à l'Envolée Sauvage ne serait pas complet sans un dîner sur place (en table d'hôte ou individuelle). La maîtresse des lieux concocte des petits plats tout simplement délicieux. Au menu : recettes du terroir à base d'oie et de produits issus de l'exploitation. On reviendrait rien que pour son foie gras maison servi avec les figues du jardin…

On reviendra pour

▸ **Les stages de cuisine autour de l'oie, la boutique de produits de la ferme.**

Pour les curieux

▸ **Les mystères fourmillent à Cordes-sur-Ciel : le manuscrit des Sorts des Apôtres, recueil d'oracles du 13ᵉ s., les curiosités architecturales et les multiples références aux dragons, dans la ville…**

Manoir des Chanterelles

MEAUZAC

UNE PETITE ALLÉE TRAVERSE LE PARC arboré avant de rejoindre ce ravissant manoir de 1881, surplombé de deux tourelles. Du cachet à l'intérieur comme à l'extérieur : Nathalie a particulièrement soigné la décoration de sa demeure. À commencer par les chambres, thématiques, confortables et cosy : « Savane », « Louis XVI », « Zen » (on note sa particularité : douche à l'étage et toilettes au rez-de-chaussée), « Romantique »… On avoue un faible pour la très colorée « Suite Orientale », son lit à baldaquin en fer forgé et son salon agrémenté de deux méridiennes. Détente et bien-être sont également au rendez-vous dans le salon doté d'une cheminée et d'un écran plat – Nathalie adore le cinéma – et la salle de jeux (fléchettes, ordinateur connecté à Internet, jeux de société, etc.). Table d'hôte traditionnelle évoluant au gré des saisons. Un pin parasol bicentenaire trône dans le parc (piscine et court de tennis).

Nathalie Brard
5 chambres : 60-120 €.
Bernon-Boutounelle – 82290 Meauzac.
Tél. 05 63 24 60 70. www.manoirdeschanterelles.com
Table d'hôte : 25-35 €. Ouvert toute l'année.

On reviendra pour

▶ Les week-ends à thème (montgolfière ou équitation).

Amoureux des vieilles pierres

▶ Montauban, son patrimoine historique et le musée Ingres. Moissac, haut lieu de l'art roman, et son abbatiale. Lauzerte et Auvillar, tous deux classés « Plus Beaux Villages de France ».

Le Mas Azemar

MERCUÈS

Claude Patrolin
6 chambres : 75-105 €.
rue du Mas-de-Vinssou – 46090 Mercuès.
Tél. 05 65 30 96 85. www.masazemar.com
Table d'hôte : 32-39 €. Chiens interdits.
Ouvert toute l'année.

À QUELQUES PAS DU CHÂTEAU de Mercuès – ex-résidence d'été des évêques de Cahors –, cette belle dépendance du 18ᵉ s. héberge aujourd'hui le voyageur en quête de calme, de tradition et de bonne chère. Habilement restaurée, elle a conservé son âme bourgeoise d'origine mais ses propriétaires, Aurore et Claude Patrolin, lui ont façonné une personnalité à leur image. Au premier étage, on peut voir une série de clichés pris par Claude, lorsqu'il était encore photographe. Partout l'ancien et le moderne se côtoient avec bonheur, dans des chambres pétries de charme, où confort rime avec tranquillité. En été, on déjeune sur la terrasse, à l'ombre des arbres centenaires ; en hiver, on se retrouve autour de la vieille cheminée en pierre. L'atmosphère chaleureuse ne devrait pas manquer de vous séduire, mais si vous hésitez encore, les dégustations de vins locaux et la cuisine généreuse mitonnée par Aurore sauront à coup sûr vous convaincre de venir passer quelques jours en Périgord !

On reviendra pour

▶ Découvrir les ouvrages, anciens et modernes de la belle bibliothèque et admirer les nombreuses œuvres d'art, visibles un peu partout dans la maison.

S'il fait beau

▶ Claude et Aurore vous renseigneront sur les sites remarquables à voir aux alentours, la vieille ville de Cahors, le quartier des Badernes, ses vestiges de thermes et son aqueduc.

Maison de la Porte Fortifiée

MONTESQUIOU

Carsten Lutterbach
4 chambres : 65-110 €.
au Village – 32320 Montesquiou.
Tél. 05 62 70 97 06. www.porte-fortifiee.eu
Table d'hôte : 29-39 €. Chiens interdits.
Fermé 6 janvier-29 février.

Amoureux des vieilles pierres

▶ Le village fortifié de Montesquiou, ses remparts et ses ruelles pittoresques, mérite bien une petite visite.

On reviendra pour

▶ Le petit jardin fleuri, donnant sur un joli paysage vallonné.

LAISSEZ DONC VOTRE VOITURE SUR LA PLACE qui jouxte l'église et marchez jusqu'à cette étonnante maison construite vers 1850 à côté d'une porte fortifiée et de sa tour de défense datant du 13ᵉ s. Les propriétaires, originaires d'Allemagne, ont souhaité conserver le caractère de la demeure tout en optant pour un harmonieux mélange des styles. Meubles d'époque, touches design et art moderne s'y rencontrent sans faute de goût pour former un ensemble chaleureux et réussi. Un des salons donne sur un jardinet aménagé en terrasse, où, dès les premiers beaux jours, on sert un copieux petit-déjeuner d'inspiration germanique ou française, selon l'humeur du moment. On propose aussi un dîner oscillant entre terroir et saveurs d'ailleurs. Les chambres, spacieuses et dotées d'une cheminée, bénéficient d'une agréable luminosité grâce à leur orientation plein Sud. Vous apprécierez aussi leur confort, bien dans l'air du temps, et leur calme.

Les Trois Terrasses

MONTPEZAT-DE-QUERCY

Patricia et Philippe Dieudonné
4 chambres : 90-150 €.
rue de la Libération – 82270 Montpezat-de-Quercy.
Tél. 05 63 02 66 21. www.trois-terrasses.com
Table d'hôte : 28 €. Chiens interdits.
Ouvert 1er avril-26 octobre.

SURPLOMBANT MONTPEZAT-DE-QUERCY, cette belle bastide du 19e s. et ses jardins ont séduit Patricia et Philippe Dieudonné, ex-consultants en marketing, qui décident d'y installer une maison d'hôtes en 2004. Ils rénovent les chambres et les parties communes en mêlant avec sobriété décoration actuelle et mobilier ancien. La chambre « Anglaise » s'inspire du raffinement britannique du 18e s. « La Collégiale » tient son nom du monument le plus remarquable du village : la Collégiale Saint-Martin, datant du 14e s. « L'Alcôve », avec son lit posé sur une petite estrade vous permet-tra d'admirer la vue magnifique sur la vallée dès le réveil. Mais n'oublions pas le plus important : les fameuses terrasses ! La première, équipée de parasols et de chaises longues, invite à la détente. La deuxième, en contrebas, accueille les petits-déjeuners dans la fraîcheur des ombrages. Enfin, la troisième, plus sauvage, permet isolement et intimité…

On reviendra pour

▸ **Les terrasses, offrant des vues magnifiques sur la vallée et le village de Montpezat-de-Quercy.**

Pour les épicuriens

▸ **À Lalbenque, le marché aux truffes se déroule tous les mardis, pendant l'hiver. L'office de tourisme propose exposition et diaporamas autour du fameux champignon, ainsi que des démonstrations de récolte.**

Château de Labro

JEAN ROUQUET AURAIT-IL DÉCIDÉ d'acquérir le Château de Labro par nostalgie pour son Aubrac natal? Sans nul doute. Mais il a également voulu réhabiliter cette demeure pour y donner libre cours à ses deux passions : la peinture et les antiquités. L'endroit regorge de trésors dénichés ici et là et agencés avec un goût sûr – certains, exposés dans le salon du petit-déjeuner, sont même à vendre! Grâce à ce vrai talent de décorateur, Jean a su mêler l'ancien et le contemporain, créant le décor si particulier de chaque chambre. Qu'elles soient très modernes ou romantiques, toutes possèdent un cachet indéniable. «Margaux» et «Violette» s'agrémentent de superbes baldaquins en toile de Jouy et ouvrent sur l'olivier qui trône dans la cour intérieure. Détail insolite : la salle de bains de la «De Creato» se niche dans une échauguette. En prenant votre douche, vous pourrez admirer la nature environnante. Difficile de trouver meilleure façon de commencer la journée !

On reviendra pour

▶ La passion de Jean pour la brocante et la possibilité d'acquérir certains des meubles chinés du château.

S'il fait beau

▶ Sur le chemin de St-Jacques-de-Compostelle, la ville de Conques fait référence en matière d'architecture et d'orfèvrerie médiévales. Un parcours 18 trous au golf de Rodez.

Jean Rouquet
14 chambres : 80-200 €.
Onet Village – 12850 Onet-le-Château.
Tél. 05 65 67 90 62. www.chateaulabro.fr
CB acceptée.Ouvert toute l'année.

La Garlande

ST-CLAR

Nicole Cournot
3 chambres : 49-68 €.
place de la Mairie – 32380 St-Clar.
Tél. 05 62 66 47 31. www.lagarlande.com
Chiens interdits. Ouvert 21 mars-2 novembre.

MIDI-PYRÉNÉES

AU CŒUR DE LA BASTIDE DE ST-CLAR, face à la vieille halle, cette maison de maître du 18e s. vous garantit un séjour au grand calme. L'entrée, cachée sous les arcades de la place, donne sur un grand hall lumineux (Jean-François, photographe de métier, y expose parfois ses œuvres), conçu à la façon d'un puits de lumière. Mi-atrium toscan, miriad marocain, il révèle d'emblée le caractère de cette demeure, conservée et restaurée avec passion. Un vieil escalier en pierre conduit aux chambres, toutes joliment personnalisées : «Bacchus», «Bagatelle» ou «Fleur bleue». Meubles de style, lits en bois sculptés, vieux parquets cirés, tomettes, cheminées, stucs et moulures : elles associent élégance discrète, charme d'antan et délicieuse atmosphère de maison bourgeoise. Petits «plus» (et non des moindres) : le salon-bibliothèque, très chaleureux, et le ravissant jardin de curé, clos de murs et abondamment fleuri à la belle saison.

On reviendra pour

▸ L'atmosphère apaisante du petit jardin de curé. Les petits-déjeuners de Nicole, composés de délicieux gâteaux maison et de confitures de saison.

S'il fait beau

▸ Passez une journée en famille sur la base de loisirs de St-Clar (plage de sable fin, toboggans et pédalos).

Maison Jeanne

St-Paul-d'Oueil

Michèle Guerre
4 chambres : 64-130 €.
31110 St-Paul-d'Oueil.
Tél. 05 61 79 81 63. www.maison-jeanne-luchon.com
Chiens interdits. Ouvert toute l'année.

LES BONNES RAISONS POUR VENIR à la Maison Jeanne ne manquent pas, surtout pour les amoureux de la montagne ! Située à la croisée des grands cols, de l'Espagne et des stations de sports d'hiver, elle offre mille possibilités : pêche à la truite dans La Pique, randonnées, skis de fond et de piste… Mais l'on vient aussi ici pour y trouver une authenticité unique, dont Michèle se fait l'artisan au quotidien. Non seulement parce qu'elle a redonné un incroyable cachet à la bâtisse (1818), mais aussi parce qu'elle cultive l'art de recevoir : elle sert des viennoiseries et des confitures maison différentes chaque matin ! Côté cadre, intérieur bois et pierre très raffiné, superbe terrasse embrassant la chaîne des Pyrénées, coquet jardin fleuri… Tout y est. Les chambres, charmantes (ciels de lit, vieilles lithographies, belles charpentes d'origine pour certaines), portent sa signature : meubles de famille «customisés», broderies et peintures au pochoir. Une adresse riche en découvertes.

On reviendra pour

▸ **Les ateliers de broderie organisés par Michèle.
Le brame des cerfs qui résonne dans les bois…**

Pour les sportifs

▸ **Ski à Bagnères et Superbagnères. Excursion
et pêche à la truite dans les vallées du Larboust et
d'Oueil.**

Le Grand Cèdre

DU HAUT DE SES **300** ANS, le grand cèdre veille toujours sur le parc de cette élégante demeure du 17ᵉ s. qui fait la fierté de ses propriétaires, Annick et Christian Peters. Ils entretiennent avec un soin tout particulier l'atmosphère bourgeoise à l'ancienne qui règne à l'intérieur. «Art déco», «Henri II», «Louis XV» et «Louis Philippe» : les chambres, aménagées dans le style dont elles portent le nom, sont desservies par une galerie qui surplombe une serre où poussent, selon les saisons, cactus, agrumes ou orchidées. Petits-déjeuners et dîners (sur réservation) sont servis dans un cadre mariant les meubles Henri II, Louis XIII et Louis XIV. Annick et Christian poussent le raffinement jusqu'à sortir l'argenterie, le cristal et les chandeliers… Le grand jeu! L'extérieur réserve aussi de bien belles découvertes : un jacuzzi et un sauna, un ravissant potager à la française, un verger où murmure une fontaine…

On reviendra pour

▸ Le jacuzzi, dans le jardin d'hiver, et le sauna, dans le petit sous-bois.

Annick et Christian Peters
5 chambres : 65-80 €.
6 rue du Barry – 65270 St-Pé-de-Bigorre.
Tél. 05 62 41 82 04. www.legrandcedre.fr
Table d'hôte : 27 €. Ouvert toute l'année.

Pour les sportifs

▸ Randonnées dans le Parc Naturel des Pyrénées au Pont d'Espagne, au Cirque de Gavarnie, au col de l'Aubisque ou au col du Tourmalet, menant au Pic du Midi.

La Lumiane

St-Puy

Alain et Gisèle Eman
5 chambres : 41-65 €.
Grande rue – 32310 St-Puy.
Tél. 05 62 28 95 95. www.lalumiane.com
Table d'hôte : 21 €. CB acceptée. Anglais parlé.
Chiens interdits. Ouvert toute l'année.

ALAIN ET GISÈLE vous accueillent à la Lumiane, une belle et grande demeure du 17e s., blottie au cœur de St-Puy, charmant village accroché à un coteau. Dans la maison principale, un superbe escalier en pierre polie par le temps mène aux chambres «Lilas» et «Tilleul» particulièrement séduisantes. Colombages, cheminées, poutres et tomettes d'origine sont mis en valeur par des couleurs douces et une atmosphère rustique chic fort attrayante. Même esprit pour «Prune» la romantique, «Tournesol» la chaleureuse et «Vigne» la douillette, toutes trois installées dans une autre partie de la maison. Un tour s'impose dans le salon de lecture (nombreux livres à disposition) avant de passer à table dans la salle à manger ou sur la terrasse d'été, au milieu des lauriers roses. Au menu : produits du terroir et spécialités régionales. Profitez enfin du joli jardin fleuri où vos hôtes organisent parfois de sympathiques soirées barbecue.

On reviendra pour

▶ **Les journées du foie gras, les stages de cuisine et de remise en forme. La croustade et les œufs frais de la ferme servis au petit-déjeuner.**

Pour les amateurs d'art

▶ **La collection Simonow, exposée à l'abbaye de Flaran à Valence-sur-Baïse, rassemble près d'une quarantaine d'œuvres originales d'artistes européens tels que Cézanne, Renoir ou Matisse.**

Château de Séguenville

SÉGUENVILLE

Marie et Jean-Paul Lareng
5 chambres : 100-125 €.
31480 Séguenville.
Tél. 05 62 13 42 67. www.chateau-de-seguenville.com
Table d'hôte : 25 €. Anglais parlé. Chiens interdits.
Fermé 15 décembre-15 janvier.

Pour les curieux

▶ **L'abbaye bénédictine St-Pierre, à Moissac.**
Le canal du Midi, le plus ancien canal d'Europe (navigation et promenades bucoliques sur ses berges).

C ET IMPOSANT CHÂTEAU DE **1271** qui surplombe la campagne gasconne a été rénové récemment. Résultat : une décoration intérieure hétéroclite qui ne manque pas de surprendre ! Ici, un petit salon cossu d'inspiration chinoise pour regarder la télévision. Là, des meubles familiaux et chinés côtoyant des objets modernes et du fer forgé… Un escalier en pierre monumental conduit aux chambres, spacieuses et confortables. Dignes des châtelains qui les occupaient il y a plusieurs siècles, elles en portent les noms (« Thibault de Seguenville », « Lucrèce de Roquemaurel », etc.). Petit plus pour la « Magne de Brugymont » : une superbe terrasse avec vue sur les arbres centenaires du parc.
Les nombreux livres et guides ainsi que les conseils avisés de Marie et Jean-Paul vous permettront de partir à la découverte des environs. Les amateurs se laisseront tenter à coup sûr par l'initiation à la dégustation de vin animée par un œnologue conseil, avec dîner gastronomique le soir.

On reviendra pour

▶ **La découverte des vins du Sud-Ouest lors du séjour « Dégustation de vin » animé par un œnologue (deux nuits en demi-pension). La belle piscine ronde.**

Domaine d'En Naudet

TEYSSODE

JEAN ET ÉLIANE ont littéralement craqué pour cette ferme historique (elle aurait été cédée par Henri IV à l'un de ses compagnons de chasse) qui domine les collines du Lauragais. Ils la rachètent en ruine, la restaurent en repensant totalement les volumes intérieurs : ici, un salon moderne, très chaleureux avec sa cheminée ; là, une cuisine-salle à manger contemporaine où tout le monde se retrouve autour de la table. Installées dans les écuries et la grange, les chambres, aux tons beiges et écrus, dégagent un délicieux cachet rustique : patines à l'ancienne, lasures, beaux tissus composent une combinaison harmonieuse de fraîcheur et de raffinement. Pour un séjour insolite, optez pour la tour de guet convertie en triplex : lit rond, superbe charpente réalisée par les Compagnons du tour de France et vue sur la campagne… Un must ! Pour la détente, piscine (avec douche solaire et transats), salle de remise en forme, ping-pong, mur de tennis, basket, etc.

Jean et Éliane Barcellini
5 chambres : 75-98 €.
D 43 – 81220 Teyssode.
Tél. 05 63 70 50 59. www.domainenaudet.com
CB acceptée. Anglais, espagnol, italien parlés.
Chiens interdits. Ouvert toute l'année.

On reviendra pour

▸ La chambre de la tour de guet. Dans toutes les salles de bains : les produits pour le bain de la gamme Graine de Pastel (à base d'huile de pastel, cultivé dans la région).

Pour les curieux

▸ Le chemin de fer touristique du Tarn. La voie romaine à proximité. Le jardin des Martels (parc floral, serre aquatique, miniferme…). Le château-musée du Pastel à Magrin.

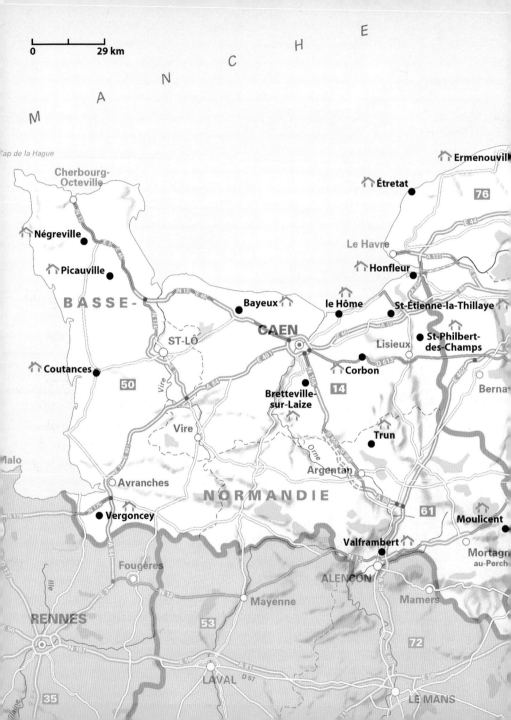

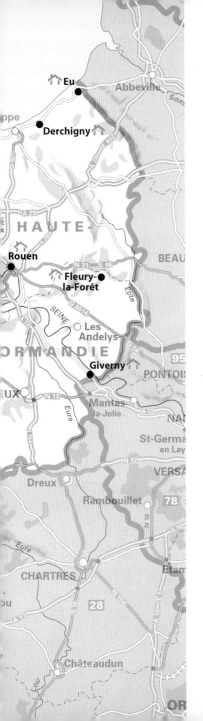

Normandie

« Là-bas on entend chaque heure, ce n'est qu'une pauvre cloche, mais tu te dis : "Voilà mon frère qui rentre des champs", tu vois le jour qui baisse, on sonne pour les biens de la terre, tu as le temps de te retourner avant d'allumer ta lampe. »

Marcel Proust, Du Côté de Guermantes,
À La Recherche du Temps perdu

Tardif – Le Relais de la Liberté

L'HISTOIRE DU SUPERBE PARC qui entoure cet hôtel particulier mérite une parenthèse. Elle remonte à la Révolution, quand Moisson de Vaux, botaniste du roi, quitte Versailles pour s'installer à Bayeux. Il fait venir de nombreux arbres et plantes exotiques (Inde, Liban, Amérique du Nord, etc.) et entame la création de ce jardin. Le baron Tardif l'agrandit, lorsque Napoléon en personne lui fait don du domaine. Ces magnifiques allées semblent ne pas avoir bougé depuis… Tout comme la demeure avec son mobilier Louis XV et Louis XVI, ses authentiques tapisseries, tableaux anciens, etc. Et l'on se glisse, le temps d'un instant, dans la peau du «Baron d'Ussel», de «Monseigneur de Nesmond» ou de la «Veuve Langlois», tant

Anthony Voidie
5 chambres : 50-190 €.
16 rue de Nesmond – 14400 Bayeux.
Tél. 02 31 92 67 72. www.hoteltardif.com
CB acceptée. Anglais, espagnol parlés.
Chiens interdits. Ouvert toute l'année.

le décor des ravissantes chambres évoque bien leurs époques. Le petit-déjeuner se tient dans le Salon Rouge (très beau parquet à motif étoilé et boiseries Second Empire) ou sur la terrasse si le temps le permet.

On reviendra pour

▶ Le jardin botanique, ses arbres bicentenaires et ses plantes provenant de tous les continents.

Pour les curieux

▶ La cité médiévale de Bayeux garde de nombreux témoignages de son passé : son centre ancien, sa cathédrale et sa tapisserie mondialement célèbre…

Château des Riffets

Alain Cantel
4 chambres : 110-160 €.
14680 Bretteville-sur-Laize.
Tél. 02 31 23 53 21. www.chateau-des-riffets.com
Table d'hôte : 45 €. Ouvert toute l'année.

271

NORMANDIE

On reviendra pour

▶ Le beau parc classé où l'on peut pratiquer l'équitation, faire une promenade en calèche ou tout simplement se dégourdir les jambes avant de se baigner dans la piscine couverte et équipée d'un toboggan.

SI LE DOMAINE existe depuis l'époque gallo-romaine, ce joli manoir, construit sur les ruines d'un relais de Guillaume le Conquérant, ne date, lui, que du 19ᵉ s. Monsieur et Madame Cantel, ses heureux propriétaires, y accueillent les hôtes de passage. Les chambres, toutes différentes, affichent cependant une unité de style : tissus tendus et tapisseries sur les murs (parfois en pierre apparente), mobilier du 18ᵉ s., baldaquins ou ciels de lits, tapis persans, etc. Et pour aller plus loin dans les détails, on peut même y voir des appliques réalisées avec de vieux vitraux. Les salles de bains sont souvent spacieuses, parfois dotées de balnéo ou hydrothérapie. Pour bien commencer la journée au château des Riffets, commencez par un bon petit-déjeuner, servi au salon, grand ouvert sur le parc de 15 ha, arboré et classé… Une adresse romantique et hors du temps pour une étape de charme près de Caen.

S'il fait beau

▶ La ville de Caen, les plages du Débarquement et l'immense Musée Mémorial.

La Ferme aux Étangs

CORBON

C E BEL ENSEMBLE DE MAISONS à colombages, isolé au bout d'un chemin de campagne, était un relais de chasse au 17ᵉ s. Un petit plan d'eau et des prés tout autour : la nature s'étend à perte de vue et rien ne peut troubler la tranquillité des lieux. On apprécie cette douce quiétude dès le matin, autour du petit-déjeuner que sert Martine sous la véranda grande ouverte sur les champs. Pièce centrale offrant une belle hauteur sous charpente, le salon invite aussi à la détente, avec ses sofas en cuir gris installés autour de la vieille cheminée en pierre et brique. Cachet rustique et design épuré se marient ici pour le meilleur. Même esprit – légèrement moins prononcé – dans les chambres, situées à l'étage. Douillettes et mansardées, elles respirent la simplicité. Les suites «Love» et «Pretty», logées dans les dépendances, ont plus de caractère : lits sur estrade, dallage ancien, mobilier de style pour l'une, plus contemporain pour l'autre.

On reviendra pour

▶ Les bons petits plats de la table d'hôte : pot-au-feu de la ferme aux deux viandes, navarin d'agneau aux deux haricots, etc. Et, partir à la rencontre des animaux qui vivent sur le domaine.

Martine et Morgan Schleifer
5 chambres : 68-98 €.
chemin de l'Épée – 14340 Corbon.
Tél. 02 31 63 99 16. www.lafermeauxetangs.com
Table d'hôte : 30 €. CB acceptée. Chiens interdits.
Ouvert toute l'année.

S'il fait beau

▶ Les jardins du château de Canon alternent avec brio les styles français et anglais, ponctués par des statues et plus loin par un kiosque chinois.

Manoir de L'Écoulanderie

Béatrice de Ponfilly
4 chambres : 90-130 €.
rue de la Broche – 50200 Coutances.
Tél. 02 33 45 05 05. www.l-b-c.com
Anglais parlé. Chiens interdits.
Ouvert toute l'année.

On reviendra pour

▸ Se promener dans le très beau jardin et découvrir avec Béatrice ses petits secrets de jardinage (le site est labellisé « gîte au jardin »). La piscine chauffée avec vue sur la cathédrale de Coutances.

S'il fait beau

▸ On ira découvrir le Mont St-Michel, les plages du Débarquement, et pourquoi pas se permettre une petite escapade vers les îles Chausey et Anglo-Normandes.

ON NE SE LASSE PAS DE DÉAMBULER dans le parc de ce beau manoir du 18ᵉ s. Flâner entre les bassins et les bosquets fleuris, apercevoir une sculpture au détour d'une allée, savourer la vue à 360° sur Coutances et les flèches de sa cathédrale… Un véritable enchantement! Heureuse Béatrice de Ponfilly qui a créé ce petit paradis de verdure autour de sa demeure (elle partage ses secrets de jardinage avec ceux qui le lui demandent). Tout naturellement, elle installe le petit-déjeuner à l'ombre du magnolia, lorsque le soleil est au rendez-vous. Dans le cas contraire, on se replie avec autant de plaisir auprès de la cheminée du salon. Côté chambres, mobilier ancien, boiseries et couleurs choisies créent une ambiance raffinée et chaleureuse. « La source », en rez-de-jardin, dispose d'une petite cuisine équipée, et la « Sous-Bois » se révèle assez romantique avec son ciel de lit. Cerise sur le gâteau : on profite toute l'année de la piscine chauffée à vingt-neuf degrés!

Manoir de Graincourt

NORMANDIE

Anne et Philippe Baron

5 chambres : 78-119 €.
10 place Ludovic Panel – 76370 Derchigny.
Tél. 02 35 84 12 88. www.manoir-de-graincourt.fr
Table d'hôte : 32 €. Anglais, allemand parlés.
Chiens interdits. Ouvert toute l'année.

TYPIQUEMENT NORMAND, CE MANOIR contigu à l'église du village était jadis un couvent. Dans l'esprit de Philippe et Anne, y recevoir des hôtes rime avec détente et relaxation. Toujours à l'écoute et connaissant la région comme leur poche, ils sont prêts à répondre à toutes vos attentes, en témoignent les nombreuses activités qu'ils proposent : séances de sophrologie, atelier bricolage, jardinage ou cuisine... Le farniente est aussi de mise à Graincourt, dans le salon-bibliothèque équipé d'un billard, ou dans l'un des petits recoins du jardin, ombragés de cèdres et de poiriers. Les chambres thématiques (meubles de famille ou chinés, beaux tissus, literie flambant neuve et jolies salles de bains) se trouvent à l'étage, et le gîte, pouvant accueillir jusqu'à six personnes, dans les vieilles écuries restaurées. Petits-déjeuners servis dans la cuisine, auprès du fourneau, ou sur la terrasse ensoleillée, dès que le soleil apparaît.

On reviendra pour

▶ **Les ateliers : cuisine (achat de produits frais au marché de Dieppe et préparation du dîner dans la grande cuisine du manoir), arts plastiques et jardinage. Les séances de sophrologie avec un sophrologue diplômé.**

S'il fait beau

▶ **Le château de Derchigny et les jardins de Cotelle, dont le propriétaire, Gabriel de Clieu, Gouverneur de la Guadeloupe, introduisit la culture du café en Martinique au 18e s.**

Château du *Mesnil Geoffroy*

ERMENOUVILLE

Anne-Marie Kayali
5 chambres : 80-140 €.
76740 Ermenouville.
Tél. 02 35 57 12 77.
www.chateau-mesnil-geoffroy.com
CB acceptée. Chiens interdits. Ouvert toute l'année.

CET ÉLÉGANT CHÂTEAU en pierres et briques (17e et 18e s.) qui fut la propriété du Prince de Montmorency Luxembourg, apparenté à la famille royale, a vu passer du beau monde. Victor Hugo et Antoine de Saint Exupéry y séjournèrent quelques temps. Aujourd'hui, le Prince et la Princesse Kayali sont heureux de vous recevoir dans leur demeure magnifiquement préservée. Salons en enfilade, superbes boiseries sculptées, salle à manger 18e s. et chambres rendent hommage à son fastueux passé. Partout des meubles, des objets et des tableaux ayant appartenu aux ancêtres des Kayali. Le lit à baldaquin de la «Suite de la Marquise» était celui d'une aïeule de la propriétaire. Très belle «Chambre du Chevalier» de style Louis XVI (détail insolite et raffiné : la salle de bains cachée derrière les boiseries!). Même les petits-déjeuners sont servis dans la porcelaine et l'argenterie de famille. Parc à la française de 10 ha doté d'une magnifique roseraie et d'un jardin aux oiseaux.

On reviendra pour

▸ Le parc dessiné par Colinet (1er jardinier de Le Nôtre). Les 1 987 variétés de roses de la roseraie et les perruches d'Inde et d'Afrique de la volière. Le plateau de bienvenue à la mode anglaise dans les chambres.

S'il fait beau

▸ Les plages de la Côte d'Albâtre et les stations balnéaires de St-Valéry-en-Caux et de Veules-les-Roses.

Villa sans Souci

QUAND JOCELYNE ET JEAN-PIERRE, anciens restaurateurs parisiens, acquièrent cette belle villa du 19ᵉ s., ils la relookent en axant la décoration autour de leurs deux passions : les voitures de collection (modèles réduits exposés dans le salon et la bibliothèque) et le cinéma. À travers leur nom et leur cadre, les chambres rendent hommage à leurs acteurs et réalisateurs fétiches : Marilyn Monroe et Billy Wilder dans «Certains l'aiment chaud» (ambiance glamour rétro

Jocelyne et Jean-Pierre Milan
4 chambres : 75-140 €.
27 ter rue Guy de Maupassant – 76790 Étretat.
Tél. 02 35 28 60 14. www.villa-sans-souci.fr
Anglais, portugais parlés. Chiens interdits.
Ouvert toute l'année.

jusque dans le moindre détail), Sydney Pollack et «Out of Africa», Pedro Almodovar et «Talons aiguilles»... Les salles de bains, modernes et fonctionnelles, ne manquent pas de cachet avec leurs nombreux objets détournés (vieux cadres en bois autour des miroirs, éviers en faïence en guise de lavabo). Petit-déjeuner servi sur la grande terrasse ombragée, face au parc arboré, si le temps le permet. Évasion garantie dans cette maison voisine des plages et des falaises d'Étretat.

S'il fait beau

▶ Tennis, golf, voile et randonnée.
Balades le long des falaises et de la plage, et visite du musée Arsène Lupin.

On reviendra pour

▶ Le cake aux pommes et les confitures maison servis au petit-déjeuner.

Manoir de Beaumont

Eu

Catherine Demarquet
3 chambres : 36-56 €.
route de Beaumont – 76260 Eu.
Tél. 02 35 50 91 91. www.demarquet.com
Chiens interdits. Ouvert toute l'année.

Au 18ᵉ s. L'ABBAYE D'EU exploitait cette grande ferme, qui devint plus tard la propriété d'éleveurs de chevaux, puis relais de chasse. Aujourd'hui, Catherine et son mari l'ont transformée en maison d'hôtes, après le départ de leurs enfants. Des massifs de rosiers parfument le grand parc et la proximité de la forêt d'Eu rend l'endroit idéal pour les amoureux de la nature, les promeneurs et les observateurs d'oiseaux. Les chambres et le gîte allient confort et personnalité. À chacun ses meubles de famille, ses tableaux et ses couleurs : bleu pastel et jaune pour «Un dimanche à la campagne», dominante rouge pour «À l'ombre du tilleul» ou encore ocre pour «Les bains». Le matin, on petit-déjeune dans le salon Louis XVI, ancienne galerie de chasse à colombages. Dans le bâtiment voisin, une grande salle rustique accueille les enfants (nombreux jeux), si le temps ne leur permet pas de courir dehors.

On reviendra pour

▸ Le parc, calme et reposant, et la proximité de la forêt d'Eu, idéal pour les randonneurs.

Pour se détendre

▸ Les plages de Haute-Normandie et la charmante station du Tréport. En baie de Somme, les promenades sur les falaises par le chemin des douaniers, entre Ault et le Bois de Cise.

Château de Fleury la Forêt

CE BEAU CHÂTEAU DU 17ᵉ S. construit en silex et briques rouges se dresse au milieu d'un grand parc planté de tilleuls centenaires. Superbement préservé du temps qui passe, il a même conservé sa chapelle (toujours consacrée) dans une de ses ailes. Dans le hall d'entrée, moult trophées de chasse et dans le salon attenant, on peut voir une collection de poupées et de jouets anciens. Les chambres, réparties à l'étage, allient élégance et authenticité avec leurs meubles d'époque et leurs tableaux anciens. «Rouge» et «Verte» affichent d'emblée leur couleur. «Mathilde», une suite de caractère avec poutres apparentes et boiseries, peut loger jusqu'à quatre personnes. Après une nuit au calme, ne manquez surtout pas le petit-déjeuner servi dans un cadre exceptionnel : l'ex-cuisine du château dont a on conservé le vieux fourneau en fonte, une collection de faïences et pas moins de 150 ustensiles en cuivre…

S'il pleut

▶ Le musée Michelet, installé dans le château de Vascoeuil rassemble de nombreux souvenirs de l'historien. Le parc de sculptures réunit des œuvres de grands artistes.

On reviendra pour

▶ Découvrir la collection de jouets et de poupées anciens installée dans le salon transformé en musée, visiter les caves, la chapelle et le lavoir d'époque.

Pierre Caffin
3 chambres : 65-72 €.
27480 Fleury-la-Forêt.
Tél. 02 32 49 63 91.
www.chateau-fleury-la-foret.com
Anglais, finlandais parlés. Chiens interdits.
Ouvert toute l'année.

La Réserve

Marie-Lorraine et Didier Brunet
5 chambres : 85-160 €.
27620 Giverny.
Tél. 02 32 21 99 09. www.giverny-lareserve.com
Anglais parlé. Chiens interdits.
Ouvert toute l'année.

Pour les amateurs d'art

▸ À Giverny, la visite de la maison de
Claude Monet et de son jardin est incontournable.
À voir également, Vernon, jolie bourgade
typiquement normande (en particulier dans le
quartier de la collégiale).

On reviendra pour

▸ L'ambiance de la salle à manger, avec
ses grandes fenêtres très basses, qui donne
l'impression de déguster le pain artisanal et
les confitures maison du petit-déjeuner en
compagnie des vaches, près des pommiers.

PERCHÉE SUR LES HAUTEURS DE GIVERNY, cette superbe demeure familiale à la façade jaune safran n'est pas sans rappeler sa célèbre voisine, la maison de Claude Monet. Jour après jour, pas à pas, Marie-Lorraine et Didier Brunet ont imaginé un décor à leur image, chaleureux et convivial. Matériaux de récupération, objets détournés – carrelages patinés, boiseries caramel et trophées de chasse en guise de portemanteaux – participent pour beaucoup au caractère des lieux. Côté salon, de la lumière à profusion (notez les fenêtres particulièrement grandes et basses), du rouge à foison, des meubles anciens et une table de billard pour prolonger agréablement les longues soirées d'hiver au coin du feu. Quant aux chambres, spacieuses et agréables, elles portent le nom d'une couleur (« Jaune », « Rose », « Sépia », etc.) : étoffes, ciel de lit, mobilier, objets et décoration des salles de bain, chaque chose y a sa place et tout est parfaitement assorti.

Manoir de la Marjolaine

Le Hôme

SUIVEZ LA PETITE ROUTE qui longe la mer pour rejoindre ce beau manoir normand entouré d'un parc verdoyant et boisé. Sa façade, partiellement couverte de vigne vierge, annonce une ambiance paisible teintée de romantisme. Réparties à l'étage, les chambres, spacieuses et claires, misent sur une décoration assez simple, mais fraîche et personnalisée. Bois foncé, moustiquaire et ventilateur créent une ambiance exotique dans la suite «Out of Africa» ; atmosphère colorée dans les chambres «Rouge» et «Rose» qui portent bien leur nom. Petite préférence pour «Marjolaine», pleine d'allure avec son lit finement ouvragé et ses tonalités rouge et or. Éric, propriétaire sympathique et bienveillant, sert le petit-déjeuner sur une grande table conviviale, dans le salon très élégant (lustre et plafond mouluré). Bon à savoir : un gîte tout équipé est également disponible (location à la semaine) dans le parc.

> **Éric Faye**
> *5 chambres : 70-120 €.*
> *5 avenue du Président-Coty – 14390 le Hôme.*
> *Tél. 02 31 91 70 25.*
> *http://manoirdelamarjolaine.free.fr*
> *Anglais parlé. Chiens interdits.*
> *Ouvert toute l'année.*

On reviendra pour

▶ **Une promenade dans le parc tranquille et verdoyant.**

S'il fait beau

▶ **Le grand hôtel et le casino, situés sur le front de mer, font partie du patrimoine historique de Cabourg.**

La Petite Folie

HONFLEUR

NORMANDIE

On reviendra pour

▶ Suivre les conseils de Penny pour découvrir ses bonnes adresses (brocantes, fromagers et petits restaurants) à Honfleur et en Pays d'Auge.

S'il pleut

▶ Vous irez au Naturospace rendre visite aux papillons qui évoluent dans une serre au climat tropical.

Penny Vincent
5 chambres : 130 €.
44 rue Haute – 14600 Honfleur.
Tél. 02 31 88 71 55. www.lapetitefolie-honfleur.com
Chiens interdits. Fermé en janvier.

UN CHOIX TOUT À FAIT JUDICIEUX pour un séjour romantique au cœur de Honfleur, dans le quartier Ste-Catherine. Pour la petite histoire, le nom de cette maison vient du pavillon construit dans le jardin en 1871, en pleine mode orientaliste. La propriété comprend une maison bourgeoise de style Directoire abritant les chambres, et une bâtisse à colombages du 14ᵉ s. où se nichent deux beaux appartements. Toutes deux, entièrement rénovées en 2006, offrent une atmosphère accueillante et gaie : meubles et bibelots chinés, tissus Pierre Frey et Kenzo, peintures Farrow Ball, salles de bains joliment aménagées et produits d'accueil du spa Judith Jackson de New York. L'ensemble reflète la rencontre harmonieuse entre classicisme et style contemporain. La plupart des chambres donnent sur le jardin. Petits-déjeuners aux délicieuses saveurs du terroir : jus de pomme, produits laitiers, etc. Une petite folie… douce.

Le Clos Bourdet

HONFLEUR

SITUÉE SUR LES HAUTEURS, cette belle demeure du 18ᵉ s. surplombe les toits de la cité portuaire et la Côte de Grâce. Entièrement rénovée par Jean-Claude et Fan Osmont (qui tenaient le célèbre salon de thé La Petite Chine), la maison arbore une décoration à la fois recherchée, personnelle, bourgeoise et délicieusement chaleureuse : objets chinés ici et là, meubles contemporains et pièces d'antiquaires, charme d'antan, photographies réalisées par Jean-Claude… Chaque pièce réserve son lot de surprises. Illustration dans les superbes chambres, dont le nom et l'ambiance évoquent des lieux chers au cœur des propriétaires : «Aubrac», «Lourmarin» et «La Suite Bord de Mer» (hommage à Honfleur). Tout autour, un beau et grand jardin pour lézarder au soleil, déguster un petit-déjeuner raffiné – Jean-Claude était autrefois pâtissier – ou prendre le thé. Autre moment gourmand en perspective : le repas du soir (sur réservation) concocté par Fan… Un séjour au Clos est riche de promesses.

Fan et Jean-Claude Osmont
5 chambres : 135-185 €.
50 rue Bourdet – 14600 Honfleur.
Tél. 02 31 89 49 11. www.leclosbourdet.com
Table d'hôte : 35 €. CB acceptée. Fermé en janvier.

On reviendra pour

▶ La boutique, pour des emplettes «made in Clos Bourdet» : objets de déco, linges de lit et de table… Les petits-déjeuners de Jean-Claude (croissants, scones, pâtisseries et confitures maison).

S'il fait beau

▶ À Honfleur : le centre-ville, le port et le quartier dédié aux artistes natifs de la cité (dont Eugène Boudin). La Côte fleurie et le Pays d'Auge, vallonné et couvert de pommiers.

La Cour Ste-Catherine

HONFLEUR

Liliane et Antoine Giaglis
5 chambres : 65-90 €.
74 rue du Puits – 14600 Honfleur.
Tél. 02 31 89 42 40. www.giaglis.com
Anglais parlé. Ouvert toute l'année.

NORMANDIE

QUOI DE PLUS PROPICE qu'un ancien couvent pour trouver calme et sérénité ? Cet ensemble de maisons du 17ᵉ s., situé en plein quartier historique, s'organise autour d'une cour intérieure dotée d'un joli jardin créé par Jean-Claude Herrault, un talentueux «artiste-fleuriste» honfleurais. Les chambres affichent une décoration actuelle, sans se départir d'une certaine authenticité. Grands tapis en jonc de mer tressé, meubles en bois verni trouvent leur place dans de beaux espaces aux couleurs claires et douces. On avoue un faible pour la chambre évoquant une cabine de bateau (mansarde, murs bleus et objets marins). Toutes disposent d'une connexion wi-fi et d'une télévision. Possibilité également de louer un appartement pour six personnes. Le pressoir transformé en salon plein de cachet (vieilles pierres et ciment d'époque, fauteuils en cuir autour du poêle) vous reçoit à l'heure du petit-déjeuner, si la météo ne permet pas de profiter du jardin.

On reviendra pour

▶ Admirer le jardin imaginé par Jean-Claude Herrault et déguster quelques produits du terroir normand proposés au petit-déjeuner.

S'il fait beau

▶ Vous n'avez qu'à descendre la rue pour flâner sur la place Arthur Boudin avec ses belles maisons à pans de bois.

Château de la *Grande Noë*

C E CHÂTEAU SITUÉ AU CŒUR DU PERCHE compose un ensemble architectural typique de la région. Son parc de 15 ha, ouvert sur les terres de la ferme, comprend un jardin bien entretenu et des dépendances (écuries, orangerie et pigeonnier). Au hasard d'une balade sur le domaine, vous croiserez peut-être les chevaux de la propriété qui évoluent tranquillement dans la prairie. Le superbe hall, de style Adam (architecte écossais du 18e s.) avec colonnes et grand miroir donne tout de suite le ton de la demeure. Là, de belles boiseries marquetées habillent la salle à manger, ici une cheminée réchauffe le salon familial que vous pourrez investir à l'heure du thé... Charmant ! Les chambres ne sont pas en reste question caractère : la « Bleue », très coquette, « Empire » (la plus spacieuse et drapée de vert), la « Ronde » (de style Adam et en forme de demi-lune), ou encore la « Verte », intime et délicieusement romantique.

Pascale et Jacques de Longcamp
4 chambres : 70-120 €.
61290 Moulicent.
Tél. 02 33 73 63 30.
www.chateaudelagrandenoe.com
Anglais, espagnol parlés. Chiens interdits.
Ouvert toute l'année.

On reviendra pour

▸ **Profiter des grands espaces autour du château et entamer une partie de croquet dans le parc. Des paddocks avec abris sont à disposition pour vos chevaux (gratuit).**

S'il fait beau

▸ **Une promenade dans le Perche passe obligatoirement par le manoir de Courboyer, qui rassemble de nombreuses richesses de la région.**

Château de Pont Rilly

NÉGREVILLE

cuivres et son mobilier d'époque. La boulangerie et le moulin, transformés en gîtes, disposent aussi de tout le confort nécessaire. Le four à pain est même en état de marche !

On reviendra pour

▶ Séjourner dans des murs classés monument historique. Se promener dans le parc et, découvrir au détour d'une allée des arbres centenaires, un système hydraulique exceptionnel (avec canaux), un bief et un moulin…

S'il pleut

▶ À Valognes, Le musée de l'Eau-de-Vie et des Vieux Métiers et le Musée régional du Cidre. À Cherbourg, le musée des Beaux-Arts et la Cité de la Mer, complexe touristique, culturel et scientifique.

Annick et Jean-Jacques Roucheray
5 chambres : 150 €.
50260 Négreville.
Tél. 02 33 40 47 50. www.chateau-pont-rilly.com
CB acceptée. Anglais parlé. Chiens interdits.
Ouvert toute l'année.

U N DÉCOR DE RÊVE : celui d'un magnifique château classé dressé dans un jardin à la française peuplé d'arbres centenaires. À l'origine, modeste manoir (16ᵉ s.), il fut remanié et agrandi au fil des siècles. Mais c'est finalement Pierre-Raphaël de Lozon et Nicolas Durand (architecte des Dames de France) qui le rénovent entre le 18ᵉ et le 19ᵉ s. et lui donnent son élégante silhouette actuelle. Annick et Jean-Jacques Roucheray entretiennent avec passion leur propriété et vous invitent à découvrir leurs chambres d'hôtes. Logées dans une aile de la demeure, elles bénéficient de volumes particulièrement généreux et ont conservé leurs boiseries et cheminées d'origine. Jolies salles de bains avec baignoires et vasques en pierre blanche du pays. Les petits-déjeuners sont servis dans l'ancienne cuisine, remarquable avec ses

Château de L'Isle Marie

PICAUVILLE

MILLE ANS DÉJÀ que la famille de la Houssaye occupe ce lieu chargé d'histoire ! Simple camp au temps des Romains, puis forteresse viking, transformé en château au 15e s., puis agrandi au fil des siècle. Il doit son nom aux eaux du marais qui, en hiver, montent et l'entourent (astucieuse protection naturelle contre tous types d'envahisseurs). Partout, l'authenticité règne en maître : tours médiévales préservées, beau mobilier ancien, imposant escalier à vis, portraits de famille, etc. Mais le « must » se trouve incontestablement dans les chambres, splendides et romantiques à souhait : volumes généreux, ciels de lit, hauts baldaquins, tapis moelleux, tissus soyeux et matériaux de très grande qualité. Détail remarquable s'il en est : les salles de bains possèdent toutes une douche et une baignoire... Même luxe raffiné dans les appartements du Manoir de Bellefonds, situé au cœur du superbe parc. Ici, on goûte réellement à la vie de château !

Dorothea de la Houssaye
5 chambres : 145-155 €.
50360 Picauville.
Tél. 02 33 21 37 25. www.islemarie.com
Ouvert 2 mars-9 novembre.

On reviendra pour

▸ Visiter la chapelle dessinée par Mansart et revenir sur les pas de Jules Barbey d'Aurevilly qui a fait de ce château le cadre de l'action de son roman « Ce qui ne meurt pas ».

Pour les curieux

▸ Les églises romanes et gothiques de Carentan. La célèbre tapisserie de Bayeux, ville d'Art et cité médiévale. Le musée et les plages du Débarquement. L'incontournable Mont St-Michel.

Le Clos Jouvenet

ROUEN

Catherine de Witte
4 chambres : 80-103 €.
42 rue Hyacinthe Langlois – 76000 Rouen.
Tél. 02 35 89 80 66. www.leclosjouvenet.com
Anglais, allemand, néerlandais parlés.
Chiens interdits. Fermé 15 décembre-15 janvier.

CETTE MAISON BOURGEOISE DU 19e S. fut baptisée en l'honneur de Jean Jouvenet (tout comme le quartier où elle se trouve) qui fut directeur de l'Académie Royale de peinture (1705-1717) et connu comme l'un des peintres préférés de Louis XIV. Blottie dans son jardin clos, la belle demeure surplombe la « ville aux cent clochers », comme la surnomma Victor Hugo. Les chambres, décorées avec goût (mélange équilibré de l'ancien et du moderne), offrent de magnifiques vues sur le verger ou sur les clochers de la cathédrale et des églises St-Ouen, St-Maclou et St-Joseph. Pour un séjour familial en totale indépendance, choisissez la « Petite Maison » : un ancien atelier d'artiste reconverti en gîte charmant et parfaitement équipé. Si le soleil est au rendez-vous, on petit-déjeunera sur la terrasse, sinon, dans le cadre reposant du jardin d'hiver… Un vrai havre de paix, à seulement dix minutes à pied du centre historique de Rouen.

On reviendra pour

▸ Le calme d'un jardin à seulement dix minutes du cœur de Rouen. La vue sur les clochers.

Pour les curieux

▸ Rouen, capitale historique de la Normandie. Le musée des Beaux-Arts, le musée de la Céramique et le musée Le Secq des Tournelles qui présente la plus grande collection de ferronneries anciennes au monde.

La Maison de Sophie

288

SOPHIE DUDEMAINE, la reine des best-sellers culinaires, a concrétisé son rêve en reprenant cet ancien presbytère du 18ᵉ s. Avec son mari Jacki, elle a créé un lieu à l'image de ses livres : gourmand et haut en couleurs. Les inconditionnels de ses cakes et confitures pourront faire un tour à la boutique (où elle vend des ustensiles et quelques produits régionaux) avant de passer par le cœur de la maison : la cuisine, forcément ! Sophie y compose chaque jour de délicieux dîners et petits-déjeuners (crêpes, pain chaud, viennoiseries, etc.)… Peut-être vous dévoilera-t-elle quelques-uns de ses secrets ? Après toutes ces bonnes choses, n'oublions pas les chambres. De vrais nids douillets, au décor contemporain très soigné. « Victoria » la romantique, « Bali » l'exotique, « Zen » l'épurée, « Deauville » la marine en bleu et blanc et « Marrakech » l'orientale : de véritables invitations au voyage et au bien-être.

Pour les sportifs

▶ Randonnées pédestres et à VTT, équitation, pêche dans les étangs de La Roche Fontaine, circuit automobile EIA, tennis, golf et plages de Deauville.

On reviendra pour

▶ Les cours de cuisine animés par Sophie le samedi matin. Les produits de la boutique : cidre, pommeau, vinaigre de cidre, calvados, confitures (25 parfums) et les fameux livres de recettes…

Sophie Dudemaine
5 chambres : 150-170 €.
14950 St-Étienne-la-Thillaye.
Tél. 02 31 65 69 97. www.lamaisondesophie.fr
Table d'hôte : 60 €. CB acceptée. Chiens interdits.
Fermé janvier, dimanche et lundi sauf vacances scolaires.

Le Bonheur est dans le Pré

St-Philbert-des-Champs

Bernard Lebas-Lebris
3 chambres : 80-98 €.
Le Montmain – 14130 Le Breuil-en-Auge.
Tél. 02 31 64 29 79.
http://lebonheurdanslepre.free.fr
Table d'hôte : 20-25 €. Chiens interdits.
Ouvert toute l'année.

On reviendra pour

▶ L'accueil chaleureux et gourmand de Bernard Lebas, heureux propriétaire de ce havre de paix. Et pour le plaisir tout simple d'une randonnée en pleine nature.

S'il pleut

▶ Allez vous refaire une santé au centre aquatique Le Nautile à Lisieux (siège massant, bassin sportif, espace forme).

U N NOM QUI EN DIT LONG sur cette délicieuse fermette de 1760, isolée au beau milieu des champs… Tout commence lorsque Bernard Lebas décide d'y accueillir les hôtes de passage. Pour ce faire, il aménage des chambres dans les jolies longères disséminées sur le domaine (elles sont relativement bien espacées entre elles, gage d'intimité et de tranquillité). À l'intérieur, les colombages et les murets en briques d'origine se marient bien avec la déco choisie : actuelle, claire, fraîche et sans fioritures. On apprécie leurs dimensions avantageuses et leurs salles de bains avec équipements balnéo. La salle à manger a conservé beaucoup de caractère grâce à son mobilier normand et c'est un vrai plaisir d'y déguster petits-déjeuners (produits locaux) et repas composés autour des produits du marché. Enfin, vous croiserez sûrement Romuald, le chat de la maison, qui sait ouvrir les portes et qui adore fureter un peu partout.

La Villageoise

HOSPICE DE L'ORDRE des Chevaliers hospitaliers au 13ᵉ s., relais de poste à partir du 17ᵉ s., hôtel et aujourd'hui maison d'hôtes : la vocation de cette vieille bâtisse reste depuis toujours l'accueil des voyageurs. D'ailleurs on s'y sent tout de suite à l'aise, à commencer par le salon : murs en pierres apparentes, canapés en cuir et cheminée créent une atmosphère chaleureuse. La petite salle à manger, rustique avec sa table d'hôte où l'on sert une cuisine fleurant bon le terroir, communique avec le salon de billard. Les chambres, accessibles par une galerie, sont toutes coquettement décorées. Simples et fraîches, elles arborent ici et là des meubles chinés, des bibelots et photos de familles... Détails charmants qui font que l'on aime se retrouver, le soir au calme, dans la « Pourpre », la « Tourterelle », la « Champagne » ou « La Suite ». Elles ouvrent pour la plupart sur la grande cour intérieure joliment aménagée en jardin. Un vrai havre de paix.

Nathou Manoury
5 chambres : 55-60 €.
66 rue de la République – 61160 Trun.
Tél. 08 71 38 56 87. www.lavillageoise.org
Table d'hôte : 25 €. Ouvert toute l'année.

Pour les curieux

▶ Le château Guillaume-le-Conquérant, à Falaise, vous propose une visite spectacle sur l'histoire de ce roi d'Angleterre.

On reviendra pour

▶ L'accueil aimable et attentionné de Mme Jooris. Les week-ends romantiques.

Château de Sarceaux

Marquis Gicquel des Touches
5 chambres : 100-145 €.
61250 Valframbert.
Tél. 02 33 28 85 11.
www.chateau-de-sarceaux.com
Table d'hôte : 47 €. CB acceptée. Chiens interdits.
Fermé 15 janvier-15 février.

On reviendra pour

▸ Se promener au bord de l'étang, sur la pelouse ou en forêt, et découvrir la vie de château le temps d'un séjour.

Pour les curieux

▸ Le musée des Beaux-Arts et de la Dentelle d'Alençon expose une superbe collection de productions locales, mais aussi des travaux des écoles italienne et flamande.

Amoureux de calme et de nature, vous apprécierez cet ancien pavillon de chasse construit au 18e s. et cerné d'étendues de verdure, à deux pas de la forêt d'Écouves. D'autant que la demeure ne manque pas de charme : ses pièces amples et cossues sont décorées dans l'esprit des maisons bourgeoises avec lustres, moulures, tapisseries et meubles d'époque. On sert les repas sur la grande table de la salle à manger, mais si vous préférez un dîner intime, vous opterez plus volontiers pour l'ambiance feutrée du salon «Quatrebarbes», tout simplement magnifique avec sa bibliothèque et son encadrement de cheminée en bois sculpté. Les chambres bénéficient d'une agréable atmosphère : lit Louis XVI en alcôve dans la chambre du «Parc» ou murs tapissés de satin rayé dans «Roses». Vous aurez sans doute une préférence pour «l'Étang» qui offre une jolie vue sur le plan d'eau; même les propriétaires la considèrent comme la plus belle.

Château de Boucéel

VERGONCEY

NORMANDIE

EN VENANT À BOUCÉEL, vous ferez la connaissance du Comte et de la Comtesse Régis de Roquefeuil… et d'un certain nombre de leurs aïeux! Ce château inscrit à l'inventaire supplémentaire des monuments historiques appartient en effet à la famille depuis sa construction (1763), et ses salons regorgent de portraits de leurs ancêtres. L'ensemble de la demeure, magnifiquement préservée, suscite l'admiration : beau fronton galbé en façade, parquets à caissons, boiseries Louis XV et Louis XVI, lits à baldaquins… Toutes les chambres, très élégantes (tableaux et mobilier anciens, tissus raffinés, salles de bains modernes), ménagent une vue magnifique sur le romantique parc à l'anglaise, les étangs et la chapelle bâtie entre les 12e et 15e s. Un véritable musée, le confort en plus! Alors qu'attendez-vous pour goûter à la vie de château, le temps d'un week-end? Si vous venez à quatre, choisissez l'adorable gîte logé dans l'ex-four à pain, avec piscine chauffée.

Comte Régis de Roquefeuil
5 chambres : 140-165 €.
50240 Vergoncey.
Tél. 02 33 48 34 61. www.chateaudebouceel.com
CB acceptée. Anglais, espagnol parlés.
Chiens interdits. Fermé en janvier.

S'il fait beau

▶ Le Mont St-Michel est tout proche, alors offrez-vous une traversée de la baie à pied, en cheval ou en calèche. Pour les férus d'histoire, les plages du Débarquement et le cimetière américain de St-James.

On reviendra pour

▶ Flâner dans le parc et visiter la chapelle (12e et 15e s.). Le billard français et la bibliothèque. Découvrir au sein du château les souvenirs de la Résistance à laquelle le père du propriétaire participa.

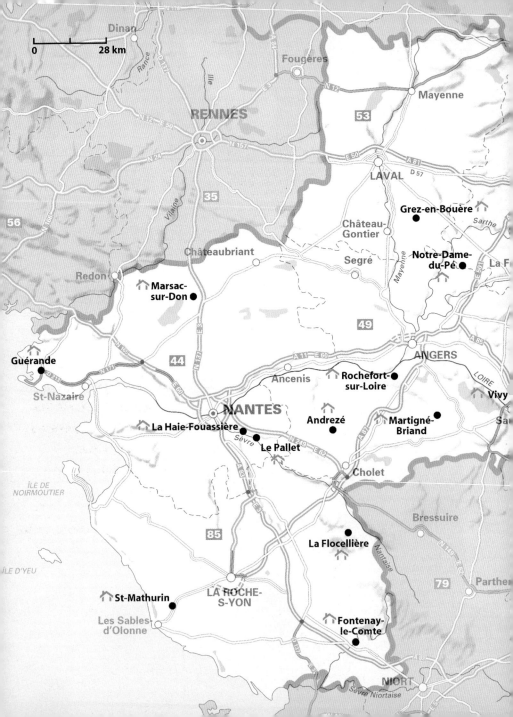

Pays de la Loire

« Dans ma géographie, j'ai vu qu'on appelait ce pays le jardin de la France. [...] C'est bien l'impression que j'en ai gardée – ces parfums, ce calme, ces rives semées de maisons fraîches, et qui ourlent de vert et de rose le ruban bleu de la Loire ! »

Jules Vallès, *L'Enfant*

Le Château de la Morinière

ON RACONTE QU'AU CŒUR DES MAUGES, sur cette ancienne terre druidique, se rejoignent les courants tellurique, aquatique, solaire et céleste. Ils convergeraient précisément dans le parc de ce château romantique de style Napoléon III, construit sur un édifice tombé en ruines pendant les guerres de Vendée. Et la voie romaine qui menait jadis à la demeure, nommée «chemin des fées», provoquerait aujourd'hui des phénomènes lumineux… De quoi alimenter les conversations des convives pendant les dîners servis dans la belle salle à manger rustique ! Pascal Pringarbe, professeur de cuisine, y dispense des cours fort appréciés des apprentis cordons-bleus. Le château a choisi de conserver une part du mystère, palpable dans sa décoration honorant les fées. Les chambres, joliment meublées d'ancien, reprennent le thème des quatre éléments : jouerez-vous plutôt la «Fée de la Terre», la «Fée des Eaux», la «Fée des Airs» ou la «Fée du Feu» ?

Pascal Pringarbe
5 chambres : 69-85 €.
49600 Andrezé.
Tél. 02 41 75 40 30. www.chateau-de-la-moriniere.com
Table d'hôte : 30 €. Anglais, italien parlés.
Chiens interdits. Ouvert toute l'année.

On reviendra pour

▸ **Les week-ends thématiques autour de la cuisine, de l'équitation ou du golf.**

Amoureux des vieilles pierres

▸ **Le Château de Tiffauges, demeure de Gilles de Raies, compagnon d'arme de Jeanne d'Arc et maréchal de France, mais aussi alchimiste sulfureux, sanguinaire et inspirateur du conte de Barbe-Bleue…**

Château de la Barre

Comte et Comtesse de Vanssay
5 chambres : 130-390 €.
72120 Conflans-sur-Anille.
Tél. 02 43 35 00 17. htttp ://chateaudelabarre.com
Table d'hôte : 65 €. CB acceptée. Chiens interdits.
Fermé 10 janvier-10 février.

LE COMTE ET LA COMTESSE DE VANSSAY, vingtièmes du nom, vous accueillent dans leur beau château du 15e s., remanié et agrandi au fil du temps. La famille a su conserver son cachet et respecter son passé historique. Jugez plutôt. Le « Salon Rose », orné de portraits d'ancêtres et de tapisseries, rivalise d'élégance avec la salle à manger et son superbe vaisselier 17e s. Les chambres, extrêmement raffinées, possèdent d'authentiques meubles d'époque. Une gigantesque armoire centenaire en chêne, un miroir 17e s. au-dessus d'une commode tombeau 18e s. dans la « Marin de Vanssay ». Un lit Louis XVI pour « Esprit de Jouy », un beau mobilier classique et des tableaux de maître dans la « Bleue », de riches gravures dans la « Jaune » et une superbe décoration Empire dans la « Suite des fleurs »… On ne sait plus où poser les yeux ! Un immense parc arboré (avec multiples jardins, fontaine et roseraie) entoure ce pur joyau d'élégance à la française.

On reviendra pour

▸ Les parcours thématiques dans le parc : circuit des fortifications (découverte du système défensif du château), circuit de l'eau (côté étang, sources et rivière) et circuit des collines, entre prairies et forêt.

Pour les sportifs

▸ Trois terrains de golf ainsi que des chemins de randonnées (à pied ou à vélo) se trouvent aux alentours du château.

Château de la Flocellière

LA FLOCELLIÈRE

Pour les curieux

▸ Le célèbre parc d'attractions du Puy-du-Fou propose un voyage dans l'histoire, à travers des animations spectaculaires de chevaliers du Moyen-Âge, mais aussi de gladiateurs romains ou de Vikings.

LE VICOMTE ET LA VICOMTESSE VIGNIAL vous reçoivent dans leur superbe château, posé au cœur d'un parc magnifique. L'histoire du domaine remonte au Moyen-Âge, lorsque la partie ancienne comptait parmi les forteresses les plus importantes du Bas Poitou. De cette époque demeurent entre autres les jardins à la française et à l'italienne, parfaitement entretenus, ainsi que l'orangerie et les salons, garnis de meubles et de nombreux portraits de famille. Les chambres se trouvent dans l'aile principale. Lits à baldaquins, tissus soyeux, très beaux meubles anciens, ambiance romantique, élégance aristocratique…

Laissez-vous tenter par la vie de château, le confort moderne en plus! Le donjon médiéval et le pavillon Louis XIII, peuvent accueillir jusqu'à dix et quatorze personnes. Sachez enfin que Patrice et Érika proposent ponctuellement quelques dîners à thème en plus de la table d'hôte traditionnelle.

On reviendra pour

▸ L'atmosphère si riche de ce lieu chargé d'histoire. Le parc aux essences exotiques plantées il y a plus de 200 ans (thuya géant de Californie, séquoias, tulipiers de Virginie, etc), le potager à l'ancienne.

Vicomte et Vicomtesse Vignial
5 chambres : 125-205 €.
La Flocellière – 85700 La Flocellière.
Tél. 02 51 57 22 03. www.flocellierecastle.com
Table d'hôte : 54-61 €. CB acceptée. Anglais,
allemand, italien parlés. Ouvert toute l'année.

Le Logis de la Clef de Bois

M. Portebois
4 chambres : 80-115 €.
5 rue du Département – 85200 Fontenay-le-Comte.
Tél. 02 51 69 03 49. www.clef-de-bois.com
Ouvert toute l'année.

FACE À L'ÉGLISE DE FONTENAY-LE-COMTE, cet hôtel particulier ouvre à l'arrière sur un charmant petit écrin de verdure. La petite allée pavée, au milieu des massifs de fleurs et des arbustes, mène à la terrasse et à la piscine, bordées de gazon. À l'intérieur, la décoration mêle les styles avec goût : tableaux modernes, cheminées rustiques et fauteuils anciens. Les noms des chambres rendent hommage aux grands hommes ayant séjourné dans la cité, tels Raymond Queneau en 1939 et Georges Simenon entre 1940 et 1942. On aime les couleurs et l'aménagement de la très originale suite « Rabelais » qui évoquent la Commedia dell'Arte, ainsi que le lit à baldaquin typiquement vendéen et les tissus à carreaux rouges et blancs de la « Ragon ». Si la météo ne permet pas de petit-déjeuner dehors, direction la salle à manger, ornée d'une jolie fresque végétale. Nombreux livres à disposition dans la bibliothèque, table de billard…

On reviendra pour

▷ **Les parties de billards dans la bibliothèque et les moments de détente au bord de la piscine, au milieu du jardin fleuri.**

Pour les curieux

▷ **Découvrez la vieille ville de Fontenay-le-Comte, baptisée « fontaine jaillissante des beaux esprits » par François 1er, en empruntant le circuit pédestre « Mille ans d'histoire ».**

Château de Chanay

Béatrice Simonet
3 chambres : 70-110 €.
53290 Grez-en-Bouère.
Tél. 02 43 70 98 81. www.chateau-de-chanay.com
Table d'hôte : 27 €. Anglais, allemand parlés.
Chiens interdits. Ouvert toute l'année.

EN 1832, LA DUCHESSE DE BERRY entreprend de soulever la France contre la monarchie de Juillet pour que son fils le Duc de Bordeaux accède au trône à la place de Louis-Philippe. Sans succès. « Il n'y a pas d'homme sensé qui ne sache que la France repoussera toujours ce qui lui viendrait de la Vendée et des Chouans », écrira même le monarque. Le château sera l'un des principaux théâtres de ce drame. Lointaine époque, car aujourd'hui d'où que vous veniez, les « Chouans » de Chanay vous réservent un excellent accueil. Les chambres et leur mobilier d'époque ne pourront que vous charmer : « Berry » avec son alcôve et ses murs ornés de motifs façon toile de Jouy, « Provence » avec ses murs rouges et son mobilier rustique ou « Artois » et son beau lit ancien. Table d'hôte le soir et petit-déjeuner dans le parc aux beaux jours. À noter qu'ici, on a aussi la passion de la moto. Et si vous venez à deux sur votre BMW, un dîner vous est offert !

Amoureux des vieilles pierres

▸ À Jublains : Musée archéologique, forteresse, théâtre antique et temple romain.

On reviendra pour

▸ Séjourner dans le cadre historique d'un château, au cœur de l'histoire de la chouannerie.

La Guérandière

Valérie Lauvray
6 chambres : 58-118 €.
5 rue Vannetaise – 44350 Guérande.
Tél. 02 40 62 17 15. www.guerandiere.com
CB acceptée. Anglais parlé. Ouvert toute l'année.

UNE FOIS PASSÉE LA PORTE VANNETAISE – l'une des quatre entrées historiques de Guérande –, on débouche sur La Guérandière, un bel hôtel particulier du 19e s. et son délicieux jardin clos adossé aux remparts. Les parents de Valérie Lauvray, propriétaires de l'hôtel Sud Bretagne à Pornichet, lui ont légué cette demeure qu'elle a transformée en maison d'hôtes afin d'y perpétuer la tradition familiale d'hospitalité et de convivialité. Et on peut dire qu'elle a réussi. On tombe sous le charme de ce lieu qui a conservé ses parquets, vitraux et boiseries d'autrefois sans renier le confort de notre temps. Les chambres, décorées à l'ancienne, possèdent pour la plupart une cheminée et s'enrichissent de détails ravissants : une alcôve gothique par-ci, des toiles de Jouy ou des draps brodés par-là… La «Bleue» et son style marin nous emmènent au large ; la «Blanche», avec ses vieux clichés de mariage promet des lunes de miel intemporelles. Petits-déjeuners sous la jolie verrière aux beaux jours.

On reviendra pour

▸ Le comptoir de Sud Bretagne : petite boutique installée au rez-de-chaussée de la maison, qui propose des produits régionaux.

S'il fait beau

▸ Flâner dans la station balnéaire de Pornichet, le port de pêche et de plaisance du Croisic. Les marais salants de la presqu'île Guérandaise, site classé depuis 1996. Bronzer sur la célèbre plage de la Baule.

Château du Breil

LA HAIE-FOUASSIÈRE

Elisabeth Delanesrie
4 chambres : 100-140 €.
44690 La Haie-Fouassière.
Tél. 02 40 36 71 55. http://lebreil.monsite.orange.fr
Anglais parlé. Chiens interdits.
Fermé en décembre et janvier.

On reviendra pour

▶ Les repas aux chandelles servis dans la bibliothèque, romantique…

S'il fait beau

▶ Le jardin des plantes, face à la gare de Nantes, rassemble 11 000 espèces d'arbres et de fleurs. La visite de la ville historique de Clisson. Les promenades à VTT dans les vignes.

CETTE ÉLÉGANTE FOLIE NANTAISE de 1863 a fait tourner la tête de ses propriétaires. On comprend leur coup de foudre en arrivant dans ce charmant petit château ! Le parc, parfaitement entretenu, comprend une piscine chauffée, un court de tennis et un practice de golf. On exploite également un peu de vigne, région oblige. En pénétrant dans la demeure, vous ne pourrez qu'admirer la qualité des rénovations menées par les Delanesrie, à commencer par le salon orné de belles moulures et de boiseries. La cheminée, surmontée d'un imposant miroir, trône face au canapé tandis que les tapis donnent la réplique au beau parquet ciré. Décorées aux couleurs des quatre saisons, les chambres oscillent entre les styles Louis XVI et Directoire. Elles bénéficient d'une bonne luminosité grâce à leurs grandes fenêtres. Petit « plus » prometteur d'un séjour réussi : le plateau de bienvenue agrémenté de fleurs et de fruits. Les amateurs de billard français se retrouveront dans l'ancien chai.

Château de Boissimon

On reviendra pour

▶ Les bicyclettes à disposition, qui permettent des balades sur les chemins forestiers environnants. Pour l'anecdote, le château fut réquisitionné pour le mariage du Prince Louis Napoléon Bonaparte en 1949.

Amoureux des vieilles pierres

▶ L'Abbaye Royale de Fontevraud, qui abrite la nécropole royale des Plantagenêt. Les châteaux de Saumur, de Montsoreau et de Chinon.

PAYS DE LA LOIRE

POUR UN SÉJOUR ROMANTIQUE entre Touraine et Anjou, une étape dans ce château Renaissance s'impose. Au milieu d'un parc boisé, il surgit au détour d'une allée, splendide et fraîchement restauré, après quatre années de travaux ininterrompus. Les superbes suites – «Baroque» et «Blanche» – et les chambres («Nature», «Gustavienne» et «Victorienne») sont raffinées à souhait et regorgent d'idées surprenantes comme la salle de bains de la «Baroque», coiffée d'une charpente et littéralement mise en scène, avec un goût théâtral. Meubles d'antiquaires ou conçus sur mesure, éclairages originaux, sanitaires luxueux, linge de lit et étoffes précieuses donnent une belle leçon de décoration! Dès l'aube, les effluves du petit-déjeuner s'échappent de la chaleureuse cuisine rustique et de la salle à manger aux murs couverts fresques. Sachez enfin que Chantal Padovani vous reçoit avec gentillesse et en toute décontraction dans ce cadre chic, hors des sentiers battus…

Chantal Padovani
5 chambres : 130-190 €.
49490 Linières-Bouton.
Tél. 02 41 82 30 86. www.chateaudeboissimon.com
CB acceptée. Anglais parlé. Chiens interdits.
Ouvert d'avril à octobre.

La Mérais

Daniel et Sylvie Brenon
3 chambres : 42-55 €.
1,3 km au Sud par D44 – 44170 Marsac-sur-Don.
Tél. 02 40 79 50 78. www.lamerais.com
Anglais parlé. Chiens interdits.
Ouvert toute l'année.

À MARSAC-SUR-DON, on construit les longères (grandes habitations rurales tout
en longueur, tournant le dos au vent) en
pierre bleue de schiste. Daniel et Sylvie Brenon
ont transformé la leur en une maison d'hôtes
simple mais parfaitement accueillante : ici pas de
luxe, mais de la chaleur humaine et de la convivialité à profusion ! On pose ses valises sous les
poutres apparentes de l'ancienne grange, dans
des chambres assez spacieuses pour héberger
toute la famille. Bébé appréciera l'équipement de
la «Ciel», spécialement pensé pour lui. Ambiance
campagnarde dans la «Jaune», et plus exotique
dans «l'Indienne». Sylvie organise des week-ends
à thème autour d'activités faisant intervenir des
partenaires locaux. Créatifs, relaxants, pour les
adeptes du farniente, ou même sportifs avec un
baptême en ULM ! Pas de table d'hôte, mais un
coin cuisine vous attend dans la pièce de vie et si
le temps le permet, on petit-déjeune en terrasse.

On reviendra pour

▷ Les week-ends à thème : romantique, avec soins
balnéothérapie et massage ; créatif avec stage de
mosaïque ou atelier «terre-à-terre», autour du
travail de l'argile.

S'il fait beau

▷ Rejoignez le plan d'eau de la Roche,
idéal pour les pique-niques en famille. Empruntez
les chemins de randonnée pour découvrir
l'église des lieux saints, la voie romaine et la forêt
domaniale du Gavre.

Château des Noyers

C E CHÂTEAU À ÉCHAUGUETTES inscrit à l'inventaire des monuments historiques domine un domaine viticole de 20 ha, posé sur les bords du Layon. Il fut construit au 16ᵉ s. dans un style à la frontière entre fin du Moyen-Âge et avènement du classicisme : douves sèches, tours défensives, corniches à modillons et proportions harmonieuses. En visitant le chai, vous apprendrez qu'il abritait autrefois une prison. La demeure, joliment restaurée, a conservé tout son cachet. À l'image des anciennes cuisines (avec son puits et sa grande cheminée en pierre), de la salle de billard aménagée dans le sous-sol voûté et du salon arborant ses vieilles poutres apparentes et ses tomettes. Les chambres et la «Suite du Bellay» bénéficient d'une décoration somptueuse où meubles d'époque, tentures murales et tissus luxueux créent une élégante atmosphère, châtelaine à souhait. Petit bonus dans le parc : le boulingrin, jeux de boules anglais.

On reviendra pour

▶ S'initier aux techniques des vendanges, découvrir les secrets de la vinification et terminer par une dégustation de coteaux du layon dans l'ancienne prison du domaine.

S'il fait beau

▶ Vous découvrirez le style inhabituel du château de Brissac et son parc planté de superbes cèdres.

Elisabeth et Jean-Paul Besnard
5 chambres : 130-190 €.
49540 Martigné-Briand.
Tél. 02 41 54 09 60. www.chateaudesnoyers.com
Table d'hôte : 45 €, 50 à 100 €. CB acceptée.
Ouvert 1ᵉʳ avril-15 novembre.

Château de Monhoudou

Vicomte et Vicomtesse de Monhoudou
5 chambres : 100-160 €.
72260 Monhoudou.
Tél. 02 43 97 40 05. www.monhoudou.com
Table d'hôte : 42-69 €. CB acceptée.
Chiens interdits. Ouvert toute l'année.

Il FAUT QUITTER LA ROUTE, suivre une longue avenue puis traverser prés et bois pour rejoindre cet élégant château Renaissance… à moins d'arriver en hélicoptère, naturellement ! Dans tous les cas, on découvre avec ravissement cette demeure et son dédale de pièces contant l'histoire des 19 générations qui se sont succédées en ces murs. Meubles et portraits de famille emplissent l'espace. Les chambres, confortables et superbement décorées (lits à baldaquin, mobilier de style), donnent toutes sur l'immense parc à l'anglaise de 10 ha où moutons, cygnes, chevaux et paons évoluent en toute liberté. Avec son lit en alcôve et ses azulejos bleus dans la salle de bains, la « Pastourelle » est réellement ravissante.

Rare mobilier Charles X dans la « Maréchal » et atmosphère chic et cosy dans la « Milady ». Pour les repas, vous aurez le choix entre un dîner avec vos hôtes, à la lueur des chandelles, ou un tête-à-tête en amoureux dans un intime petit salon. Aristocratique !

Pour les curieux

▶ Visite guidée, présentation d'étalons et manifestations hippiques au Haras du Pin. Construit au 18e s., c'est le plus ancien des haras nationaux, qui s'étend sur plus de 1000 hectares.

On reviendra pour

▶ Les confitures, cakes et pains d'épice maison au petit-déjeuner. Les promenades à pied ou à vélo dans le parc, sur l'avenue des platanes, et en barque dans les anciennes douves.

La Reboursière

Un moment très convivial, à savourer sur la terrasse, à la lueur du soleil couchant… puis des bougies. Romantique à souhait!

On reviendra pour

▶ Les repas à base des produits du potager et du verger. Les bons conseils de Gilles et Brigitte pour préparer vos excursions (ils peuvent organiser pour vous un vol en montgolfière). La piscine extérieure chauffée.

S'il fait beau

▶ L'Abbaye de Solesmes. L'Atelier de Faïencerie d'art à Malicorne. Golf et pêche à proximité.

Gilles et Brigitte Chappuy
4 chambres : 55-65 €.
72300 Notre-Dame-du-Pé.
Tél. 02 43 92 92 41. www.lareboursiere.fr.st
Table d'hôte : 23 €. Chiens interdits.
Ouvert toute l'année.

AUTREFOIS, ON CONSTRUISAIT certaines maisons tout en longueur pour s'abriter du vent, d'où le nom de longère qu'on leur attribue parfois. La Reboursière, une imposante ferme du 19ᵉ s., est un exemple parfait de ce type d'architecture et mesure pas moins de trente-quatre mètres de long! Gilles et Brigitte Chappuy l'ont rénovée avec passion et vous y reçoivent pour des séjours de charme, au calme et en pleine nature. Ils ont créé pour votre bonheur de jolies chambres, un rien campagnardes avec leurs beaux meubles anciens, poutres et pierres apparentes. Si vous venez nombreux (jusqu'à dix personnes), optez pour le gîte, indépendant et décoré dans l'esprit des années 1930. Amoureux de saveurs authentiques, vous serez comblés par la table d'hôte où Brigitte sert des menus de saison qu'elle réalise à partir des produits du potager et du verger.

Château de la Sébinière

LE PALLET

« SOUS PRÉTEXTE D'ÉTUDIER, nous nous livrions entiers à l'amour… » Le temps d'une escapade au cœur des vignobles du Muscadet, remémorez-vous l'histoire tragique et romantique d'Abélard et Héloïse, la nièce du chanoine Fulbert dont il avait charge de parfaire l'éducation. Ces enfants du pays auraient à coup sûr apprécié l'accueil d'Anne Cannaferina au Château de la Sébinière. En femme de goût, elle a su conserver l'âme du domaine avec les vieilles baignoires en fonte, les sols en terre cuite, les poutres et les parquets qui craquent. Superbe vue sur les vignes depuis la «Chambre d'amis» et ambiance de nid douillet côté «Chambre rouge». En famille et pour des séjours à la semaine, on se laissera tenter par la «Maison du vigneron», joliment restaurée et complètement indépendante. Le matin, Anne confectionne des petits-déjeuners remarquables, et le soir, le vin de la propriété n'attend plus que vous pour quitter la fraîcheur des caves. Ne le faites pas patienter plus longtemps!

Anne Cannaferina
3 chambres : 80-110 €.
44330 Le Pallet.
Tél. 02 40 80 49 25. www.chateausebiniere.com
CB acceptée. Anglais parlé. Ouvert toute l'année.

On reviendra pour

▸ Les dégustations de vin de la propriété, mais aussi de champagnes et de spiritueux.

Pour les curieux

▸ Le musée des Vins du village du Pallet. Les promenades au milieu des vignes. L'architecture atypique de Clisson «l'Italienne».

Château Pieguë

M. et Mme Thomas
5 chambres : 88-98 €.
49190 Rochefort-sur-Loire.
Tél. 02 41 78 71 26. www.chateaupiegue.com
CB acceptée. Chiens interdits.
Fermé 22 décembre-4 janvier.

les vignes. La suite familiale, logée sous les toits, séduira petits et grands avec ses poutres apparentes, et ses deux salles de bains. En saison, on sert le petit-déjeuner sur la terrasse qui surplombe le vignoble : pour bien démarrer la journée, ne passez pas à côté du jus de raisin de la propriété et des confitures faites maison.

On reviendra pour

▸ Le confort des chambres très modernes et leurs prestations haut de gamme. Le jardin en terrasse, face à la vallée du Layon.

Pour les épicuriens

▸ Visite des caves dans la région et dégustation des productions d'Anjou (coteaux du layon, anjou villages et crémant de Loire).

POSÉ SUR UN COTEAU, au milieu de ses 27 ha de vignes, ce château de 1840 a repris son activité viticole sous l'impulsion de son actuel propriétaire, armateur de métier. Si toutefois il est absent, c'est le maître de chai qui vous accueillera avec un verre de vin du domaine... Agréable entrée en matière ! Dans la maison, de nombreux travaux de rénovations ont été réalisés et cela se voit. Coup de jeune dans les chambres qui misent sur un look contemporain très épuré caractérisé par un mobilier design et des murs blancs immaculés. Toutes bénéficient de belles vues sur le chai et

Le Château de la Millière

PAYS DE LA LOIRE

310

UN MAJESTUEUX PARC de 18 hectares sert d'écrin à ce château du 19e s., romantique à souhait. Les allées cavalières ombragées qui sillonnent entre les pins, la piscine et les étangs poissonneux promettent de bien agréables promenades ! À l'intérieur, mobilier et bibelots annoncent un style d'inspiration Napoléon III, que l'on retrouve dans toute la demeure : salle des petits-déjeuners, bibliothèque (très belle table de billard français), salon, etc. Les chambres portent toutes des prénoms masculins : « Henri », « Xavier », « Albert »… Spacieuses et très calmes, elles combinent avec maestria le charme d'une décoration élégante (pièces d'antiquaires, tentures assorties pour les rideaux et les baldaquins) et le confort d'équipements modernes. La suite conviendra parfaitement à une famille de quatre personnes.

Deux gîtes aménagés dans l'ancienne ferme du château : « Les Hortensias » (120 m²) et « La Marguerite » (100 m²).

Danielle et Claude Huneault
5 chambres : 85-100 €.
La Millière – 85150 St-Mathurin.
Tél. 02 51 22 73 29. www.chateau-la-milliere.com
Chiens interdits. Ouvert 1er mai-30 septembre.

On reviendra pour

▸ **Le grand parc romantique (pique-nique autorisé), la piscine et l'étang de pêche.**

Amoureux des vieilles pierres

▸ **Les vestiges historiques (du néolithique à l'empire romain) d'Olonne-sur-Mer.**

Château de Nazé

C E CHÂTEAU DE STYLE NÉOGOTHIQUE ANGEVIN en pierre de tuffeau se dresse au milieu d'un parc de 7 ha entouré de douves en eau dont l'origine remonte au 15ᵉ s. Un verger, des bois et une prairie complètent ce cadre enchanteur. La piscine, protégée par un jardin clos, permet de préserver l'intimité des nageurs. Au rez-de-chaussée de la demeure, vous pourrez profiter de trois plaisants salons et d'une salle à manger de caractère : cheminée à colonnes, lustres et meubles anciens. Même ambiance châtelaine dans les chambres qui portent des noms évocateurs : «Comtesse», «Duchesse» et «Princesse». Décorées de façon élégante et personnalisée (mobilier de style, ciels de lit, tonalités douces), elles offrent toutes des dimensions généreuses et une tenue sans faille. Si le beau temps est avec vous, la propriétaire sert les petits-déjeuners en terrasse.

Accueil charmant de Marie-Thérèse et Robert Delmas, assurant à leurs invités un séjour en toute quiétude.

Marie-Thérèse et Robert Delmas
4 chambres : 110 €.
49680 Vivy.
Tél. 02 41 51 80 91. www.chateau-de-naze.com
Chiens interdits. Ouvert toute l'année.

On reviendra pour

▶ **Se promener dans les bois et les vergers qui entourent la demeure, ou barboter dans la piscine.**

S'il fait beau

▶ **Vous flânerez dans les ruelles du vieux Saumur et monterez au château d'où l'on domine la Loire.**

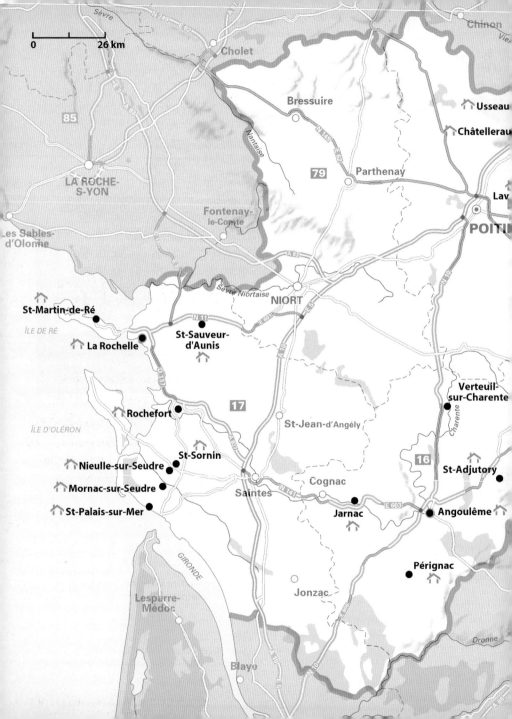

Poitou–Charentes

« Il pleut comme il sait pleuvoir dans les régions océanes, une pluie fine, légère, incessante, qui donne l'impression de vivre au cœur même d'un nuage. Personne ne s'en plaint ni ne s'en étonne, cette pluie-là est une sorte de dû, un baume après la canicule. »

Madeleine Chapsal, *On attend les enfants*

Champ Fleuri

ANGOULÊME

Pascal Gombert

5 chambres : 60-80 €.
Chemin de l'Hirondelle – 16000 Angoulême.
Tél. 06 23 59 76 30. www.champ-fleuri.com
Ouvert toute l'année.

PETITE ASTUCE : pour vous rendre à Champ Fleuri, suivez les panneaux indiquant le golf d'Angoulême. Les amateurs se réjouiront de constater que la maison ne se trouve qu'à deux cents mètres du fameux parcours et de ses 18 trous très techniques. Rénovée récemment, elle affiche un confort simple et de qualité. L'une des chambres, fort justement nommée «Golf», communique avec le local où l'on entrepose les clubs. La «Rempart» ménage une vue superbe sur les fortifications de la cité. Le nom et l'ambiance des autres évoquent les principaux événements qui rythment la vie culturelle de la région : «Piano en Valois», «Musiques Métisses» et, bien sûr, «Bande Dessinée». Poutres et pierres apparentes pour certaines, murs immaculés pour d'autres et mobilier de style pour toutes. Une petite pièce dotée d'un réfrigérateur et d'un four fait office de cuisine et de salle à manger. Atout supplémentaire : la proximité de la ville tout en étant à la campagne.

On reviendra pour

▸ La vue sur Angoulême depuis la chambre «Rempart» et la terrasse d'été. Le golf situé quasiment au pied de la maison !

Pour les curieux

▸ Angoulême vit toute l'année au rythme des festivals : Festival International de la Bande Dessinée en janvier, Festival des Musiques Métisses en mai, Festival Piano en Valois en octobre et novembre.

Villa Richelieu

CHÂTELLERAULT

U NE SITUATION IDÉALE, à deux pas du centre de Châtellerault, pour cette adresse de charme. La villa, bâtie dans les années 1900, se trouve au fond d'une paisible cour verdoyante, un peu en retrait du logis des propriétaires. Une indépendance fort agréable, d'autant que vos hôtes savent se rendre disponibles quand il le faut, et en toute discrétion… Les beaux volumes et le cadre contemporain de «votre maison» séduisent au premier regard. Sol en coco, boiseries claires, tonalités beiges ou taupe, lin créent une ambiance cosy dans toutes les pièces à vivre et invitent au farniente. Côté chambres, vous ne serez pas déçus : espace, inti-mité et décoration de très bon goût pour toutes. À l'étage, dans les chambres «Pin», «Palmier», «Albizia», Ludiwine, la maîtresse des lieux, s'est amusée à associer sol brut peint, lambris et mobilier épuré… Tendance et très réussi. Dernier détail à signaler : l'agréable terrasse au bord de la piscine d'été.

Ludivine Alizon
5 chambres : 73-115 €.
61 avenue Richelieu – 86100 Châtellerault.
Tél. 05 49 20 28 02. www.villarichelieu.com
Table d'hôte : 20 €. CB acceptée. Anglais parlé.
Chiens interdits. Ouvert toute l'année.

On reviendra pour

▶ Les petits-déjeuners au bord de la piscine, en été, et l'accueil chaleureux de Ludiwine, toute l'année !

Pour les curieux

▶ Au Futuroscope de Poitiers, partez à la découverte du monde de demain à travers de nombreuses expériences inédites : cinéma 3D, aventures aquatiques, spectacle de robots…

Château St-Martial

316

POITOU-CHARENTES

À QUELQUES PAS DU CENTRE DE JARNAC, cette splendide demeure du 19ᵉ s. vécut longtemps au rythme de la maturation du cognac élaboré par ses anciens propriétaires, la famille Bisquit. Après un bref passage entre les mains du groupe Pernod Ricard (qui y installe des bureaux et donne quelques réceptions), Brigitte Cariou et son mari la rachètent pour y accueillir les visiteurs de passage. Ils choisissent les chambres les plus vastes afin d'offrir à leurs hôtes la vraie «vie de château». Mis à part les téléviseurs accrochés un peu disgracieusement aux murs, leur décoration (meubles, cheminées et parquets anciens) sied à la noblesse des lieux. Personnalisées et baptisées de noms de fleurs, les chambres profitent d'une vue bucolique sur le parc (presque 3 ha). Douche ou baignoire de balnéothérapie dans les salles de bains et billard français dans une dépendance. Très belles boiseries dans la salle du petit-déjeuner.

Brigitte Cariou
5 chambres : 70-130 €.
56 rue des Chabannes – 16200 Jarnac.
Tél. 05 45 83 38 64. http://chateau.st.martial.free.fr
CB acceptée. Chiens interdits.
Fermé 25 octobre-5 novembre,
27 décembre-4 janvier et 21 février-8 mars.

On reviendra pour

▸ La collection privée de tableaux, exposée un peu partout dans la demeure. Le parc planté d'arbres centenaires bordant le cours de la Charente.

Pour les curieux

▸ La Donation François Mitterrand à Jarnac (objets, sculptures, gravures et dessins offerts par des personnalités du monde entier reçus durant ses mandats).

Logis du Château du Bois Dousset

Vicomte et Vicomtesse de Villoutreys

3 chambres : 70-80 €.
86800 Lavoux.
Tél. 05 49 44 20 26. Table d'hôte : 30 €.
Ouvert toute l'année.

BIENVENUE DANS CE DOMAINE de 400 hectares, transmis de génération en génération chez les Villoutreys depuis 600 ans ! Le château – une ancienne maison forte convertie en demeure de plaisance au lendemain des guerres de religion –, réputé comme l'un des plus beaux du Poitou, est aujourd'hui classé monument historique. De même que le magnifique jardin à la française, peu à peu redessiné selon les plans d'origine. Vous logerez dans le pavillon Louis XIII (sur lequel s'adosse l'orangerie), où se trouvent deux chambres de plain-pied, plutôt simples mais confortables.

Si vous le pouvez, optez pour la somptueuse suite, spacieuse et éclairée par de hautes fenêtres. Seul petit inconvénient : il faudra descendre d'un étage pour accéder à la salle de bain. Côté décor, on appréciera les meubles anciens, les belles tentures et les nombreux objets liés à la chasse à courre. Une activité qui se pratique fréquemment sur ces terres.

On reviendra pour

▸ **Le château, classé monument historique, et les 400 hectares de jardin à la française.**

Amoureux des vieilles pierres

▸ **Poitiers, capitale de l'art roman en France, Chauvigny, classée Ville d'art et d'histoire, Saint-Savin dont les fresques de l'église sont classées au Patrimoine mondial par l'Unesco.**

Le Mornac

POITOU-CHARENTES

Rita et Jan-Heyme Goedkoop
5 chambres : 55-75 €.
21 rue des Halles – 17113 Mornac-sur-Seudre.
Tél. 05 46 22 63 20. www.le-mornac.com
Anglais, allemand, néerlandais parlés.
Fermé 14 janvier-4 février.

RITA ET JAN-HEYME GOEDKOOP tombent littéralement amoureux de Mornac-sur-Seudre, lorsqu'ils s'y installent en 2002. Et on les comprend : classé parmi les Plus Beaux Villages de France, le petit port ostréicole allie beauté architecturale et douceur du climat. C'est dans l'ancienne maison du Maire Rouffineau (bâtie en 1901) que ce couple d'origine hollandaise vous reçoit, avec simplicité et générosité. Plusieurs chambres au choix. La «Bleue», bien ensoleillée, ménage une vue charmante sur la piscine et la terrasse, à l'arrière de la propriété. La «Rouge» dispose d'un coin salon où se niche une petite cheminée charentaise. La «Beige» séduit par sa décoration à l'ancienne. Notez que la «Verte», mansardée,

est la seule à posséder une baignoire (douche pour les autres). Rita vous conseille sur les activités en Pays royannais, et peut même en organiser certaines pour vous (promenades touristiques et gastronomiques...).

On reviendra pour

▶ **Les conseils de Rita pour organiser vos activités en Pays royannais : promenades touristiques et gastronomiques, réservation de parcours de golf ou de court de tennis.**

Pour les curieux

▶ **Promenez-vous dans les rues étroites et lumineuses de Mornac-sur-Seudre, village fortifié au Moyen-Âge et place forte jusqu'au 17e s.**

Le Logis de Port Paradis

NIEULLE-SUR-SEUDRE

recouvrent le sol des salles de bains. Original et plaisant! Ils proposent également deux suites familiales et une chambre labellisée «Tourisme et handicap», accessible aux personnes à mobilité réduite. Région oblige, la table d'hôte fait la part belle aux produits de la mer : huîtres Pousse en Claire, coquilles Saint-Jacques des pertuis et crevettes impériales remportent un franc succès auprès des connaisseurs.

POITOU-CHARENTES

On reviendra pour

▸ La table d'hôte, qui met l'accent sur les produits du terroir et les spécialités charentaises. Les week-ends «découverte de l'ostréiculture».

S'il fait beau

▸ Les marais salants et les parcs à huîtres, partout dans la région.

Nadine et Jean-François Bauve
5 chambres : 56-90 €.
12 rue de Port Paradis – 17600 Nieulle-sur-Seudre.
Tél. 05 46 85 37 38. www.portparadis.com
Table d'hôte : 28 €. Anglais parlé. Chiens interdits.
Ouvert toute l'année.

C E LOGIS TYPIQUEMENT CHARENTAIS, construit de plain-pied autour d'un petit patio, se fond à merveille parmi les maisons du village, qui bordent des parcs à huîtres. À l'intérieur, Nadine et Jean-François Bauve ont conçu un cadre qui leur correspond et vous séduira sûrement. Confortables et bien tenues, les chambres misent sur une décoration fraîche et contemporaine, rehaussée d'hommages discrets au pays charentais : remarquez les têtes de lit en bois ou en ardoise, récupérées dans des cabanes ostréicoles, ou encore ces galets qui

Château de Lerse

PÉRIGNAC

Laurie et François Lafargue
3 chambres : 80-110 €.
16250 Pérignac.
Tél. 05 45 60 32 81. www.chateaudelerse.com
Table d'hôte : 30 €. Ouvert mai-septembre.

C E PETIT CHÂTEAU FORTIFIÉ et son vaste domaine champêtre appartiennent à la même famille depuis leur fondation… au 13e s.! Vous pourrez d'ailleurs admirer la galerie d'ancêtres qui anime la salle à manger ou plonger dans le riche passé historique de la demeure en découvrant les nombreux souvenirs présents au salon. Sa cheminée monumentale, ses meubles anciens et ses poutres apparentes lui confèrent beaucoup de cachet et d'authenticité. Même atmosphère dans les chambres, plutôt spacieuses et personnalisées. « St-Jacques de Compostelle » a conservé tout son caractère médiéval avec son imposante cheminée d'origine (salle de bains logée dans une tour), tandis qu'« Alfred de Vigny » rend hommage à l'auteur romantique qui fréquenta la maison et dormit peut-être en ses murs. Quant à « La Fayette » (ravissante salle de bains à l'ancienne), pourquoi donc porte-t-elle ce nom ? Demandez à François, il vous racontera sûrement sa petite histoire…

On reviendra pour

▸ Quitter le sol en montgolfière et contempler le domaine depuis les airs ou rester sur terre pour déguster les richesses du terroir régional (foie gras, viandes, vins et alcools).

S'il fait beau

▸ Partez sur les traces des pèlerins qui se réfugiaient dans la chapelle de Cressac, l'abbaye St-Gilles de Puyperoux ou le reliquaire d'Aubeterre. Pour les autres, direction Chalais, réputé pour ses foires et ses marchés.

Palmier sur Cour

ROCHEFORT

DEPUIS 2004, PÉRINE ET JEAN-FRANÇOIS BLASSELLE reçoivent avec passion, dans leur hôtel particulier du 19ᵉ s. des hôtes qui n'hésitent pas à revenir les voir, emballés par le calme et le raffinement des lieux. Les habitués ne préparent même plus leur escapade, ils savent qu'ils trouveront dans le coquet salon une riche documentation sur la région. Chaque chambre se pare de couleurs et d'ambiances différentes : du bleu et du blanc pour la « Marine », du gris, du rouge, des meubles anciens et de la toile de Jouy pour la « Corderie ». Depuis la fenêtre d'« Aziyadé », on aperçoit le fameux palmier qui donne son nom à la maison ; pas de publicité mensongère, il se trouve bien dans la cour ! On peut également le voir depuis le patio, en prenant un petit-déjeuner, si la météo est favorable. Et si c'est le cas, profitez des deux vélos à disposition pour aller faire une petite promenade en ville !

On reviendra pour

▸ Les conseils de Périne et Jean-François en matière de découverte de la région et d'itinéraires touristiques. Les vélos à disposition pour vos promenades en ville.

Pour les curieux

▸ Une partie de la ville de Rochefort fut bâtie au 17ᵉ s. sur l'ordre de Louis XIV. À visiter : la Corderie Royale, le chantier de l'Hermione, le musée de la Marine et le musée de l'École de Médecine navale.

Périne et Jean-François Blasselle
3 chambres : 53-64 €.
55 rue de la République – 17300 Rochefort.
Tél. 05 46 99 55 54. www.palmiersurcour.com
Anglais, espagnol, italien parlés. Chiens interdits.
Ouvert 10 février-8 novembre.

La Maison du Palmier

LA ROCHELLE

CHRISTIAN VIEIRA CONNAÎT BIEN les maisons d'hôtes. Cet architecte d'intérieur en a tenu une pendant plusieurs années au Maroc. Son expérience professionnelle n'entame en rien son enthousiasme et, en 2005, lorsque sa «ville de cœur» lui manque trop, il revient à La Rochelle où il ouvre La Maison du Palmier. À deux pas de l'animation touristique rochelaise, cette demeure bourgeoise du 18e s. étonne – et séduit! – par le calme et la sérénité qui s'en dégagent. Le décor, cosy et raffiné, et le nom des chambres évoquent son passé de résidence d'armateur : «La Chambre du voyageur», «La Chinoise»... Les ombres de Pierre Loti et des grands aventuriers qui peuplèrent cette cité de marins y planent parfois. Quant au palmier – véritable emblème du lieu –, il pousse fièrement dans le patio pavé (le «centre névralgique» de la propriété). On dit qu'il fut rapporté par un grognard lors de la campagne d'Égypte, sous la forme d'une noix de coco, bien sûr...

Christian Vieira
4 chambres : 95-135 €.
23 place Marue Foch – 17000 La Rochelle.
Tél. 05 46 50 31 96. www.lamaisondupalmier.fr
CB acceptée. Ouvert toute l'année.

On reviendra pour

▶ Un voyage immobile dans l'une des chambres, véritables invitations à l'évasion.

S'il pleut

▶ Partez à la découverte de la faune et de la flore des mers du monde entier au nouvel aquarium de La Rochelle. La ville compte aussi de nombreux musées.

Château du Mesnieux

St-Adjutory

Sandrine et Jean-Fançois Gracia
4 chambres : 70-95 €.
Le Mesnieux – 16310 St-Adjutory.
Tél. 05 45 70 40 18. www.chateaudumesnieux.com
Table d'hôte : 25 €. Chiens interdits.
Ouvert toute l'année.

L A SILHOUETTE DE CE CHÂTEAU DU 15e S. a évolué au fil des siècles – et de ses agrandissements – sans jamais se départir de son caractère. Sandrine et Jean-François Gracia, propriétaires depuis 2004, ont su conserver intacte l'âme de cette demeure lors de sa longue rénovation. Ils ont su mettre en valeur les murs et les cheminées historiques, les poutres et les pierres apparentes par une décoration raffinée et harmonieuse. Chaque meuble, chaque élément décoratif trouve naturellement sa place. Les chambres, particulièrement réussies, en sont la preuve. Ambiance romantique côté «Seigneur du Maret», aristocratique chez la «Marquise de Tastes» et décoration cossue, de style Gustavien, pour «Sieur Julien». Enfin, «Chevalier de Bel Air» vous propose un voyage à travers les âges avec son mobilier médiéval, son imposante cheminée et sa salle de bains, réellement originale. Tout autour un superbe parc vallonné (45 ha), véritable havre de paix.

On reviendra pour

▸ **Les promenades autour de l'étang et dans le vaste domaine.**

S'il pleut

▸ **Visitez le château de La Rochefoucauld, et découvrez ses tableaux de maîtres et sa bibliothèque comptant plus de 4 000 volumes.**

323

POITOU-CHARENTES

Domaine de la Baronnie

St-Martin-de-Ré

POITOU-CHARENTES

Florence et Pierre Pallardy
5 chambres : 150-210 €.
21 rue Baron de Chantal
17410 St-Martin-de-Ré.
Tél. 05 46 09 21 29. www.domainedelabaronnie.com
Table d'hôte : 24-29 €. CB acceptée. Anglais parlé.
Chiens interdits. Ouvert de mars à mi-novembre.

ON OUBLIE LA PROXIMITÉ du centre-ville – ou plutôt de la charmante bourgade – et on tombe vite sous le charme dès que l'on pousse la grille du Domaine de la Baronnie. Une allée aux senteurs délicates de chèvrefeuille et de jasmin conduit à cet hôtel particulier du 18ᵉ s., aujourd'hui classé à l'inventaire supplémentaire des Monuments historiques. Un ensemble de caractère restauré dans un admirable esprit «maison de famille» par Florence, décoratrice de talent. Admirez la chambre de «Madame de Sévigné» (hommage à la célèbre femme de lettres) ou «Le Roy» qui rappelle que Louis XVI racheta la demeure en 1785. «La Tour des Amis», en duplex, offre une jolie vue sur le jardin et les toits de la ville.

Ostéopathe et diététicien, Pierre propose des cures et des programmes de remise en forme pour combattre le stress et la fatigue. Il vous recevra sur place, dans son cabinet… Une oasis de paix, de calme et de détente.

On reviendra pour

▶ Les cures «bien-être» assurées par un professionnel, dans un cadre unique. Les petits-déjeuners complets ou diététiques, servis dans le jardin si le temps le permet.

S'il fait beau

▶ Le port de St-Martin-de-Ré, la citadelle et les remparts Vauban.

La Maison du Port - Le corps de Garde

ST-MARTIN-DE-RÉ

> **Babeth et Olivier Bressy**
> 5 chambres : 175-200 €.
> 3 quai Clemenceau – 17410 St-Martin-de-Ré.
> Tél. 05 46 09 10 50. www.lamaisonduport.fr
> CB acceptée. Chiens interdits. Ouvert toute l'année.

AU CŒUR DE ST-MARTIN – le « Saint-Tropez » de l'Atlantique –, cette petite Maison du Port s'adosse à un ancien corps de garde du 17e s. En réalité, les deux ne font qu'un pour Babeth et Olivier Bressy qui accueillent, dans l'une et dans l'autre, les visiteurs de passage. On y trouve des chambres délicieuses et feutrées, inondées de soleil et grandes ouvertes sur les beautés de l'île : le pont, l'écluse et la jetée du port, et bien sûr l'océan, omniprésent… Douceur, invitation au voyage, ambiance douillette et soignée jusque dans le moindre détail. Certains avouent un

On reviendra pour

▸ Les séances de remise en forme dirigées par une coach professionnelle (sur la plage et adaptées aux besoins de chacun).
Les conseils déco de Babeth, qui tient également la brocante Ré Trouvailles.

faible pour la « Trousse Chemise », romantique à souhait, avec vue sur le port et le large. Pour une relaxation totale dans ce cadre enchanteur, on propose une gamme très complète de massages (de la tête aux pieds !) et des séances de remise en forme. Babeth, qui tient également la brocante Ré Trouvailles, sera de précieux conseils en matière de décoration.

S'il fait beau

▸ À St-Martin, le centre et ses maisons historiques, le port, le musée Ernest-Cognacq et enfin la Citadelle. St-Clément-des-Baleines, paradis de la pêche à pied, où il paraît qu'on peut pêcher des homards…

La Coursive St-Martin

St-Martin-de-Ré

POITOU-CHARENTES

Marie-Josée Biendel
4 chambres : 75-160 €.
13 cours Déchézeaux – 17410 St-Martin-de-Ré.
Tél. 05 46 09 22 87. www.lacoursine.com
CB acceptée. Fermé en décembre et janvier.

À DEUX PAS DU PORT et des célèbres remparts construits par Vauban, cette élégante demeure du 18e s. se dresse dans un écrin de verdure aux essences variées. Palmier, haies de buis, rosiers, figuier, néflier en forme de pin parasol et autres arbres fruitiers créent une plaisante atmosphère, mi-cottage anglais, mi-jardin de curé. La maison, ancienne propriété de Gustave Dechézeaux (armateur rétais et député à partir de 1792), comprend de jolies chambres aux tons clairs et une suite.

Celle-ci, de plain-pied avec entrée indépendante, a notre préférence pour un séjour romantique : couleurs douces, mobilier en fer forgé, lit à baldaquin et originale salle de bains ouverte sur la partie chambre. L'ancien chai, coiffé de vieilles poutres et équipé d'un billard, abrite une grande salle où Marie-Josée, la maîtresse des lieux, sert un savoureux petit-déjeuner composé de viennoiseries chaudes et de confitures maison réalisées avec les fruits du jardin.

On reviendra pour

▸ Savourer un agréable moment de détente dans le jardin fleuri.

S'il fait beau

▸ Flânez vers les remparts, sur le port et son ancien quartier des marins qui forme un îlot en son centre.

Ma Maison de Mer

ST-PALAIS-SUR-MER

POITOU-CHARENTES

Emma Hutchinson
5 chambres : 75-155 €.
21 avenue du Platin – 17420 St-Palais-sur-Mer.
Tél. 05 46 23 64 86. www.mamaisondemer.com
Table d'hôte : 29 €. CB acceptée. Anglais parlé.
Ouvert toute l'année.

À MI-CHEMIN ENTRE LA PLAGE et le centre-ville, cette villa balnéaire des années 1920 borde une pinède, garantie de calme et de détente. La proximité de la mer a largement influencé la décoration intérieure très «marine chic» : murs et lambris ivoire, beige ou gris, mobilier haut de gamme (osier ou bois peint en blanc), maquettes de bateaux, sol en jonc de mer, etc. Un charme fou que l'on retrouve dans les chambres, aux dimensions variables mais toujours confortables ; on a même pensé aux ventilateurs et aux moustiquaires. Une suite familiale peut héberger jusqu'à quatre personnes. La propriétaire et sa fille, toutes deux d'origine anglaise, sauront vous recevoir selon la tradition des Bed and breakfast d'outre-manche. Également un grand jardin bien entretenu (terrasse en teck pour les petits-déjeuners) et une table d'hôte les lundis, mercredis et vendredis, en juillet et août uniquement.

On reviendra pour

▶ **L'accueil de qualité, à l'accent «so british».**

S'il fait beau

▶ **Sports nautiques. Promenades en forêt ou sur la côte. Parcours de golf 18 trous à 3 km.**

Le Logis de l'Aunis

St-Sauveur-d'Aunis

POITOU-CHARENTES

LES RUMEURS DU VILLAGE de St-Sauveur rythment agréablement la vie de cette maison typique de la région. Dans sa partie arrière – la plus calme – se trouvent les chambres «Ambre», «Grenade» et «Bucolique». Décorées avec goût et originalité (sols en coco, mobilier ancien, miroirs en fer forgé), elles ménagent toutes une vue charmante sur la terrasse, la piscine et l'agréable jardin. Autres lieux de détente : la véranda aux couleurs de l'île de Ré et les deux salons, propices à la lecture ou à la musique. Choisissez, pour une pause sérénité, celui habillé d'une authentique cheminée charentaise

et de vieilles boiseries. Le matin, on apprécie en toute convivialité le copieux petit-déjeuner, servi dans la salle à manger où la pierre, le bois et le fer forgé se marient subtilement. Peintre à ses heures, Jocelyne consacre une partie de la bâtisse à l'exposition de tableaux et à une activité de brocante. Profitez aussi de votre séjour pour faire un tour en barque dans le marais poitevin.

Jocelyne Ecarot
3 chambres : 73-87 €.
8 rue de Ligoure – 17540 St-Sauveur-d'Aunis.
Tél. 05 46 09 02 14. www.logisdelaunis.com
Anglais parlé. Chiens interdits.
Ouvert toute l'année.

On reviendra pour

▸ **Les expositions de tableaux et la petite brocante, au cœur de la maison.**

S'il fait beau

▸ **Nombreuses îles à proximités, dont Ré et Oléron. Promenades à La Rochelle et dans le marais Poitevin, en barque.**

La Caussolière

M. Gates
4 chambres : 57-88 €.
10 rue du Petit Moulin – 17600 St-Sornin.
Tél. 05 46 85 44 62. www.caussoliere.com
Table d'hôte : 24 €. Anglais, allemand parlés.
Chiens interdits. Ouvert de mars à octobre.

On reviendra pour

▶ L'accueil charmant du patron et les repas très orientés terroir, préparés avec les produits locaux.

Amoureux des vieilles pierres

▶ L'église de St-Sornin (11ᵉ s.) et ses fresques du 18ᵉ s. La tour de Broue.

APRÈS AVOIR EXERCÉ les professions de présentateur TV à Dubaï puis de professeur à Royan, le propriétaire, d'origine anglaise, a posé ses valises dans cette jolie ferme du 19ᵉ s. typiquement charentaise. Dès l'entrée, le jardin séduit avec ses recoins fleuris, ses arbres et sa piscine à l'abri des regards. À l'intérieur, le charme opère également : les chambres mêlent avec bonheur confort douillet, mobilier chiné ici et là, tableaux et nombreux détails soignés. Toutes les chambres disposent d'une salle de bains privée et d'un accès indépendant. Notez que la «Tournesol» peut convenir aux personnes à mobilité réduite. Pour se détendre, deux possibilités : farniente dans le salon aux murs de pierres ou au bord de la piscine en attendant le dîner. Au menu : cuisine du terroir mettant en avant les produits locaux et, en saison, une formule faisant, bien sûr, la part belle aux fruits de mer. Un lieu simple, chaleureux et convivial, tout simplement !

Château de la Motte

Jean-Marie Bardin
5 chambres : 75-120 €.
86230 Usseau.
Tél. 05 49 85 88 25. www.chateau-de-la-motte.net
Table d'hôte : 28 €. Anglais, allemand, espagnol
parlés. Ouvert 24 mars-2 novembre.

On reviendra pour

▸ L'atelier où se déroule des stages de taille
de pierre et de sculpture de tuffeau. Mais
aussi d'encadrement d'art, de calligraphie
et d'enluminure…

S'il fait beau

▸ Partez découvrir les environs en
montgolfière (départ du château sur réservation),
en vélo, à cheval ou à pied.

MARIE-ANDRÉE ET JEAN-MARIE
(anciens restaurateurs au Québec)
ont eu le coup de cœur pour ce
fier château du 15ᵉ s. qui domine Usseau et la
campagne. Depuis 2000, ils vous y reçoivent
avec beaucoup de gentillesse. Comme eux,
vous tomberez sûrement sous le charme de son
architecture, son jardin suspendu, son parc de
tilleuls… Et de ses chambres, le plus souvent
meublées dans le style d'origine : hauts plafonds, poutres, fenêtres à meneaux, tomettes,
armoires anciennes, baldaquins ou ciels de lit.
La plus originale est certainement « Geoffroy
du Bec » taillée dans la tour ronde et dont la
douche et le lavabo sont installés directement
dans l'épaisse muraille. La salle de bains de
la « Chambre des Chevaliers » surprend aussi
par sa surface particulièrement imposante.
Le soir, Marie-Andrée se met au fourneau et
concocte des repas inventifs. Et si vous venez
à la bonne saison, vous retrouverez dans votre
assiette les produits du verger, du potager et du
jardin aromatique.

Le Couvent des Cordeliers

VERTEUIL-SUR-CHARENTE

Alain et Danièle Barbou

6 chambres : 85-95 €.
16510 Verteuil-sur-Charente.
Tél. 05 45 31 01 19. www.lecouventdescordeliers.com
Table d'hôte : 28 €. CB acceptée.
Anglais, espagnol parlés. Chiens interdits.
Fermé en janvier.

FONDÉ EN 1471 par Jean de La Rochefoucauld, seigneur de Verteuil (qui voulait y installer sa sépulture), ce couvent respire encore la sérénité de ses premiers siècles d'existence, malgré une histoire plutôt mouvementée. En 1970 il est inscrit aux Monuments historiques et restauré avec passion par Alain et Danièle Barbou. L'ancienne sacristie avec son sol en terre cuite, ses vieilles poutres et ses peintures murales, accueille aujourd'hui un salon et une salle à manger pleins de caractère. Les chambres évoquent des personnages liés à la demeure et associent en parfaite harmonie mobilier de style, charpentes séculaires et confort moderne. Coups de cœur pour les chambres «du Chapelain» et «du Prieur» (celle-ci jouxte l'église). Autres atouts du Couvent : une table d'hôte (produits du terroir), une jolie cour fermée donnant sur un bras de la Charente et un jardin à la française où s'épanouissent fleurs et plantes médicinales…

On reviendra pour

▶ **Les expositions et concerts (musique classique, jazz…) organisés dans l'ancienne chapelle.**

S'il fait beau

▶ **Le village médiéval et le château de la Rochefoucauld. Randonnées pédestres autour de Verteuil et de Moutardon.
Au bord de la Charente, pêche et canoë-kayak pour les amoureux de la rivière.**

331

POITOU-CHARENTES

Rhône-Alpes

« Il y a devant nous une montagne,
un morceau d'air
formé par un fil. »

André du Bouchet, *Dans la chaleur vacante*

La Petite Aiguebonne

ALLEX

RHÔNE-ALPES

Élisabeth Monsarrat et Pierre Vincent
5 chambres : 85-120 €.
26400 Allex.
Tél. 04 75 62 60 68. www.petite-aiguebonne.com
Chiens interdits. Ouvert toute l'année.

BIENVENUE DANS CETTE FERME du 13e s. en galets roulés du Rhône, nichée au creux d'un vallon de la campagne drômoise. À l'intérieur, la maison affiche sa personnalité : sobriété contemporaine de bon ton côté salon, ambiance plus campagnarde pour la cuisine, mobilier chiné par-ci, notes provençales par-là et couleurs vives un peu partout. Les chambres, par leur décor et leurs tissus d'ornement, évoquent de fabuleuses destinations. Zanzibar, Pondichery, Toscane, Louisiane… ou encore Venise façon «Commedia dell'arte» (dans la chambre qui reste peut-être la plus exubérante avec son lit en fer forgé, ses dorures et masques de théâtre). Et si vous souffrez de l'absence de climatisation, rendez-vous à la piscine ou au spa. Petits-déjeuners servis dans la salle à manger, dans le jardin d'été ou sur la pelouse. Cerise sur le gâteau de cette délicieuse demeure : la vue incomparable sur les montagnes du Vercors et la tour de Crest, le plus haut donjon d'Europe.

On reviendra pour

▶ **Les week-ends à thème (romantique ou détente, avec spa et massage) et les dégustations de vins organisées régulièrement. La boutique de produits locaux et de décoration.**

Pour se détendre

▶ **La visite des vignobles des côtes du Rhône et de la Drôme, berceau de la Clairette de Die. Baignades et croisières en bateau-mouche le long de la Drôme.**

Château de Longsard

ARNAS

Alexandra et Olivier du Mesnil du Buisson

5 chambres : 100-150 €.
4060 route Longsard – 69400 Arnas.
Tél. 04 74 65 55 12. www.longsard.com
Table d'hôte : 25-35 €. CB acceptée.
Anglais, espagnol, portugais parlés.
Chiens interdits. Fermé vacances de Noël.

LORSQU'ON ARRIVE au Château de Longsard, on tombe immédiatement sous le charme de son magnifique jardin à la française. Une promenade s'impose pour découvrir quelques-uns de ses trésors cachés : un obélisque en marbre d'Égypte portant une inscription papale de 1592, des cèdres du Liban tricentenaires ou encore un grand bassin central en pierre rose, alimenté par un système de récupération des eaux de pluies… La demeure vous réserve elle aussi de belles surprises et nombre de questions. Pourquoi trouve-t-on les armoiries de la famille Polallion sur la mosaïque italienne du hall ? Quand fut réalisée cette tapisserie flamande accrochée au-dessus de l'escalier ? Profitez donc de l'apéritif pour demander à Olivier et Alexandra du Mesnil du Buisson. Ils se feront un plaisir de vous conter l'histoire de leur propriété autour d'un verre de l'amitié – un beaujolais du domaine, évidemment ! Chambres et suites séduisent par leur élégance. Celle des « Mariés » possède un superbe lit à baldaquin, des plus romantiques.

On reviendra pour

▶ Le jardin ouvert au public lors des journées nationales « Rendez-vous aux jardins ». Les Beaujolais rouge, blanc et cuvée spéciale vieilles vignes produits au domaine.

Pour les épicuriens

▶ En Beaujolais, visites de caves, dégustations, découverte des vignobles et du métier de vigneron.

RHÔNE-ALPES

Château de Balazuc

M. et Mme Boulenger
4 chambres : 130-160 €.
07120 Balazuc.
Tél. 04 75 88 52 67. www.chateaudebalazuc.com
Table d'hôte : 38 €. CB acceptée. Anglais parlé.
Ouvert d'avril à octobre.

PRENEZ D'ASSAUT LES REMPARTS de la cité fortifiée pour parvenir à ce château des 11ᵉ et 13ᵉ s. Amateurs d'architecture et d'art contemporain, ses propriétaires ont choisi de le rénover dans un style résolument moderne tout en conservant sa personnalité d'origine. Le salon présente ainsi un contraste saisissant entre vieilles pierres et mobilier design. L'escalier et la coursive en métal noir et en verre, radicalement épurés, redéfinissent un espace inédit où les murs blancs dévoilent çà et là quelques solides moellons. Les chambres, plutôt claires malgré des fenêtres souvent petites, sont aménagées dans le même esprit audacieux. On aura sans doute une préférence pour la «Chambre des Buis», occupant l'ancienne chapelle; ses pierres apparentes et son plafond voûté dégagent un caractère médiéval indéniable. Notez que la «Chambre du Rempart» profite d'une terrasse privative de 40 m². Laissez-vous également tenter par la table d'hôte, d'inspiration méridionale.

On reviendra pour

▶ Derrière le muret qui délimite le carré de pelouse se cache un bassin de nage taillé dans le roc, un peu à la manière d'un bain romain.

S'il fait beau

▶ Comptez une petite journée pour flâner dans les ruelles tortueuses du vieux village, autour de son église romane.

Le Paddock des Aravis

Nathalie et Jean-Denis Piquet de Saules
5 chambres : 80-110 €.
Les Chenalettes – 74230 La Balme-de-Thuy.
Tél. 04 50 02 98 28.
www.le-paddock-des-aravis.com
Anglais parlé. Chiens interdits. Ouvert toute l'année.

POUR REJOINDRE CETTE IMMENSE FERME datant de 1872, il faut parcourir quelques kilomètres de routes sinueuses, au-dessus de la vallée de Thônes. On n'y trouve pas de pur-sang en chair et en os, mais d'adorables statuettes équestres exposées partout dans la maison. La passion de Jean-Denis pour l'équitation se ressent jusque dans les chambres – «La Martingale», «La Longe», «L'Étrivière», «La Muserolle» et «La Bride» –, très cosy et rénovées avec des matériaux traditionnels. Ici, on est «à cheval» sur le confort et l'accueil. Petit plus pour «La Bride» qui communique avec un mazot savoyard. Dans l'atmosphère sereine du salon au décor «tout bois», vous apprécierez la convivialité d'un moment de détente autour du feu de cheminée. Petit-déjeuner servi dans l'ancienne bergerie ou dans le jardin, s'il fait bon… Une adresse charmante, idéalement située entre lacs et montagnes, tout près des stations de la Clusaz et du Grand-Bornand.

On reviendra pour

▶ L'atmosphère de la maison, marquée par la passion de Jean-Denis pour l'équitation.

Pour les sportifs

▶ S'il n'y a pas de vrais chevaux au Paddock des Aravis, ceux-ci vous attendent au Centre de loisirs équestres de Thônes. En hiver, ski de piste, ski de fond et promenades en raquettes.

La Ferme aux Ours

La Baume

RHÔNE-ALPES

Catherine Coulais
4 chambres : 75-110 €.
La Voagère – 74430 La Baume.
Tél. 04 50 72 19 88. www.lafermeauxours.com
Table d'hôte : 28 €. Chiens interdits.
Fermé en novembre.

QUE L'ON SE RASSURE, cette charmante ferme en pierre ornée de balcons en palines n'abrite aucune bête sauvage, mais seulement des ours… en peluche ! Catherine en fait la collection – pour le bonheur des petits et des grands – et les dispose ici et là parmi de vieux objets du terroir : moulin à café, fers à repasser d'autrefois, luge transformée en table basse, etc. Le tout créant une atmosphère savoyarde très cosy. Dans les chambres, même parti pris de confort et de douceur avec omniprésence du bois blond, des tons chauds (rouge et blanc) et des lits douillets. Les familles opte-

ront pour « Célestin », mansardée mais spacieuse, et ménageant une jolie vue sur la vallée. Lorsqu'elle part en balade, Catherine revient rarement les mains vides ; elle prépare souvent de délicieuses confitures avec les fruits cueillis en montagne… Saveurs garanties dès le petit-déjeuner ! En été, le joli jardin avec ses multiples recoins révèle tous ses charmes et incite à la détente absolue.

S'il neige

▸ **Les amateurs de glisse sauront quoi faire, les autres visiteront le hall d'exposition sur l'eau à Évian-les-Bains.**

On reviendra pour

▸ **Demander conseil à Catherine, férue de randonnées pédestres, et partir à l'assaut des chemins de montagne.**

Les Chalets de Philippe

CHAMONIX-MONT-BLANC

Philippe Courtines
8 chambres : 84-1215 €.
700-718 route Chapeau
74400 Chamonix-Mont-Blanc.
Tél. 06 07 23 17 26. www.chaletsphilippe.com
CB acceptée. Anglais parlé. Ouvert toute l'année.

EXCEPTIONNEL, CE HAMEAU L'EST à plus d'un titre. Par sa situation, d'abord : agrippé à flanc de montagne, face au sud, sur le balcon du Lavancher, il offre un panorama de rêve sur le mont Blanc, les sommets environnants et toute la vallée. Par sa conception, ensuite : les chalets et les mazots (véritables petites maisons individuelles) ont été minutieusement restaurés et aménagés avec raffinement. Objets et meubles d'antiquaires, chinés jusqu'au fin fond du Queyras, évoquent la vie d'antan, version grand luxe : séjour, salle à manger, cuisine parfaitement équipée, chambres douillettes à souhait et jolie salle de bains. Et partout de beaux tableaux peints par des maîtres alpins, du linge de lit en flanelle l'hiver et en broderie faite main l'été, des produits d'accueil Hermès, etc. Sans compter les nombreux services (hammam et spas extérieurs, wi-fi, home cinéma…) ou la préparation d'un repas, dans votre propre cuisine, par le chef du restaurant. Paradisiaque !

On reviendra pour

▶ L'espace détente avec sauna, spas extérieurs, massages et manucure. Le miel de la propriété servi au petit-déjeuner.

Pour les sportifs

▶ En hiver, ski alpin dans les domaines de Brévent-Flégère, des Grands Montets et de Balme. En été, golf, balades à VTT dans la vallée de Chamonix ou excursion jusqu'à la Mer de Glace, à 30 minutes de marche.

La Maison de Soize

PROTÉGÉE PAR DE SOLIDES MURS, cette charmante maison de village, entièrement restaurée, vous garantit un séjour paisible. Côté jardin, les plantes grimpantes ont envahi la façade, et la bâtisse semble se fondre dans un océan de verdure. «Violette», «Iris», «Églantine», «Pâquerette» et «Capucine», des noms bien choisis pour les chambres personnalisées, fraîches et colorées. Dans l'ensemble, la décoration et les couleurs tendres rappellent que la Provence est toute proche. Salles de bains modernes et literie de qualité. Un grand salon de détente, réchauffé par une cheminée (en hiver), et

une terrasse d'été invitent à prolonger les soirées. Nicole, qui veille chaleureusement au bien-être de ses hôtes, réalise également des petits plats gourmands avec les produits du potager et du verger. À déguster dehors dès que le temps le permet… Une adresse où il fait bon se ressourcer.

On reviendra pour

▶ Le charme intemporel de cette maison noyée sous la verdure.

S'il fait beau

▶ Le château de Grignan, les gorges de l'Ardèche.

Nicole et Jean-François Convercy
5 chambres : 80-90 €.
place de l'Église – 26230 Colonzelle.
Tél. 04 75 46 58 58. Table d'hôte : 30 €. CB acceptée.
Chiens interdits. Ouvert Pâques au 30 octobre.

Château de Bachelard

COMMELLE-VERNAY

Daniela et Hervé Noirard
5 chambres : 91-98 €.
42120 Commelle-Vernay.
Tél. 04 77 71 93 67. www.chateaubachelard.com
Anglais parlé. Ouvert toute l'année.

CE CASTEL ÉDIFIÉ SOUS LOUIS XIV se dresse au cœur d'un domaine verdoyant (18 ha), sur la rive droite de la Loire, juste à l'endroit où le fleuve débouche dans la plaine de Roanne. Désireux de continuer à faire vivre leur demeure familiale, Daniela et Hervé Noirard y accueillent les hôtes pour une nuit, un week-end ou plus encore. Le lieu est convivial, mariant l'élégance d'un cadre «cent pour cent château» et la sobriété de touches plus contemporaines : cheminées d'époque, meubles anciens, baldaquins et plafonds à la française côtoient sans heurts une décoration féminine, vive et colorée. Les chambres «Bleue», «Orange», «Jardin» et le gîte rivalisent de goût et de fraîcheur. La «Chambre du Peintre» dénote et peut surprendre avec ses tentures et peintures florales un peu surannées et très chargées. À tout moment de la journée, profitez d'un instant de détente au coin du feu : les jeux et la bibliothèque du salon n'attendent que vous…

On reviendra pour

▸ Les séjours sur le thème de la pêche dans l'étang du parc (carpes, brochets, perches, sandres, black-bass) et les canaux pour la pêche à la mouche.

S'il fait beau

▸ Les villages médiévaux et les monts de la Madeleine. Une balade le long de la Loire ou du barrage de Villerest peuplé d'une importante faune sauvage, une randonnée équestre, un vol en montgolfière ou en ULM.

Les Hautes Bruyères

RHÔNE-ALPES

Karine Laurent-Rault
5 chambres : 120-180 €.
5 chemin des Hautes Bruyères – 69130 Écully.
Tél. 04 78 35 52 38. www.lhb.hote.fr
Ouvert toute l'année.

C ETTE DEMEURE DE CHARME conviendra parfaitement à ceux qui veulent profiter de l'effervescence lyonnaise durant la journée (la place Bellecour n'est qu'à une dizaine de minutes) et, le soir venu, du calme d'un parc planté d'arbres centenaires. Ancienne propriété de jardinier (19ᵉ s.) autrefois rattachée au château voisin, elle offre une heureuse combinaison d'authenticité et de raffinement : poutres et pierres apparentes, jolies tomettes patinées, peintures aux tons pastel, tissus soyeux, mobilier et bibelots chinés, vieux miroirs. Dans cette belle atmosphère de maison de famille, les chambres disposent d'une luminosité agréable, d'une bonne ampleur et d'une ambiance apaisante. Véritable coup de cœur pour les deux délicieuses suites – «l'Orangerie» et la «Coloniale» – qui bénéficient d'une mezzanine aménagée en chambre et surplombent un petit salon douillet... On y élierait presque domicile.

On reviendra pour

▸ **Profiter du calme d'un parc aux arbres centenaires.**

S'il fait beau

▸ **Visitez Lyon côté jardin avec le parc des Hauteurs et sa passerelle dominant la Croix-Rousse, ou le jardin des Chartreux, fief de la boule lyonnaise.**

Auberge Nemoz

Françoise et Bertrand Jolais

5 chambres : 62-86 €.
au hameau « La Martinette » – 38580 Allevard.
Tél. 04 76 45 03 10. www.auberge-nemoz.com
Table d'hôte : 22-32 €. CB acceptée. Anglais,
allemand parlés. Fermé en novembre et 15-30 avril.

PERDU AU BOUT D'UN CHEMIN, ce grand chalet, respecte scrupuleusement l'esprit de la vallée du Haut-Bréda : ici point de station artificielle ou bétonnée, on ne jure que par le bois et la pierre de pays ! Les chambres se nomment « Mauresque », « Art pop », « Méridienne », « Levant » et « Mélusine ». Frisette en bois blond, lits douillets, meubles et objets anciens, détails personnalisés : aucune ne ressemble à sa voisine, mais toutes affichent la même chaleureuse authenticité. Et pour ne pas gâcher le plaisir, il y règne un calme absolu et la vue sur les alentours est réellement magnifique.

Pour apprécier pleinement le séjour, faites un tour par l'auberge-restaurant située au rez-de-chaussée. Le chef mitonne de savoureuses recettes régionales : truites et ombles chevaliers du vivier, ravioles, murçon de la Mure (un saucisson au parfum de fenouil), raclette au feu de bois, etc. À déguster dans l'ambiance conviviale de la salle à manger, rustique à souhait. Un vrai petit cocon montagnard…

On reviendra pour

▶ **Les promenades équestres organisées au départ du chalet. Sophie, accompagnatrice diplômée, vous emmènera à la découverte des beautés régionales.**

S'il neige

▶ **On ira soigner sa fièvre du jeu au casino d'Allevard-les-Bains.**

FLEURIE

Marie-Paule et Jacques Yves
4 chambres : 86-106 €.
69820 Fleurie.
Tél. 04 74 69 80 01. www.closdesgarands.fr
CB acceptée. Anglais parlé. Chiens interdits.
Fermé en janvier.

tourneront vers la « Pavot » un peu plus actuelle. Enivré – mais pas trop ! – par les richesses et les charmes de l'endroit, on se laisse facilement tenter par une promenade entre les massifs de fleurs, ou par une sieste réparatrice sur une chaise longue du jardin.

On reviendra pour

▸ **La dégustation des vins du domaine, vinifiés sur place, en cadeau de bienvenue.**

Pour les épicuriens

▸ **Le Hameau du vin à Romanèche-Thorins, parc de loisir sur le thème de la vigne et de son histoire. Les Sources du Beaujolais, musée du Vin à Beaujeu.**

LE BEAUJOLAIS, VOUS CONNAISSEZ ? Forcément... Pour en savoir encore plus, rendez-vous au Clos des Garands où Marie-Paule vous recevra en toute amitié, tandis que Jacques vous guidera dans la dégustation de ses vins. Grâce à la qualité du sol et à un taux d'ensoleillement exceptionnel, ils bénéficient d'un des meilleurs terroirs du cru Fleurie. À l'intérieur de la maison, meubles anciens d'origines variées (buffet Renaissance italienne, pièces bretonnes sculptées) et touches modernes se répondent harmonieusement. Parmi les chambres, vastes et joliment aménagées, les amateurs d'antiquités opteront pour la « Crocus », d'esprit Louis XV ou la « Pivoine » (beau lit de style Louis XVI). Les autres se

Le Chalet des Troncs

RHÔNE-ALPES

JADIS REPAIRE GASTRONOMIQUE de skieurs, ce chalet du 18e s. a joliment réussi sa reconversion en maison d'hôtes. Entre sa situation exceptionnelle au fond de la vallée du Bouchet et la qualité de ses prestations, il pourrait bien être l'antidote à tous les petits coups de fatigue! Commencer par une cure de bons petits plats de saison, histoire de retrouver des forces : Christine Charbonnier n'a pas son pareil pour accommoder légumes de son jardin et produits du marché (le pot-au-feu préparé au chaudron est un must). Faire ensuite un tour dans la superbe piscine couverte alimentée à l'eau de source ou au hammam, avec la Pointe Percée des Aravis en toile de fond... Grandiose! Et enfin découvrir les chambres. De vrais petits bijoux alliant bon goût, intimité et confort : ambiance alpine, pierre et bois omniprésents, lits douillets et équipements de pointe (matériel hi-fi dernier cri et luxueuses salles de bains). Une adresse incomparable dans un environnement magique.

Christine et Jean-François Charbonnier
4 chambres : 132-216 €.
74450 Le Grand-Bornand.
Tél. 04 50 02 28 50. www.chaletdestroncs.com
Table d'hôte : 35-52 €. CB acceptée. Anglais parlé.
Chiens interdits. Ouvert toute l'année.

On reviendra pour

▶ L'espace détente avec piscine, hammam et massages thérapeutiques chinois.

Pour les sportifs

▶ En hiver : ski de fond, ski alpin et promenade en raquettes. En été : parapente, golf et randonnées à pied ou à VTT.

Manoir de Tourville

RHÔNE-ALPES

Isabelle et François Goubier
6 chambres : 60-120 €.
69610 Les Halles.
Tél. 04 74 26 66 57. www.manoirdetourville.com
Table d'hôte : 24-45 €. CB acceptée. Anglais parlé.
Ouvert toute l'année.

On reviendra pour

▶ L'élevage de chevaux dans le parc, où faune et flore s'épanouissent. Le calme et la vue étendue sur la campagne.

S'il fait beau

▶ Saint-Symphorien-sur-Coise, la capitale locale de la tannerie et de la charcuterie. Le musée Antoine Brun à Sainte-Consorce et le musée du Chapeau à Chazelles-sur-Lyon.

BIENVENUE À TOURVILLE ! Située dans les monts du lyonnais, cette maison forte du 9e s. convertie en manoir au 14e s. impressionne par ses volumes. Mais l'accueil simple et amical de François et Isabelle met tout de suite à l'aise. Vous apprécierez sans aucun doute le grand parc entièrement clos, où les enfants pourront s'en donner à cœur joie en toute sécurité : regardez-les admirer les chevaux de l'élevage et observer cygnes barboter dans l'étang ! À l'intérieur, on traverse les siècles en contemplant boiseries, tapisseries, miroirs et meubles anciens. À chaque chambre, sa couleur (« Jaune », « Rouge », « Verte », « Bleue », « À Fleurs ») ; la suite occupe, pour sa part, deux niveaux de la tour. Côté table d'hôte, la cuisine du terroir vous sera proposée en terrasse, si le temps le permet, ou autour de la cheminée. Le manoir peut aussi recevoir jusqu'à trois cents personnes, à l'occasion de mariages ou de séminaires.

Domaine de la Chapelle de Vâtre

JULLIÉ

Dominique Capart
4 chambres : 60-130 €.
Le Bourbon – 69840 Jullié.
Tél. 04 74 04 43 57. www.vatre.com
CB acceptée. Chiens interdits. Ouvert toute l'année.

« **B**IEN CHARPENTÉ ET DE BONNE CONSERVE » : voilà comment les anciens qualifiaient le vin du domaine de Vâtre, à l'époque où l'on sonnait encore la fin des vendanges à la Chapelle. Une coutume tombée dans l'oubli jusqu'à ce que Dominique Capart décide d'ouvrir une maison d'hôtes sur le site… et de faire à nouveau retentir le son de la cloche ! Tout ici respire l'authenticité et la tradition renouvelée : on vendange toujours à la main et les dégustations se déroulent dans une cave spécialement aménagée à cet effet. On peut dire que les œnologues ont trouvé là leur point de chute ! Et puisque le produit de la vigne est le fil conducteur du lieu, les chambres portent tout naturellement le nom de grands crus régionaux : « St-Amour », « St-Véran » ou « Fleurie ». Aménagées avec goût, elles respectent, sous leurs allures contemporaines, le caractère des murs et des charpentes datant du 12ᵉ s. Superbe piscine à débordement.

On reviendra pour

▶ **Les dégustations dans les caves du domaine viticole de la Chapelle de Vâtre, Appellation d'Origine Contrôlée Beaujolais-Village maintes fois primé. La piscine à débordement.**

Pour les sportifs

▶ **Chemins de randonnées, parcours de golf, terrains de tennis et location de VTT à proximité.**

RHÔNE-ALPES

Le Mas Rêvé

LABASTIDE-DE-VIRAC

Marie-Rose et Guido Goossens
5 chambres : 90-145 €.
07150 Labastide-de-Virac.
Tél. 04 75 38 69 13. www.lemasreve.com
Table d'hôte : 32 €.
Anglais, allemand, néerlandais parlés.
Chiens interdits. Ouvert de mi-avril à septembre.

ON TOMBE TRÈS VITE SOUS LE CHARME de ce joli mas du 17ᵉ s., qui abritait autrefois une exploitation viticole et une magnanerie. Habilement restaurée par Marie-Rose et Guido, un adorable couple de Belges, la demeure respire la douceur de vivre provençale. Les chambres personnalisées sont toutes aussi séduisantes les unes que les autres. Ambiance méridionale, couleurs vives et poutres peintes du côté de «Micocoulier» et du «Four à Pain». «Voûté d'Arêtes» combine l'élégance d'un ciel de lit et de ses voûtes en pierre. La plus ravissante reste «La Caresse du Temps», avec cheminée Renaissance, plafond à la française, fenêtres à meneaux et vieux meubles provençaux... Du charme à en revendre! À l'extérieur, le jardin méditerranéen et l'agréable terrasse ombragée incitent au farniente. Très belle piscine (garantie sans chlore, on pense aux peaux fragiles!), bains à remous et boulodrome pour la détente... Voici une maison qui porte bien son nom.

On reviendra pour

▶ Le grand parc et ses jardins, la piscine et les terrasses invitant à profiter du soleil toute la journée.

S'il fait beau

▶ Un chemin rejoint les gorges de l'Ardèche (baignade, kayak, promenades et baptême en ULM possible). Visite de l'Aven d'Orgnac, une des grottes les plus réputées dans la région.

Château de Pramenoux

LAMURE-SUR-AZERGUES

On reviendra pour

▶ Les concerts et les master-classes d'opéra organisés au Château. La cuisine familiale servie avec des vins du cru.

LE CALME ET LA SÉRÉNITÉ ont élu domicile au cœur du Haut Beaujolais. Précisément là où se dresse ce somptueux château édifié aux 10ᵉ et 12ᵉ s., remanié au fil du temps par ses divers propriétaires. En 1998, Jean-Luc et Emmanuel entament des travaux de restauration et accueillent depuis les visiteurs en quête de paix et d'authenticité. Les chambres, spacieuses, ne manquent pas de noblesse. Tendue de tissus brodé de lys et meublée dans le style Louis XIII, la «Royale» possède un superbe lit à baldaquin. On y remarque un très beau parquet réalisé avec six essences de bois différentes. Toile de Jouy pour la «Jaune» installée au dernier étage du donjon. Boiseries,

mobilier Louis XVI et teinte vieux rose pour la «Rose»; murs tendus de tissus façon Tapisserie des Gobelins pour la «Verte». Le soir, Emmanuel propose une cuisine familiale accompagnée de vin du Beaujolais. À déguster autour de la grande table commune illuminée par des chandeliers. La vraie «vie de château»!

Pour les sportifs

▶ Randonnées à pied ou en VTT sur les circuits pédestres, le long de la Saône ou dans les paysages viticoles du Beaujolais.

Emmanuel Baudoin
4 chambres : 125 €.
69870 Lamure-sur-Azergues.
Tél. 04 74 03 16 43. www.pramenoux.com
Table d'hôte : 33 €. Chiens interdits.
Ouvert toute l'année.

La Bageatière

RHÔNE-ALPES

Valérie Ambal
4 chambres : 65-90 €.
73610 Lépin-le-Lac.
Tél. 04 79 65 95 61. www.labageatiere.com
Table d'hôte : 18-24 €. Anglais, grec parlés.
Chiens interdits. Ouvert toute l'année.

C HARME BUCOLIQUE ET QUIÉTUDE insouciante se sont donné rendez-vous dans cette ferme dauphinoise du début du 19ᵉ s., isolée dans la montagne. La bâtisse principale et ses dépendances (un ancien four à pain et une bergerie) se trouvent au cœur d'un grand parc clos bordé d'un ruisseau… Calme assuré ! L'ensemble, restauré avec goût, respire encore la chaleur savoyarde : le bois et la pierre ont leur place partout, y compris dans les chambres, à tendance rustique. Elles sont simples et dégagent une douce atmosphère de maison de campagne familiale. Toutes offrent une vue imprenable sur la montagne de l'Épine, mais notez que la suite «Morgan» et la très romantique «Midget» disposent chacune d'un balcon ouvrant sur le jardin. Aux beaux jours, quand le soleil a chassé la fraîcheur matinale, on sert le petit-déjeuner sous la jolie treille, sinon on se réfugie dans la salle à manger installée dans l'écurie.

On reviendra pour

▶ Le petit-déjeuner complet avec viennoiseries, céréales, jus de fruits, gâteaux, confitures et compotes maison réalisées selon les saisons. Les conseils avisés du propriétaire, passionné de voitures anciennes.

S'il fait beau

▶ On passera la journée au bord du lac d'Aiguebelette, interdit aux bateaux à moteur afin de préserver sa propreté et sa tranquillité, pour pratiquer sports nautiques (baignade, canoë, aviron, etc.) et pêche.

Maison Du Greillon

LYON

ment reposantes, ouvrent sur un balcon-galerie enveloppé de lierre. Dans le calme du jardin, on apprécie les avantages de la ville et de la campagne sans leurs inconvénients! Petit-déjeuner sur la terrasse aux beaux jours, avec une vue splendide sur les toits de la capitale des Gaules.

On reviendra pour

▸ Les secrets d'une maison ayant appartenu à Joseph Chinard, sculpteur néo-classique, puis à Ballet et Galifet, liquoristes lyonnais. Le calme de la campagne à la ville et la vue incroyable sur Lyon.

S'il fait beau

▸ Le musée des Beaux-Arts et le musée Gadagne. Les traboules, le quartier St-Jean et les nombreux vestiges gallo-romains de Fourvière.

Mercédès Vails-Miguet
5 chambres : 78-100 €.
12 montée du Greillon – 69009 Lyon.
Tél. 06 08 22 26 33. www.legreillon.com
CB acceptée. Chiens interdits.
Fermé 1ᵉʳ-12 août et 18-24 février.

ES AMATEURS D'ART – période néo-classique – seront curieux de découvrir cette belle demeure du 18ᵉ s. qui appartenait à Joseph Chinard (1756 – 1813). Ce sculpteur réalisa une multitude d'œuvres pour la ville de Lyon, dont un buste de Juliette Récamier aujourd'hui exposé au musée des Beaux-Arts. Pour découvrir ce joyau caché, les courageux emprunteront le très pentu escalier du Greillon, qui part de la Saône et grimpe jusqu'à Fourvière; les autres passeront par la sinueuse rue du Docteur Rafin. L'intérieur, remodelé avec goût, mêle harmonieusement meubles familiaux et chinés. D'imposantes cheminées, ici en marbre rouge, là en pierre et brique, réchauffent les pièces communes. Les chambres, délicieuse-

Le Mas du Chatelas

MARSANNE

Famille Rousselet
5 chambres : 75-135 €.
La Plaine – 26740 Marsanne.
Tél. 04 75 52 97 31. www.lemasduchatelas.com
Table d'hôte : 20-35 €. CB acceptée.
Anglais, espagnol, russe parlés.
Ouvert toute l'année.

L A FAMILLE ROUSSELET A TRANSFORMÉ ce mas provençal du 18ᵉ s., posé au milieu des vignes, en un lieu très romantique. Les chambres, décorées dans un style «campagnard chic», séduiront forcément les amoureux… et les autres. «Coton», «Violette» et «Libellule», très raffinées et cosy, se parent de ciels de lit : le grand jeu! Fleurs, tableaux et bibelots trouvent partout leur place de façon harmonieuse et délicate. Pour un séjour totalement zen, un espace bien-être avec sauna et salle de massage (on y pratique le massage à l'huile, originaire du Sud de l'Inde) vous aidera à évacuer tout stress. Si vous venez en famille, réservez le gîte, très confortable. Petit plus : la belle piscine avec vue sur les vignes. Au restaurant, les propriétaires limitent volontairement le nombre de places, afin de préserver l'intimité des convives. Le soir, dîner gastronomique aux chandelles (produits locaux mariés aux épices exotiques).

On reviendra pour

▸ Les séjours romantiques ou thématiques (gourmand, culturel ou sportif). Les séjours «Détente» (massage et sauna).

Amoureux des vieilles pierres

▸ Le vieux village de Marsanne et les ruines du donjon.

La Vallombreuse

la vue. Dédales de couloirs, multiples salons, ravissant jardin étagé (une source y coule dans un bassin en pierre)… La demeure regorge de coins et recoins à découvrir. Après une nuit paisible, un solide petit-déjeuner vous attend sous l'impressionnante charpente du grenier converti en salle à manger (fromages et charcuteries du terroir, fruits frais de saison et confitures maison). Vous l'aurez compris, La Vallombreuse est une vraie maison de charme.

Quand odile et jean-éric Ougier reprennent cette maison forte du 16ᵉ s., bâtie au pied du château de Menthon, ils décident de rendre hommage à son passé et à ses habitants successifs. D'« Étiennaz de Menthon », première occupante des lieux (1535), jusqu'à « Germaine Bordet », la dernière avant la « Famille Ougier » : les chambres, à la fois authentiques et raffinées, portent leurs noms. Partout du bois, des meubles anciens, des teintes douces et naturelles et des lits douillets, parfois posés sur une estrade pour profiter de

Pour les curieux

▸ À Sévrier, au musée de la Cloche, vous apprendrez les secrets de fabrication et l'histoire de l'instrument. À l'écomusée du Costume savoyard, vous découvrirez les traditions et coutumes régionales.

On reviendra pour

▸ Les nombreuses manifestations et expositions organisées toute l'année : décoration, design, peinture ou artisanat local.

Odile et Jean-Éric Ougier

5 chambres : 60-130 €.
534 route Moulins – 74290 Menthon-St-Bernard.
Tél. 04 50 60 16 33. www.la-vallombreuse.com
CB acceptée. Anglais, allemand parlés.
Chiens interdits. Ouvert toute l'année.

Ferme de Montin

Valérie Chomard
3 chambres : 129-159 €.
38510 Morestel.
Tél. 04 74 80 52 15. www.fermedemontin.net
CB acceptée. Anglais parlé. Chiens interdits.
Ouvert toute l'année.

PARCE QUE LA QUIÉTUDE ABSOLUE se mérite, vous aurez peut-être certaines difficultés à trouver cette ferme du 14ᵉ s. perdue quelque part au Sud-Ouest de Morestel. Mais la récompense n'en sera que plus belle ! À commencer par le panorama à 360° sur la campagne d'une exceptionnelle sérénité. Depuis la piscine à débordement, on observe même les chevaux et les lamas (non, non, vous ne rêvez pas !) gambader dans les champs. Tout aussi remarquable, la maison elle-même. Le grand salon, résolument cosy, mêle avec brio rusticité (charpente et pierres apparentes) et ambiance douillette (fauteuils et canapés moelleux). Les chambres spacieuses réservent aussi leur lot de surprises. Quiétude, décor tendance baroque, tableaux de grandes dimensions, ciels de lits, fer forgé et pierre brute ; luxe et authenticité s'associent pour leur conférer un charme incroyable. Vous l'aurez compris, un lieu magique et unique en son genre.

On reviendra pour

▶ **La rencontre entre luxe et charme rustique en pleine campagne.**

Pour les curieux

▶ **Morestel, cité des peintres. Le château de Paul Claudel à Brangues (espace d'exposition consacré à Claudel et Stendhal). Le musée du Tisserand dauphinois à la Bâtie-Montgascon.**

Château de la Motte

NOAILLY

Alain Froumajou
6 chambres : 68-108 €.
La Motte Nord – 42640 Noailly.
Tél. 04 77 66 64 60. www.chateaudelamotte.net
Table d'hôte : 27 €. CB acceptée. Chiens interdits.
Fermé 12-19 mars et 1ᵉʳ-7 octobre.

et dîners (cuisine valorisant le terroir et vins de la Côte roannaise) servis dans deux belles salles, baignées de soleil en journée. Dans le parc, un étang, un potager, une piscine, de vastes pelouses et des petits ponts charmants protégés par des séquoias et des tulipiers de Virginie plusieurs fois centenaires.

On reviendra pour

▸ **Les séjours à thèmes : «Croisière Brionnaise»** avec promenade en bateau sur le canal de Roanne et repas servi à bord, ou «Montgolfière» avec découverte de la région en ballon. Les stages cuisine ou œnologie.

Pour les sportifs

▸ **Le sentier «Loire Nature»** concilie découverte de l'environnement des milieux humides et respect de la nature. Balades à pied, à vélo, à cheval, en voiture, en bateau ou en ballon.

LES DEUX TOURS DE CE CHÂTEAU du 18ᵉ s. surgissent d'un magnifique parc de 5 ha, au cœur des vallons du Roannais. La façade blanche, romantique à souhait, dissimule un intérieur qui l'est tout autant. Les chambres, baptisées de noms d'écrivains – «Georges Sand», «Marcel Proust», «Guillaume Apollinaire», etc. – possèdent toutes du mobilier d'époque et un bureau d'écriture. On avoue un faible pour «Madame de Sévigné» et «Victor Hugo» élégantes et feutrées. Le salon de jeu-bibliothèque recèle une intéressante collection de livres sur les voitures anciennes, une des passions d'Alain Froumajou. Petits-déjeuners

Château de Rochessauve

Jacques et Yannick Vialle
5 chambres : 90-110 €.
07210 Rochessauve.
Tél. 04 75 65 07 06.
www.chateau-de-rochessauve.com
Table d'hôte : 20-35 €. Fermé 1er janvier à Pâques.

S'il fait beau

▶ De nombreux chemins de randonnées aux alentours, dont un conduisant à l'église romane de Pranles (vestiges d'un prieuré). À Pranles, le moulin hydraulique de Mandy (animations, visites guidées, expositions).

On reviendra pour

▶ Le site magnifique et la vue sur la chaîne des Alpes. Les produits du terroir et les plantes rares et oubliées du jardin potager que l'on déguste à la table d'hôte.

O N OUBLIERA VITE la route étroite et raide qui conduit à ce château du 13e s. perché sur un piton rocheux, tellement l'endroit vaut le détour ! Protégé du mistral par la falaise, admirez la chaîne des Alpes tout en appréciant l'absolue quiétude qui se dégage du site. Yannick et Jacques, ex-antiquaires nîmois, ont décoré cette grande demeure avec goût, raffinement et personnalité. Au détour d'un couloir, on apercevra des tableaux, du mobilier et des objets datant aussi bien du Moyen-Âge que des années 1970. Hétéroclite, surprenant et séduisant ! Ainsi, on s'amusera de trouver des lits pour enfants dans l'ancienne chapelle, transformée en chambre familiale. Côté table, Jacques, le jardinier maison, vous sert les légumes de son potager qui rivalisent de saveur et de fraîcheur avec les produits du terroir. Au petit-déjeuner, laissez-vous envelopper par l'agréable atmosphère de la cour. Le soir venu, après une longue excursion, piquez une tête dans la piscine… Paradisiaque !

Le Clos du Chêne

ST-BERNARD

Michel et Cheryl Patay
5 chambres : 112-133 €.
370 chemin du Carré – 01600 St-Bernard.
Tél. 04 74 00 45 39. http://www.leclosduchene.com
Table d'hôte : 30 €. CB acceptée. Chiens interdits.
Fermé 15 février-1er mars.

CONSTRUITE RÉCEMMENT dans la tradition régionale entre Bresse et Dombes, cette imposante maison posée au bord de la Saône a fière allure. Un agréable parc clos et arboré garantit à l'ensemble une appréciable tranquillité. Ajoutez-y une piscine, un sauna, de grandes écuries… La détente sera complète. Pour vous recevoir, Cheryl et Michel Patay ont particulièrement soigné l'aménagement des chambres. Spacieuses et joliment décorées, elles disposent toutes d'une terrasse ou d'un balcon avec vue sur la rivière. On aime l'atmosphère cosy que dégagent ces pièces aux meubles chinés sentant bon la cire, d'autant que les installations modernes – connexion wi-fi, climatisation, chauffage géothermique – s'y intègrent en toute discrétion. Avis aux gourmands, Cheryl, passionnée de gastronomie (elle s'est formée auprès de grands chefs lyonnais), réalise de

bons petits plats en fonction des saisons et du marché. Alors pensez à réserver si vous voulez une place à la table d'hôte (uniquement le soir).

On reviendra pour

▶ Le petit espace bien-être, le salon (jolie cheminée-four à pain). La bibliothèque qui compte des ouvrages en français et en anglais, de la documentation sur la région et des livres pour enfants.

S'il fait beau

▶ Le château de Saint-Bernard, ex-propriété du peintre Maurice Utrillo. Pérouges et ses fameuses galettes, le Parc des Oiseaux à Villars-les-Dombes (un des tout premiers parcs ornithologiques d'Europe).

La Ferme Bonne de la Grotte

St-Christophe-la-Grotte

CETTE ADORABLE FERME DU 18ᵉ s. se dresse au pied de la falaise qui mène aux grottes de saint Christophe. Juste là où commence la Voie Sarde, cet axe de communication entre Lyon et Chambéry ouvert par les Romains, rénové au 17ᵉ s. par Charles Emmanuel II puis abandonné par Napoléon. Dans cet environnement enchanteur et bucolique, vous découvrirez une maison chaleureuse à souhait, digne des demeures familiales d'autrefois. Astrid Amayenc se passionne pour l'histoire de la Savoie et collectionne les peintures paysannes, objets d'art populaire et meubles traditionnels. Vous pourrez en voir un peu partout, notamment dans le salon et la salle à manger où trône un beau poêle en pierre (avec four à pain) typiquement local. Dans les chambres (avec coin salon), ambiance cocooning façon chalet de montagne : boiseries peintes ou sculptées, tissus à carreaux ou savoyards s'accordent en toute simplicité… Une adresse que l'on quitte à regret !

Astrid Amayenc
6 chambres : 63-89 €.
73360 St-Christophe-la-Grotte.
Tél. 04 79 36 59 05. www.gites-savoie.com
Table d'hôte : 28 €. CB acceptée. Chiens interdits.
Fermé en janvier.

S'il fait beau

▸ Proximité de la Voie Sarde et des grottes de saint Christophe, superbes sites historiques. Randonnée dans le massif de la Chartreuse. Le monastère de la Grande Chartreuse (la plus grande cave à liqueurs du monde).

On reviendra pour

▸ L'accueil d'une rare gentillesse et les conseils d'Astrid qui vous orientera dans le choix d'une excursion et vous aidera à organiser vos activités (œnologie, spéléologie, escalade, canyoning, équitation, etc.).

Château des Allues

Tombé sous le charme de cette maison forte du 19e s., Stéphane Vandeville décide de la racheter en 2001, avec son ami Didier Lhostis. Ce dernier, ex-créateur de sacs chez Lamarthe, crée une décoration cossue et chaleureuse, qui évoque les demeures bourgeoises d'autrefois : les boiseries grand style côtoient avec fantaisie petits trains, vieux jouets, baignoires d'époque et mobilier déniché dans les brocantes… Très réussi ! Les chambres thématiques regorgent de détails chics, parfois insolites comme ce fronton néo-classique transformé en bibliothèque dans la « Reine des prés ». Romantisme très 19e s. un peu partout excepté dans la « Citronnelle », plus contemporaine et « africanisante ». Stéphane, issu de l'École hôtelière, s'occupe des fourneaux et vous concocte de belles recettes avec les fruits et légumes du jardin. À découvrir dans une superbe salle agrémentée d'antiques boiseries de pharmacie… Un lieu hors du temps, dans un environnement naturel sublime (parc, verger, potager).

RHÔNE-ALPES

359

Stéphane Vandeville
5 chambres : 90-130 €.
Les Allues – 73250 St-Pierre-d'Albigny.
Tél. 06 75 38 61 56. www.chateaudesallues.com
Table d'hôte : 40 €.
Anglais, allemand, italien parlés.
Fermé de début novembre à mi-décembre.

On reviendra pour

▶ **Les petits-déjeuners : cakes, viennoiseries et confitures. La table d'hôte : cuisine inventive à base de produits du potager (gaspacho, velouté de courgettes au curry, papillote de saumon, parmentier de canard).**

Pour les épicuriens

▶ **Une œnologue dispense des cours qui vous permettront de devenir incollable en cépages et techniques de dégustation. Découverte des cépages de Savoie, comme la mondeuse ou le persan.**

Domaine du *Château de Marchangy*

RHÔNE-ALPES

360

Marie-Colette Grandeau
3 chambres : 77-110 €.
42190 St-Pierre-la-Noaille.
Tél. 04 77 69 96 76. www.marchangy.com
Anglais parlé. Ouvert toute l'année.

ÂTI SUR LE POINT CULMINANT DE LA COM-
MUNE, ce petit château du 18ᵉ s. offre une
vue imprenable sur toute la vallée de la
Loire, la plaine de Roanne et les monts du Forez.
La propriétaire, Marie-Colette Grandeau, a
restauré la dépendance attenante (une ancienne
maison de vigneron) pour y aménager des chambres d'hôtes. Mélange de mobilier ancien – de
style ou rustique –, ciels de lits, tissus fleuris plutôt gais, simplicité et convivialité caractérisent
leur décoration. «La suite Saint Vincent» est
dédiée au patron des vignerons (on peut voir sa
statue depuis le balcon). «La Chambre de l'allée» donne sur l'allée de chênes séculaires. «Le
Loft de la Loire», logé sous les combles et plus
contemporain, plaît pour ses dimensions et son
atmosphère chaleureuse. En hiver, le feu qui
crépite dans la cheminée du salon accompagne
les petits-déjeuners servis au milieu d'un beau
mobilier d'ébénisterie. Grand parc arboré (50 ha)
avec piscine d'été.

On reviendra pour

▸ **Les journées chasse au sanglier ou au petit
gibier, accompagné d'un professionnel et
de sa meute de chiens, au cœur du Bourbonnais.**

Amoureux des vieilles pierres

▸ **Une trentaine d'églises et chapelles témoignent
de la vitalité de l'art roman dans le Brionnais, aux
11ᵉ et 12ᵉ s. (Baugy, Châteauneuf, Iguerande…).
La cité médiévale de Charlieu, en Pays Roannais.**

La Bastide Bernard

Françoise Bernard
4 chambres : 49-80 €.
07220 St-Thomé.
Tél. 04 75 96 39 72. www.bastidebernard.com
Anglais parlé. Chiens interdits.
Ouvert toute l'année.

d'une suite familiale et d'une chambre conçue pour recevoir les personnes à mobilité réduite. Petits-déjeuners gourmands composés de trois types de pain, confitures maison et miel de pays.

On reviendra pour

▶ **Les stages de golf «découverte ou perfectionnement» accessibles aux débutants et aux joueurs confirmés, en partenariat avec le parcours de Montélimar.**

Pour les curieux

▶ **Les villages perchés, typiques de la région : St-Thomé, St-Montan… Les foires aux antiquités et à la brocante de Barjac et de l'Isle-sur-La-Sorgue. Marchés aux truffes de Richerenches et Carpentras.**

361

RHÔNE-ALPES

POSÉE AU MILIEU DES VIGNES, cette maison récente fait face au village médiéval perché de St-Thomé. Le chant des cigales, des parfums de thym et de lavande en toile de fond… Voilà pour le décor. D'extérieur moderne assez simple, la demeure se révèle agréable à l'intérieur avec ses chambres lumineuses et sobrement contemporaines : peu de meubles, des murs blancs agrémentés de quelques cadres, des lits de grandes dimensions et un équipement aérothermique assurant une climatisation douce et non polluante (le système chauffe également l'eau de la piscine). Toutes donnent, via leur porte-fenêtre, sur l'immense terrasse panoramique offrant une vue à 360° sur les montagnes de l'Ardèche. Notez la présence

La Ferme du Baptieu

STE-FOY-TARENTAISE

Denise et Jean-Luc Boisdet-Debiolles
5 chambres : 150-170 €.
Le Baptieu – 73640 Ste-Foy-Tarentaise.
Tél. 04 79 06 97 52. www.lafermedubaptieu.com
Table d'hôte : 37 €. Chiens interdits.
Ouvert juillet-août et décembre-avril.

fraîcheur et une vraie perle, à quelques minutes seulement des plus vastes domaines skiables de la région.

On reviendra pour

▶ **La table d'hôte (le soir, sur réservation) proposant une vraie cuisine traditionnelle familiale ou des recettes aux accents méditerranéens, où herbes et épices tiennent une place de choix.**

Pour les sportifs

▶ **En hiver, le ski, à la Plagne, aux Arcs, à Val d'Isère ou à Tignes. En été, randonnées pédestres (plus de 70 km de sentiers balisés). Jean-Luc et Denise connaissent les guides et moniteurs de la région.**

SUPERBEMENT RESTAURÉ par Jean-Luc et Denise Boisdet-Debiolles, ce chalet du 18e s. du surplombe le hameau de Ste-Foy-en-Tarentaise, à plus de 1000 m d'altitude. Une situation d'exception dont bénéficient pleinement les chambres : toutes possèdent un balcon, orienté plein Sud, face à l'immensité blanche des sommets voisins... Tout simplement divin! Côté déco, c'est un véritable métissage d'influences. Jean-Luc et Denise ont conçu des ambiances à mi-chemin entre la tradition savoyarde (murs chaulés, lambris, parquet en mélèze) et la Méditerranée (meubles exotiques, vasques de salle de bains espagnoles)... Le couple est passionné de voyages et cela se voit! La table d'hôte profite aussi de cette ouverture sur le monde : tajines et compotes d'oignons à la cannelle (belle carte de vins internationaux) côtoient des plats plus «terroir». Une oasis de

Les Aiguières

SUZE-LA-ROUSSE

Brigitte Jacquemond
5 chambres : 72-82 €.
rue Fontaine-d'Argent – 26790 Suze-la-Rousse.
Tél. 04 75 98 40 80. www.les-aiguieres.com
Table d'hôte : 25 €. Chiens interdits.
Fermé 22 décembre-5 janvier.

ORMIS LA CLOCHE DE L'ÉGLISE qui carillonne toutes les heures, rien ne vient troubler le calme de la ruelle où se cache cet ancien relais de poste du 18ᵉ s. Du charmant jardin qui borde la piscine, on peut même entendre le doux chuchotement du ruisseau serpentant au pied des figuiers. De part et d'autre d'une terrasse, les deux maisons en pierres de pays abritent les chambres spacieuses qui portent le nom d'une teinte : «Bleue», «Verte», «Grise», «Jaune» et «Safran». Murs blancs, touches colorées, mobilier chiné, objets parfois détournés (escabeaux en guise de tables de chevet...) composent une déco tout simplement jolie. Si le temps ne permet pas de prendre le repas dehors, à l'ombre du parasol, vous pourrez toujours savourer de bons petits plats provençaux auprès des fourneaux. Un des menus propose même une alliance mets et vins. Et pour finir la journée, profitez d'un moment de détente au coin de la cheminée.

On reviendra pour

▶ **Les week-ends à thèmes, qui vous feront découvrir les crus des Côtes du Rhône avec un œnologue, ou la cuisine provençale sous la houlette des propriétaires.**

S'il pleut

▶ **L'université du vin vous ouvre ses portes. Étudiez avec modération !**

Le Clos Zénon

RHÔNE-ALPES

Michel et Joëlle Colle
6 chambres : 50-82 €.
route de Bellossier – 74230 Thônes.
Tél. 04 50 02 10 86. www.thones-chalet-gite.com
Table d'hôte : 30 €. Chiens interdits.
Ouvert 1er avril-18 décembre.

UN CHALET D'AUJOURD'HUI, possédant tout le charme de l'architecture traditionnelle locale, les avantages du confort moderne en plus. Le bois y est omniprésent à l'extérieur comme à l'intérieur (charpente, balcon…). Une jolie terrasse fleurie entoure la piscine chauffée et ouvre sur un charmant jardin verdoyant où il fait bon déplier une chaise longue pour profiter du soleil ! Anciens restaurateurs, Michel et Joëlle soignent particulièrement la table et proposent des spécialités savoyardes réalisées avec les produits des fermes alentours (les œufs frais proviennent du poulailler maison et les herbes du potager). Chambres lambrissées, garnies d'un sage mobilier régional. «Beauregard» et «Vid'zeux», au rez-de-chaussée, donnent respectivement sur la rivière et la piscine, tandis que celles de l'étage disposent d'un petit balcon individuel ou d'une terrasse abritée.

Amoureux des vieilles pierres

▶ Le château de Menthon-St-Bernard, forteresse médiévale perchée sur les hauteurs de la ville, a inspiré Walt Disney pour dessiner celui de la Belle au bois dormant.

On reviendra pour

▶ L'espace remise en forme, avec spa, sauna, jacuzzi et équipements sportifs disponibles sur place.

La Bergerie de Féline

Brigitte et Jean-Jacques Ballet
5 chambres : 110-200 €.
Les Charles – 26460 Truinas.
Tél. 04 75 49 12 78. www.labergeriedefeline.com
Table d'hôte : 30 €. Anglais, espagnol parlés.
Chiens interdits. Ouvert toute l'année.

GOÛTEZ AU CALME ABSOLU dans cette bergerie du 18ᵉ s. perdue en pleine campagne, aux portes du Vercors. Si la maison a conservé son allure d'origine, la magnifique piscine avec sa plage en bois ciré et ses transats, annonce un penchant marqué pour une esthétique plus contemporaine. La cuisine et le salon confirment cette tendance : on a rarement vu le design aussi à l'aise dans un cadre rustique ! Jouant dans le même registre, les chambres ravissantes déclinent des tons pastel avec le désir affirmé de créer une atmosphère douce et apaisante. Le linge de lit et les draps de bain, entièrement brodés à la main, apportent une jolie touche à l'authenticité des matériaux bruts (bois, ciment teinté, pierre). On avoue un faible pour la chambre « Argile » et son lit installé face à la cheminée. Quant aux enfants, ils se précipiteront sur la cabane perchée dans un arbre et dans le garage transformé en salle de jeux avec baby-foot et table de ping-pong.

On reviendra pour

▸ À chaque séjour, essayer une chambre différente et goûter les bons petits plats régionaux préparés par Brigitte.

S'il fait beau

▸ On prendra le temps de découvrir la façade Renaissance du Midi du château de Grignan, sur les pas de la marquise de Sévigné.

K-Za

TULETTE

Anne-Elizabeth Carcano
5 chambres : 130-230 €.
route du Moulin – 26790 Tulette.
Tél. 04 75 98 34 88. www.maison-hotes-k-za.com
Table d'hôte : 30-50 €.
Anglais, allemand, italien parlés. Chiens interdits.
Ouvert toute l'année.

CONSTRUITE EN **1618**, cette ancienne maison d'évêque est séparée du village par des vignes. En franchissant le portail, on admire sa jolie silhouette provençale, sans soupçonner une seconde qu'elle renferme une décoration intérieure plutôt particulière… qui se révèle dès l'entrée dotée d'un bel escalier Renaissance. Ici, les vieilles pierres se marient avec des meubles design, la cheminée monumentale du salon cohabite avec des canapés noirs, tandis que la bibliothèque opte pour une esthétique résolument moderne. Dans les chambres, les éléments traditionnels s'effacent presque pour mieux laisser la parole aux espaces entièrement recomposés : salles de bains ouvertes, murs nus et blancs, touches de couleurs vives, mobilier minimaliste. Vous apprécierez particulièrement la « 8 ½ » et la « 4711 » conçues avec originalité, mais moins radicales que la « 69/96 », grande suite en duplex, à peine meublée. Agréable jardin clos côté Sud, parfumé de lavande et de plantes aromatiques. Délicieuse piscine.

On reviendra pour

▶ **Les cours de cuisine à thème encadrés par Anne-Élisabeth.**

S'il fait beau

▶ **Faites le plein de saveurs au marché aux truffes de Richerenches.**

Château d'Uzer

Muriel et Éric Chevalier
5 chambres : 90-130 €.
07110 Uzer.
Tél. 04 75 36 89 21. www.chateau-uzer.com
Table d'hôte : 32 €. Anglais parlé. Chiens interdits.
Fermé 20 décembre-4 février.

UNE VÉRITABLE PERLE que ce château blotti dans un superbe parc aux faux airs de jardin sauvage. Bâtie au 12ᵉ s., remaniée aux 15ᵉ et 19ᵉ s., la demeure trouve une seconde jeunesse grâce à Muriel et Éric Chevalier – restaurateurs de bâtiments et décorateurs d'intérieur – qui l'ont rénovée avec passion. Et cela se voit ! Dans les chambres, ils ont trouvé le juste milieu entre style contemporain et ce qu'ils appellent «l'art de vivre au château» : beaucoup de raffinement sans surcharge, du mobilier ancien relooké et, ici et là, quelques pièces de designers (comme cette chaise longue Le Corbusier dans la «Chambre du Général»).

Une tapisserie ancienne, des vieilles tomettes et un lit ultra sobre se donnent la réplique dans la «Suite Pivoine»… Vous aurez l'embarras du choix. Si vous êtes en quête d'insolite, optez pour la roulotte cachée au fond du parc, parée de couleurs vives et délicieusement bohème. Petits-déjeuners complets (pain perdu, confitures maison, salade de fruits frais).

On reviendra pour

▶ **Tous les atouts de ce château : la piscine bordée d'une petite plage en pierres plates, le délicieux petit-déjeuner maison, les dîners en terrasse et l'accueil extrêmement chaleureux que vous réserve la famille…**

Pour les curieux

▶ **La cité médiévale de Largentière compte quelques monuments notables comme le château des Évêques (12ᵉ s.) ou l'église Notre Dame des Pommiers (13ᵉ s.).**

Château Clément

Éric et Marie-Antoinette Chabot

5 chambres : 120-220 €.
La Châtaigneraie – 07600 Vals-les-Bains.
Tél. 04 75 87 40 13. www.chateauclement.com
Table d'hôte : 50-60 €. CB acceptée. Anglais parlé.
Chiens interdits. Fermé janvier-février.

On reviendra pour

▶ Les stages de pâtisseries proposés par Éric,
pâtissier de formation. Les massages et les
moments de détente dans le hammam.

AUGUSTE CLÉMENT, L'HOMME D'AFFAIRE qui investit dans le développement et la commercialisation des eaux thermales de Vals-les-Bains, n'a pas eu le temps de profiter de son château : il meurt en effet en 1887, deux ans à peine après sa construction. Propriétaires de la demeure depuis 1994, Marie-Antoinette et Éric Chabot la restaurent, en sa mémoire, afin de lui redonner son cachet et son lustre d'antan. La visite des lieux suffit pour convaincre de la réussite du projet : ici, un fumoir intime avec une superbe cheminée en faïence, là une bibliothèque aux murs framboise, très cosy. Les chambres, garnies de meubles anciens, ont été traitées avec un code couleur précis. La «Rouge» et la «Blanche» ménagent une vue sur la piscine, les arbres exotiques et la grotte du parc. «Aubergine», avec sa baignoire à même la pièce, est bourrée de charme. Un salon en boiseries naturelles rehaussées d'ivoire et une sublime salle de bains complètent la «Suite Amande». Vous avez l'embarras du choix.

S'il fait beau

▶ Le charme désuet de la station thermale de Vals-les-Bains, son casino et son parc. La brasserie Bourganel, fabrique de bières artisanales. L'église de St-Julien-du-Serre ou le petit village fortifié de Vesseaux.

Domaine du Fontenay

VILLEMONTAIS

Simon et Isabelle Hawkins
4 chambres : 55-65 €.
42155 Villemontais.
Tél. 04 77 63 12 22. www.domainedufontenay.com
CB acceptée. Anglais, allemand parlés.
Chiens interdits. Ouvert toute l'année.

LORSQUE ISABELLE ET SIMON Hawkins – anglais d'origine – rachètent ce domaine en 1991, leur but est de devenir viticulteurs. Quelques années plus tard, en 2002, ils décident de diversifier leur activité et proposent aux hôtes de passage des chambres aux noms évocateurs : «Merlot», «Chardonnay», «Gamay», «Pinot Noir». Côté décor, la sobriété élégante est de mise : belles tomettes, couleurs douces et mobilier simple (rustique, chiné ou contemporain). Toutes sont inondées de lumière et offrent un superbe panorama sur les vignes, la campagne et la chapelle voisine datant de 1855 (on peut y voir un magnifi-que retable du 15ᵉ s.). Depuis la terrasse où l'on dresse le petit-déjeuner en saison, la vue s'étend à l'infini sur la plaine de la Loire. Et lorsque le mercure ne grimpe pas assez haut, on savoure son café matinal dans la salle à manger, sur une grande table en chêne… fabriquée avec les cuves de la maison, vieilles de plus de 150 ans !

On reviendra pour

▸ Le domaine viticole de 10 hectares où l'on élabore le vin dans le respect des traditions de la région. Les dégustations dans le caveau de la propriété.

Amoureux des vieilles pierres

▸ Situé à la croisée de la Bourgogne, de l'Auvergne et du Lyonnais, le Roannais regorge de trésors architecturaux, cités médiévales, châteaux et abbayes.

Index des chambres d'hôtes

373

INDEX DES CHAMBRES D'HÔTES

INDEX DES CHAMBRES D'HÔTES

Index par localités

INDEX PAR LOCALITÉS

Crédits-photographiques

Photos de couverture : C. Mela/Carpe Diem Palazzu - Château d'Uzer - Eric Nicolas/Clos du Léthé - Cour Sainte-Catherine

Manufacture Française des Pneumatiques Michelin

Société en commandite par actions au capital de 304 000 000 EUR
Place des Carmes-Déchaux - 63000 Clermont-Ferrand (France)
R.C.S. Clermont-Fd B 855 200 507

© Michelin, Propriétaires-éditeurs
Dépot légal Avril 2008
Toute reproduction, même partielle et quel qu'en soit le support,
est interdite sans autorisation préalable de l'éditeur.

Printed in Italie 02-2008/1.1
Conception graphique : Alexandre Nicolas
Compograveur : Nord Compo, Villeneuve d'Ascq
Imprimeur et brocheur : Canale à Borgano Torinese
Michelin - Cartes et Guides
46 avenue de Breteuil - 75324 Paris Cedex 07
℡ 01 45 66 12 34 - www.ViaMichelin.fr

Question :
Mais que fait donc Mathilde ?

a) Elle cherche un nouveau lecteur MP3 au meilleur prix pour son mari

b) Elle choisit un jeu vidéo pour l'anniversaire de Léo, son fils aîné

c) Elle achète une poussette pour Sarah, la petite dernière

d) Avec sa carte de fidélité VIPix, elle profite de ses nombreux avantages pour aménager et décorer sa maison

Réponse : a, b, c et d

…et oui, PIXmania.com c'est le Contrat Achat Tranquille : les meilleurs prix, de nouveaux univers et des services de qualité.

26 pays en Europe • 6 000 000 de clients • 45 000 références • magasins

PIXmania.com
Le Contrat Achat Tranquille

voyage

La télé comme point de départ

Partagez les secrets des plus beaux hôtels

HÔTELS DE CHARM
Tous les mardis à 20h50

Découvrez tous les petits secrets du monde urbain

GIRLS IN THE CITY
Tous les mercredis à 20h50

Visitez les grandes villes de l'intérieur

BIG CITY LIFE
Tous les dimanches à 20h50

... ALLEZ JUSQU'AU BOUT DE VOS RÊVES